더 나은

미래를 위한

전　　환

2023년 12월 12일 초판 발행

지은이 이광재, 박신용철
엮은이 한국매니페스토실천본부
펴낸이 오현순
펴낸곳 공공의제연구소 오름

주소 서울시 영등포구 국회대로 780 LG에클라트 501호
전화 02-6265-0532
팩스 02-784-0537
이메일 wifrida43@daum.net

값 21,000 원
ISBN 979-11-969184-7-7   03330

* 이 책은 전남연구원의 도움으로 제작되었습니다.
* 잘못된 책은 바꿔 드립니다.
* 지은이와 협의에 의해 인지는 생략합니다.

2023 전국기초단체장 매니페스토 우수사례

더 나은 미래를 위한
전 환

이광재, 박신용철 지음
한국매니페스토실천본부 엮음

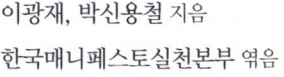

발간사

더 나은
미래를위한
전환

전국기초단체장 매니페스토 우수사례 경진대회는 시대의 변환과 도전에 대한 대응, 새로운 도약을 위한 노력으로써 시군구의 자치행정 정책·공약사례를 발굴, 공유, 학습, 확산의 장(場)을 마련하는데 있습니다.

지금 인류문명은 전에 없던 방식으로 삶의 방식이 바뀌고 있습니다. 생명기술과 정보기술의 융합은 파괴적 혁신으로 인류사회 전체를 재구성하고 있고, 오래 사는 인류의 탄생으로 세계는 급격한 인구구조 변화를 경험하고 있습니다.

우리 앞에 성큼 다가온 그 새로운 미래는 그 누구도 가보지 못한 '거대한 불확실성의 시간'입니다. 최근 들어 인간의 오만함에 대한 대가라고 볼 수 있는 재난과 재해, 팬데믹 등은 모든 것을 낯설게 만들어 버렸습니다. 더욱 심각해지는 실업문제와 불평등으로 그동안 유지해왔던 인류의 생존전략인 공동체를 위협하고 있으며, 이전과는 전혀 다른' 새로운 패러다임을 예고하고 있습니다.

지금은 팬데믹, 전쟁, 기후재앙, 경제위기, 고령화와 사회적 불평등 확대 등 다양한 리스크 요인들이 동시다발적으로 밀려오는 "블랙타이드(Black Tide)" 시대입니다. 그동안 우리사회가 겪었던 주요 위기들에는 대부분 뚜렷한 단일 원인이 있었던 것과는 차원이 다른, 전례 없는 어려움에 직면하고 있습니다.

미래학자 제러미 리프킨은 저서 '회복력 시대'(The Age of Resilience · 2022)를 통해 지난 수백 년 동안 인류는 효율성 · 생산성을 앞세워 놀라운 발전을 이룩했지만 이런 방식의 성장은 지속가능하지 않다며 이제는 적응성 · 회복력 시대로의 대전환이 필요하다는 절박한 제안을 한 바 있습니다.

더 이상 낡은 지도로는 새로운 세상을 탐험할 수 없습니다. 과거의 방식만으로 문제를 파악하면 가능하지도, 바람직하지도 않은 해결책만을 주장하는 우(愚)를 범할수 있습니다. 미래에 대한 냉철한 진단과 발 빠르게 대응이 필요한 시점입니다.

한국매니페스토본부는 미래사회는 보다 나은 세상, 보다 인간다운 삶이 존재하기를 간절히 희망하고 있습니다. 미래사회에 대응하기 위한 실마리를 지방정부와 함께 찾아보는 노력을 지속하고 있습니다. 새로운 변화의 중심 선상에서 지방정부의 새로운 변화를 향한 담대한 도전을 응원하고 있습니다.

이를 위해 마련한 2023 전국기초단체장 매니페스토 우수사례 경진대회는 지방정부의 적응력 · 회복력 시대로의 대전환에 조금이나마 도움이 되길 희망하며 '더 나은 미래를 위한 전환'이라는 테마로 치러졌습니다.

그리고 본 도서는 올해로 13회째인 전국기초단체장 매니페스토 우수사례 경진대회에서 발굴한 지방정부의 우수 정책공약을 담아 발간한 책입니다. 인류문명사의 대전환 과정에서 타격이 심할 수 있는 빈곤층과 취약 계층의 경제·사회·환경적 충격 및 재난에 대한 노출을 줄일 수 있는 7개 분야 34개 우수사례를 담아서 소개하고 있습니다.

이 책이 인간다움과 삶의 존엄에 대한 성찰과 공동체를 위협하는 문제에 다양한 대한 답을 찾아가는 작은 디딤돌이 되면 좋겠습니다.

끝으로 경진대회의 심의를 위해 애써주신 61명의 심사위원의 노고에 감사드리며, 이 책의 편집과 출판을 위해 힘써주신 모든 분들에게 수고에 격려의 말씀을 드립니다.

2023년 12월
한국매니페스토실천본부 사무총장 이광재

차 례

발 간 사 4

일자리 및 고용개선

경기 남양주시	남양주의 상상력이 이끄는 '우리 모두의 일자리!'	12
경기 안성시	어르신의 경험을 담아, 어르신의 지혜를 닮은 안성맞춤형 어르신 상생일자리 모델 구축	20
충북 영동군	"1+1=2" 계절근로자 도입	29
서울 동대문구	「동대문 내일 잡고(Job go)」 동대문구 맞춤형 일자리정책	36
서울 강동구	보육현장 근로자를 위한 실질적 근무환경 개선! 전국 최초 전(全) 유형 어린이집 보육 교직원 권리보호체계 구축	45

불평등 완화

경기 수원시	모두의 도시, 하나의 수원: 거주 이주민 시정 참여 확대	56
경기 성남시	근로장애인 착한셔틀 나비효과	65
경남 거창군	공공기관, 무학에서 성인문해교육으로 대학까지 꿈꾸다~	74
서울 은평구	은평자립준비청년, 슬기로운 홀로서기	82
서울 구로구	따뜻한 동행으로 모두가 성장하는 도시, 구로인, 그로잉(Growing)	90

인구구조변화 대응

경북 안동시	저출생 고령화 시대, 마을 공동육아로 상생의 길을 찾다!	102
전남 신안군	'햇빛, 바람, 바다가 주는 평생연금' 신안군 신재생에너지 개발이 익공유제	111
서울 서대문구	'보호'에서 '자립'으로 연착륙을 지원하는 서대문구 4가지 성장 공식!	119
부산 남구	노인 고독사 예방을 위한 사회안전망 확대	128
광주 광산구	지역안에서 건강한 광산 시민의 삶, 100세 시대 커뮤니티 헬스케어	136

기후환경

전남 순천시	탄소중립 실현도시 순천, 기후변화 대응 새로운 이정표를 세우다	148
경북 봉화군	NEW에너지! 봉화는 지금 NEW하다. 주민참여기반 녹색에너지로 기후변화 선도	155
서울 도봉구	주민 실천! 탄소공(Zero)감(減) 마일리지로 선도하다	163
광주 남구	주민과 함께하는 탄소중립에너지 自立도시 광주 남구	172

디지털혁신 선도

경기 파주시	전국 최초! TV 시청률 프로그램을 활용한 '치매·고독사 예방' 「똑똑TV」	184
충북 증평군	ACE 증평! 디지털을 품다. 미래를 열다	192
전남 고흥군	AI 및 드론 활용 양식어장 관리시스템 구축	201
서울 성동구	어린이와 함께하는 디지털 활용 프로젝트 '메타버스로 만나는 안전통학로 리빙랩'	209

지역문화 활성화

강원 원주시	원주 하이볼축제	218
경북 포항시	시민문화거점 조성 및 활성화 '시민들이 삼삼오오 모여 세상을 바꾸는 문화판, 삼세판!'	226
경북 영덕군	연결의 문화정거장 영덕 BLUE's – 문화취약지역의 공간, 사람, 자원을 연결하는 문화 플랫폼 구축	233
경북 예천군	「금당실 청년리 지켜줄게」 마을 조성	243
서울 영등포구	영등포 문화 복덕방 "공간과 문화를 중개해드립니다."	250
서울 관악구	청년이 꿈을 키워가는 청년문화특별구, 관악만들기	259
광주 동구	기억을 잇는 기록의 힘 '동구의 시간을 걷다'	267

공동체 강화

충남 당진시	돌봄 공백 해결! 마을고동체 의식 회복! 마을공동체 중심 돌봄의 선도도시, 당진	278
전북 완주군	"주민이 주도하고 주민이 직접 참여하는" 농촌형 주민자치 및 지역공동체 활성화	288
전남 영암군	영암군 풀뿌리 민주주의 씨앗을 뿌리다	295
서울 강북구	전국 최초 구 직영 빌라관리사무소 운영	302

2023
전국기초단체장
매니페스토 우수사례

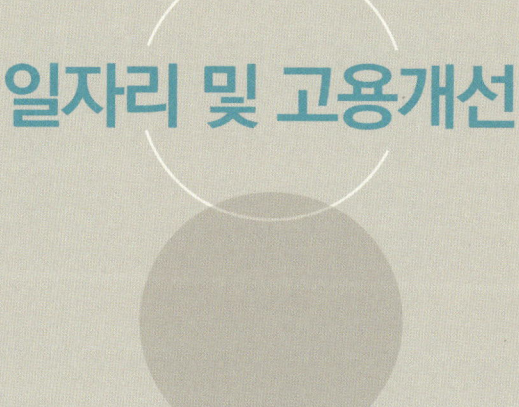

일자리 및 고용개선

경기 남양주시 | 경기 안성시 | 충북 영동군 | 서울 동대문구 | 서울 강동구

2023 전국기초단체장 매니페스토 우수사례
일자리 및 고용개선 | **경기 남양주시**

남양주의 상상력이 이끄는
'우리 모두의 일자리!'

남양주시는 성장형 도시다. 2035년이면 인구가 100만 명을 넘어설 것으로 추정하고 있다. 서울의 전세값 폭등으로 젊은 부부들이 서울 접근성이 좋은 위성도시로 유입인구가 집중됐다. 왕숙 3기 신도시가 추진되면 신도시 내 첨단산업단지에서 16만~20만 개의 일자리가 생기면서 자족도시의 면모를 갖추게 될 것으로 기대하고 있다. 하지만 상수원보호구역, 개발제한구역, 수도권 규제 등 중복규제로 도시 발전에 상당한 지장을 받고 있다. 남양주시에 종업원 수가 100명 이상인 공장은 20곳이 되지 않는다.

남양주시의 고민은 100만 도시를 도래하는 성장형 도시로 고부가가치 일자리 대책과 사회약자 계층을 위한 정책적 대응이 필요하다는 지점에서 출발한다. 첨단산업 허브도시로의 충실한 이행과 사회적 약자계층을 위한 공공, 민간 맞춤형 일자리 발굴이 그것이다. 민선 7기 일자리 정책을 민선 8기가 뒤엎는 것이 아니라 이전 성과를 계승·발전하고 부족한 것은 채우는 심화의 과정이었다.

민선 8기 남양주 일자리 목표는 크게 사회적 약자를 위한 맞춤형 자립지원 일자리 발굴과 미래일자리 교육 실현이다. 사회적 약자를 위한 맞춤형 자립지원 일자리 대상은 장애인·저소득 노동자·고령자 등이고, 미래일자리 교육 대상은 청년·경력단절여성·신중년이다.

세부적으로 살펴보자. 장애인 일자리는 청각장애인을 택시 운송종사자로 고용하는 '고요한 택시'와, 시각장애인을 한국어 회화 강사로 양성하는 '이어톡' 사업을 확대 운영하고, 권역별 장애인복지관을 세우고 있다.

저소득노동자에게는 커피찌꺼기를 재활용해 연필, 화분, 양초 등으로 재활용해 판매하는 지역자활센터 커피박 사업단을 통해 일자리를 만들고 있고, 어르신들에게는 기존 잡초 뽑기, 쓰레기 줍기 등의 단순 노무에서 탈피해 노인일자리 전문기관을 통한 다양한 일자리를 제공한다.

경력단절여성 일자리의 경우 코로나펜데믹으로 일자리를 잃은 학습지 교사에 주목했다. 남양주시는 이들의 인적자원을 활용해 저소득가정 아동들에게 맞춤형 학습지도를 제공하는 '똑똑(knock knock) 클래스'를 운영하고 있다. 학습지 교사 출신 경력단절여성 20명이 저소득 가정 아동 77명에게 주 1~2회, 수준별 맞춤 교육을 실시한다.

청년창업은 재기가 가능하다는 사회적 지지가 필수적이다. 남양주시는 청년들이 마음 편하게 창업에 도전할 수 있는 '이석형 신흥상회'를 운영하고 있다. 창업 초기 부담을 줄여주고, 실패해도 재기의 기회를 제공하는 청년창업 안전망 역할을 한다. 창업 아이디어를 현실화해가는 청년 스토어도 운영한다. 평내호평역 역세권에 입지한 이석형 신흥상회는 월 임대료 5만 원에 창업역량강화 프로그램과 다양한 멘토링을 제공하고 있다. 현재까지 청년사업가 28개사, 사회적기업 2개사 등이 입주해 있다. 청년정책 전담부서인 '청년정책과'도 신설해 미래형 남양주시를 대비한 인재 육성에 집중하고 있다.

중소기업에 재직하는 청년에게만 적용되던 내일채움공제도 청·중·장년층 모든 세대 근로자에게 확대했다. 내일채움공제는 중소기업 사업주, 근로자, 지자체가 5년간 공동으로 적립한 공제금을 만기(적립금+복리이자)가 되면 성과보상금 형태로 지급하는 제도다. 장기근속을 유도해 중소기업의 인력 유출을 막고, 근로자에게는 장기근속 유인책이 된다.

청년·경력단절여성·신중년 관련 일자리의 경우 첨단허브도시 구축에 맞춰 6T 산업과 연계한 직업교육을 실시하며 미래일자리를 만들어가는 중이다.

남양주 사회경제지원센터를 확대해 사회적기업, 협동조합 등을 통해 취약계층 314명을 포함한 545명의 고용을 창출했다. 50여개 민간기관과 협력해 다양한 지역맞춤형 일자리를 만들어내고 있다. 남양주시의 2022년 고용률은 67.2%로 목표치(64.1%)를 상회했고, 고용노동부가 주관하는 2022년 지방자지단체 일자리 대상에서 최우수상을 수상했다. 실효성 있는 일자리사업 전략을 수립하고 기업 유치와 맞춤형 기업지원을 통해 민간 일자리를 활성화했고, 사회적경제와 연계한 취약계층의 일자리를 창출했다는 점이 높게 평가받은 결과다.

남양주시는 2022년에 이어 2023년에도 고용노동부가 주관하는 '전국 지방자치단체 일자리 대상'에서 우수상을 수상했다. 또한 전국 노인일자리사업 평가에서도 최우수상을 수상했다. 고민은 '더' 하고, 참여는 '더'해 가치를 '더' 높이는 지역맞춤형 일자리 사업 덕분이다. 남양주시는 지금도 현재의 사회적 약자를 지원하고 미래 지역사회 인재를 배출하는 일자리 생태계를 구축을 위해 달려가고 있다.

인터뷰 Interview

남양주시장

주 광 덕

Q1. 그동안 남양주시 하면 인구만 늘어나는 베드타운의 이미지가 많았는데요, 시장님의 도시구상은 무엇인지요.

남양주시는 왕숙 1·2지구와 양정역세권, 진접 2지구 등에 500만평 규모의 신도시 개발이 예정돼 있습니다. 또 지난해 9월 수립 완료한 남양주시 도시기본계획에서 제시한 것처럼 2035년경 수도권 동북부 최초로 인구 100만명 돌파가 예상됩니다. 인구 100만 메가시티 도약을 준비하는 지금이 바로 남양주 슈퍼성장의 골든타임으로, 이 과정에서 자족 기능을 제대로 갖추지 못한다면 앞으로도 베드타운의 꼬리표를 떼기 어렵습니다.

따라서 △안전하고 편리한 광역·시내 교통망 구축 △첨단산업단지 조성 등을 통한 양질의 일자리 창출 △안심하고 생활할 수 있는 의료인프라 △누구나 일상에서 누리는 문화생활 실현 등 시민 행복지수를 최고로 높이는 도시 인프라를 마련하기 위해 행정력을 집중하고 있습니다.

구체적으로, 수도권광역급행철도(GTX) B노선 적기 착공과 D노선 연결 가시화, 지하철 8호선(별내선) 개통과 9호선 연장(강동하남남양주선), 수석대교 착공 등을 차질 없이 추진해 교통 허브도시 남양주를 만들어 갈 것입니다. 또 미래 첨단산업도시로 자리매김하기 위해 왕숙지구에 확보한 70만㎡의 도시첨단산단 용지에 50만㎡를 추가로 확보할 것이며, 첨단산업 앵커기업과 글로벌 기업이 참여하는 초대형 데이터 센터 유치 등에 최선의 노력을 다할 것입니다. 더불어 양질의 의료 서비스를 제공하기 위해 상급종합병원과 의과·간호 대학 일부, 연구개발(R&D)단지 유치 등 의·산·학 융복합 클러스터의 미래형 복합의료타운 조성을 추진하고 있습니다. 아울러 시민 프로축구단'남양주FC'창단과 오토캠핑 시설 대폭 확충 등의 다양한 체육·문화사업을 통해 건강한 힐링 문화도시로 발돋움하고 있습니다.

도시첨단산업단지의 신성장동력을 중심으로 일자리·주거·문화·의료 등이 복합적으로 이뤄지는 남양주시를 만들기 위해 구체적인 방안들을 실행해 나가겠습니다.

Q2. 이번 대회에서 남양주시는 도시의 성장 과정에서 소외되는 시민이 없도록 배려한 세심함이 돋보였다는 평가를 받았는데요, 어떤 일자리가 취약계층에게 괜찮은 일자리라고 생각하시는지요.

높은 급여에 더해 직업의 안정성까지 있다면 정말 좋은 일자리라고 할 수 있습니다. 하지만 일자리 문제를 단순히 소득 보장이라는 목적으로만 바라보는 것은 바람직하지 못하다고 생각합니다. 일자리란 소득이라는 경제적인 부분뿐만 아니라 사회에 참여하고 자아를 실현하는 한 방법으로, 한 사람의 삶 자체이기도 합니다.

아쉬운 부분은 이전까지 사회적약자를 위한 여러 일자리 사업들은 단순히 경제적인 보조를 목적으로 운영되지 않았나 생각합니다. 이제는 시야를 넓혀야 합니다. 경제적인 부분을 기본으로 하면서도 일을 통해 사회의 일원이라는 소속감을 느끼게 하고, 적극적인 참여 의욕을 고취해 개인의 삶의 질을 높일 뿐만 아니라 지역사회에도 기여할 수 있게 만들어야 합니다. 아울러 이를 통해 자아실현에도 도움을 주는 일자리야말로 취약층 스스로가 튼튼한 자립의 기반을 구축할 수 있는 바람직한 길이라고 봅니다.

남양주시는 장애인, 노인, 경력단절 여성 등을 위한 다양한 일자리 지원 사업을 펴고 있습니다. 올해 노인 4635명(전년 대비 14% 증가), 장애인 187명(전년 대비 33% 증가)이 맞춤형 일자리 사업에 참여합니다. 특히 지난해 장애인일자리사업 전국 최초로 환경보호와 접목한 '다회용컵 세척 및 관리'일자리를 개발했고, 올해도 지속 확대해나갈 계획입니다. 이 사업(다회용 컵 사용 문화 정착, 연간 7만6800여개의 일회용 컵 사용 절감 효과)은 장애인 일자리 창출은 물론 자원 절약 및 환경보호에도 기여하면서 지난해 11월 우수사업 선정과 보건복지부장관상 수상으로 이어졌습니다. 또한 지난해 경력단절여성 2,007명의 취업 연계와 지식산업센터를 통해 7,424명의 민간 일자리를 만들어내는 등 67.2%의 고용률을 달성해 전년대비 3.5% 향상됐습니다.

Q3. 경제적 안정과 사회적 참여기회 보장이라는 두 마리 토끼를 잡기란 쉽지 않은데, 남양주시의 일자리 정책의 주요 특징이라면 어떤 것이 있을까요.

남양주시의 여러 부서에서 일자리와 관련한 다양한 사업을 추진하고 있기에 완벽히 공통된 특징을 꼽는 것은 어렵지만, 일자리 정책을 고민하고 추진하는 과정에서 '가치와 참여'를 더했다는 것을 특징으로 볼 수 있습니다. 이를 숫자나 지표로 보여주기는 어렵지만, 일자리 사업들을 전반적으로 살펴본다면 남양주시가 고민하고 노력한 흔적을 찾을 수 있을 것입니다.

그중에서도 가장 중요한 것은 민·관의 적극적 협력 관계 형성으로 건강한 일자리 생태계를 구축하는 일입니다. 일자리 사업들은 자칫 잘못하면 보조금에 의한 시혜성 사업으로 전락할 수 있는 우려가 있습니다. 이를 뛰어넘어 민·관이 협력적 파트너로서, 일자리 문제에 대한 해법들을 함께 찾아가야 한다고 생각합니다. 실용과 통합의 거버넌스는 실질적이고 다양한 일자리 사업들을 발굴하고 시행하는 데에 큰 힘이 됩니다.

Q4. 남양주시 일자리 정책에는 많은 참여가 있었다는데, 일자리 창출을 위해 어떤 파트너십을 구축하고 있는지요.

민선 8기 3대 시정 목표 중 하나가 바로 '시민시장시대를 위한 진심 소통과 행정 혁신'입니다. 남양주의 발전을 위해서는 정파적 이해 관계는 물론 세대와 지역, 계층을 초월하는 협치와 신속·적극적인 진심소통이 필요합니다. 시민시장시대·갈등제로시티로 나아가기 위함입니다. 실제로 진심을 다하는 경청과 격의 없는 소통 활성화, 시민 중심의 행정서비스 제공과 정책 결정 과정에서의 적극적인 시민 참여 확대를 통해 시정 운영의 해법을 찾아가고 있습니다.

일자리 정책으로 한정한다면, 구조적으로는 노사민정협의회나 사회적경제육성위원회 등 거버넌스가 있습니다. 하지만 핵심은 바로 현장에서의 진심소통입니다. 각 단위 사업의 기획과 운영과정에서 민·관이 함께 머리를 맞대고 격의 없이 소통하고 적극적인 자세로 고민했으며, 시의성까지 고려한 덕분에 '고요한 택시'와 같은 좋은 사업을 발굴할 수 있었습니다.

고요한 택시 사업은 이러한 민·관 파트너십의 대표적인 정책 사례로 청각장애인을 위한 어플리케이션을 개발하고 운영하는 사회적기업과 지역의 택시회사들, 그리고 시가 제도적인 지원을 아끼지 않았기에 성공할 수 있었던 사업입니다.

이 밖에도 취·창업에 성공하지 못한 청년들의 고용과 지역 정착을 도모하기 위해 지역주도형 청년일자리 사업을 추진하고 있습니다. 작년에만 47개 관내 중소기업과 사회적기업에 청년 53명의 일자리 연계가 이뤄졌습니다. 또 미래 성장성이 높은 6T(IT, 생명공학, 환경공학, 문화콘텐츠 등 6개) 산업 청년 인재 양성에도 힘쓰고 있습니다. 현장형 교육 사업 추진을 위해 작년 11월 경복대와 업무협약을 체결했습니다. 시는 기업체 인력난 해소는 물론 기술교육 지원 등으로 청년들이 미래산업의 주역으로 자리매김할 수 있게 할 생각입니다. 올해 전문기술 교육 과정 운영과 현장형 심화 훈련 제공, 청년인력 매칭, 인건비 지원 등을 추진하고 있습니다.

Q5. 남양주시의 미래 일자리 구상은 무엇이며, 어떤 것들이 있는지 궁금합니다.

앞서 언급한 일자리 사업뿐만 아니라 사회적 약자를 고용하는 기업을 지원하기 위해 사회적경제

지원센터를 확대 운영하고 있습니다. 또 장애인·여성·사회적 기업에 실질적인 도움을 주기 위해 공공 구매도 확대했습니다. 앞으로도 다각적·실질적 지원책을 펼쳐 사회적약자를 위한 일자리 발굴과 확대에 최선의 노력을 다하겠습니다.

그간 남양주시는 국가의 주거 공급 정책에 적극 협력했고 헌신했습니다. 별내·다산 등 신도시 개발의 결과로 아파트와 인구만 폭발적으로 증가한 것을 보면 누구나 알 수 있습니다. 여기에 강력한 다중 규제까지 더해져 지금의 남양주시는 산업기반이 매우 취약한 실정입니다. 남양주시의 산업단지는 경기도 산단 총면적의 0.2%로 자족 기능이 거의 없는 수준입니다. 사실상 웬만한 지방보다 못한 수도권으로 보여지는 것이 현실입니다.

이에 왕숙 신도시에 120만㎡ 규모의 경쟁력 있는 도시첨단산업단지를 조성하는 데에 행정력을 최고로 집중하고 있습니다. 팹리스(반도체 설계) 특화단지, 정보통신기술(IT)·농생명 바이오 등 첨단산업 앵커기업 유치를 비롯해 인공지능(AI) 클라우드 밸리 조성 등을 통해 4차산업혁명 시대에 걸맞은 지속 가능하고 양질의 일자리들을 많이 만들겠습니다. 더불어 왕숙 2지구와 양정역세권, 진접 2지구 등의 도시지원시설용지(약 185만㎡)를 활용해 R&D(연구개발)·영상방송단지를 비롯해 미래형 모빌리티·문화·관광·콘텐츠 산업 등을 유치하여 자족기능을 더욱 강화할 계획입니다.

2023 전국기초단체장 매니페스토 우수사례
일자리 및 고용개선 | **경기 안성시**

어르신의 경험을 담아, 어르신의 지혜를 닮은 안성맞춤형 어르신 상생일자리 모델 구축

"뇌경색으로 쓰러져 누워 있을 때 병상에서 일어나면 남을 위해 봉사하는 삶을 살고 싶었어요. 이제는 제가 만든 음식을 먹고 행복해하는 손님들을 위해 일하고 있어서 보람있어요.(올드장금씨댁 반찬가게 어르신)"

"일할 수 있다는 자체가 너무 즐거워요. 나이가 있다보니 일자리 찾기가 참 힘든데 안성시 덕분에 일할 수 있어 정말 좋아요(깔끔대장 스팀세차 어르신)"

한국은 OECD 회원국 중 노인빈곤율과 노인자살율 1위다. 전세계적으로 봐도 고령화 사회 진입 속도도 가장 빠르다. 인구절벽은 지역소멸을 가속화한다. 2023년 현재 고령인구(65세 이상) 비중은 전체 인구의 18.4%, 안성시의 고령인구 비중은 34.7%에 달한다.

중앙정부와 지방정부는 노인복지를 위해 최선을 다하고 있지만 한정된 자원으로 모두 포괄하기에는 쉽지 않다. 초고령 사회 진입을 앞두고 있는 안성과 같은 경우, 고령화가 가속할수록 저출산과 맞물려 경제 활력이 저하되고, 이는 세수 부족으로 이어져 재정 압박을 받게 된다. 세수가 부족해질수록 노인복지를 위해 사용할 수 있는 가용재원이 더 부족해지는 악순환의 고리에 빠지게 된다.

한국보건사회연구원도 현재 65세 이상 소득 하위 70% 노인에게 지급하는 기초연금제도를 유지한다면 2020년 17조 원에서 2080년 312조 원으로 급격하게 증가할 것으로 예측하고 있다. 이런 분위기를 반영하듯 사회적으로 현재 60세인 정년을 국민연금 수령 연령인 65세까지 연장해야 한다는 목소리가 커지고 있다.

결국 지방자치단체에서 고령화와 노인빈곤 문제를 현안으로 인식하고 즉자적인 대응을 해야 한다. IMF 외환위기부터 시작된 공공일자리 사업은 재정을 투입해 실업률을 낮추는 방식의 단순한 일자리의 반복이었다. 안성시는 노인 빈곤 문제를 단순한 일자리 문제로 접근하지 않고, 사회안전망 차원을 접목한 투 트랙(Two Track) 전략을 모색한다. 민관 상생협력형 일자리와 사회문제 해결형 일자리가 그것이다.

민관이 함께하는 상생협력형 일자리에는 △창업형 일자리 △시장형 일자리 △마을공동체형 일자리 △자원순환형 일자리가 있다.

반찬가게, 수선 및 의류용품을 제작·판매하는 은빛재단사, 참기름이나 들기름을 판매하는 안성맞춤시골농사 등 어르신들의 경험과 노하우를 살려 창업한 8개 사업장을 운영하고 있다.

2021년에는 GS리테일과 GS25 동행 안성맞춤 시니어편의점을 열었다. 10명의 어르신이 근무를 시작해 2022년에는 12명으로 늘었고 월평균 매출도 2021년 2천 3십만원에서 2022년 2천3백만 원으로 13% 상승했다.

마을식당, 꽃송이버섯 재배, 커피로스팅 체험공방 등 마을 특성에 적합한 마을기업을 발굴해 일자리까지 늘리는 안성형 마을공동체 사업을 진행하고 있다. 2021년 10개소에서 2022년 12개로 확대했고, 2023년 10개소를 추가로 선정하는

작업을 진행 중이다.

자원재순환을 통해 일자리를 만들어 내기도 한다. 커피를 마시면 커피 찌꺼기가 남는다. 카페 입장에서는 버려야 할 쓰레기다. 커피 찌꺼기는 다양하게 사용이 가능하다. 안성시는 92개 카페와 협약을 체결하고 커피 찌꺼기를 수거하고, 집하장에서 분류한 후 사회적기업인 달빛트레인과 안성퇴비영농조합 등에 배송해 재활용하는 과정이다. 이들 기업들은 친환경 퇴비나 연필, 점토, 벽돌 등을 생산한다.

노인에게 사회적 고립감은 심각한 문제다. 사람에게 일자리는 일을 제공하는 수단이자, 일을 통해 자존감을 확인하는 시간이다. 나이 듦이 외로움과 소외감에서 소통과 교류의 장이자 건강에 대한 사회적 비용을 절감하는 효과도 있다.

안성시의 사회문제 해결형 일자리사업은 어르신들을 서로 엮어주는 방식으로 접근해 보자는 것이다. 사회적 도움이 필요한 곳에 서비스를 제공하면서 심신 건강을 증진하고 소득도 올릴 수 있다면 일석이조의 효과를 올릴 수 있다. 현재 사회서비스가 필요한 곳에 서비스를 제공하는 노노(老老) 케어, 그룹홈 도우미, 시니어상담소(일자리 상담 지원), 우리마을봉사단 등 36개 사업단이 운영되고 있다.

안성맞춤형 어르신 상생일자리 모델은 지역사회의 다양한 단체들과의 일자리 상생 거버넌스 구축이 핵심이다. 대한노인회 안성시지회, 안성시노인복지관, 안성의료복지사회적협동조합, 안성맞춤시니어클럽, 동부/서부 무한돌봄네트워크팀, 시민활동 통합지원단 등의 민관협업을 통해 노인일자리 문제에 접근하고 있다.

안성시의 노력은 전국 기초지방자치단체의 관심의 대상이 됐다. 다른 자지체에서 현장 방문과 벤치마킹을 했고, 2021년 노인 일자리 및 사회활동 지원 대상과 대한민국 노인복지 우수대상 최우수상을 수상하며 성과를 인정받았다.

인터뷰 Interview

안성시장

Q1. 시장님이 말씀하시는 포용적 복지도시 구현은 어떤 것인지요.

지금 한국은 저출산·고령화뿐 아니라 지방소멸, 양극화와 같은 다양한 문제에 직면해있습니다. 이 문제들의 파급효과가 어떤 양상으로 나타날지 모르기 때문에 최선의 대비를 해야 하는 상황인데요. 특히 지금처럼 국가 재정 상황이 어려운 때일수록 지방정부의 역할이 더욱더 막중합니다. 시민에게 실질적 도움이 될 수 있는 사업을 발굴하고 추진할 수 있는 힘이 있기 때문이죠.

그전까지 행정은 한정된 자원 안에서 빠른 성과를 얻을 수 있도록 정책의 효율성 측면을 강조해 왔습니다. 그 과정에서 시민 한명 한명의 삶을 돌봐드리기에는 무리가 있었죠. 효율성의 이면에는 사회적 소외가 따라오기 때문입니다. 그래서 포용적 복지가 매우 중요합니다. 사실 이 포용적 복지라는 말이 거창하고 어려운 말 같지만 생각해보면 제가 안성시장으로서 안성시민분들과 함께 만들어 가고 싶은 "더불어 사는 풍요로운 안성"과 일맥상통하는 말인 것 같습니다. 어느 누구도 소외되거나 배제되지 않고 모두가 더불어 복지혜택을 누리는 것이니까요.

그래서 취임 직후부터 시민 한분 한분의 복지 수요를 충족해드리기 위해 노력했습니다. 일자리가 필요한 안성시민 모두에게 그 기회가 골고루 돌아갈 수 있도록 각 계층별 취·창업 지원사업을 추진하는 한편, 코로나 이후 더욱 힘드셨을 사회 취약계층의 어려움을 덜어드리고자 어르신, 장애인 일자리는 물론 자활사업단 지원 강화로 공공일자리를 확충하고 아동수당, 출산장려금, 취·창업 지원금과 기초연금 등 국가 시책에도 적극 대응해 안정적 소득보장제도를 강화했습니다.

갑작스러운 위기 상황에 처하신 분들을 위한 안성형 긴급돌봄은 물론 병원 방문, 외출 동행 등 일상생활이 어려우신 분들을 위해 일상돌봄 서비스도 추진하고 있습니다. 이런 다양한 노력을 한데 모아, 안성시민 모두가 함께 누리고 소외받지 않는 포용적 복지도시 조성을 위해 최선을 다하고 있습니다.

Q2. 안성시는 65세 이상 노인이 19%가 넘는 등 초고령화사회로 진입하고 있습니다. 이에 대한 어떤 준비를 하고 있는지 궁금합니다.

100세 시대인 요즘은, 오래 사는 것보다 '내가 속한 지역사회에서 건강하게 살다 존엄한 임종을 맞이하는 것'이 더 중요해졌습니다. 이를 '지역사회에서 나이들기'라고 하는데요. 안성시의 모든 어르신 정책은 이 '지역사회에서 나이들기'를 정책목표로 삼고 있습니다. 특히 이를 달성하기 위해 '소득'과 '건강'이라는 두 가지 측면이 우선적으로 보장되어야 합니다. 민선 7기에는 어르신의 소득을 안정적으로 보장해드리기 위해 양질의 일자리와 기초연금 지원, 장수축하금 지급 등 소득보장제도를 견고히 했다면, 민선 8기에는 좀 더 촘촘한 건강관리 · 돌봄 체계 구축을 위해 노력하고 있습니다.

몇 가지 예를 들어볼까요? 병원 방문이 어려운 분들을 위해 장기요양 재택의료센터를 운영해 양질의 의료서비스를 집에서 받아볼 수 있도록 지원하고 병원에서 퇴원하신 분들이 집으로 돌아가 일상을 살아갈 힘을 기를 수 있도록 '중간집' 역할을 수행하는 단기돌봄주택도 준비 중에 있습니다. 특히 우리 어르신들이 가장 걱정하고 있는 부분이 치매인데요. 조기발견이 중요한 만큼 검진비와 정밀 진단비를 지원하고, 치매 어르신에게는 소득 수준과 관계없이 치매치료관리비를 지원해드리고 있습니다. 또, 치매안심센터 운영과 함께 시에서 직접 치매 어르신을 보호하고 가족의 부양 부담을 경감해드리고자 2025년 준공을 목표로 시립 치매 전담 요양시설을 건립하고 있습니다. 이런 노력들은 지역 내 치매 극복에 크게 기여했다는 평가를 받고 있으며 보건복지부 장관상을 수상하는 등의 뿌듯한 결과로 이어지고 있습니다.

더불어, 어르신들의 신체적 건강도 중요하지만 정신적 건강도 매우 중요한데요. 함께 삼삼오오 모여 같이 복지관도 가시고 노인대학에서 진행하는 프로그램에 더 많이 참여하실 수 있도록 올 4월부터 어르신 무상교통 사업으로 1인당 월 80회 시내버스 요금도 지원해드리고 목욕비, 이 · 미용비 바우처 지원으로 연간 10만원의 지역화폐를 지원하고 있습니다. 어르신들이 더 많은 외부활동을 하실 수 있도록 시작한 정책이었는데 "요즘엔 장사가 좀 된다"며 좋아해주시는 상인들이 많아지신 걸 보니 지역경제 활성화에도 톡톡히 제 몫을 하는 것 같습니다.

Q3. 안성시는 노년기의 건강과 빈곤, 고독 등의 문제를 일자리에서 찾아보기로 했다는데, 시장님이 생각하시는 행복한 노후생활을 위한 비결은 무엇인지요.

한국은 세계 13위의 경제 대국이지만, 여전히 삶은 팍팍합니다. 경제적 어려움 때문에 극단적 선택을 하는 어르신들이 해마다 3,000여 명에 달한다고 하니 특히 어르신들에게는 더욱더 가혹한

셈이죠. '노인 자살'이라는 외면할 수 없는 사회현상을 바라보면서 저는 지방정부를 이끄는 한 사람으로서 너무나도 큰 책임감과 죄송함을 느꼈습니다.

"어르신들에게 최고의 복지는 일자리"라는 말이 있을 정도로 '소득'은 지속가능한 노후를 위한 첫 걸음입니다. 용돈이 없어서 자식들 눈치 보는 일이 없도록 쉽게 할 수 있는 소일거리부터 사회에서 쌓아온 경험과 연륜을 녹여낸 일자리까지. 어르신들의 소득보장과 사회참여 기회 제공을 위해 다각도로 고민한 결과, 일할 능력과 의지가 있는 분이라면 누구나 참여할 수 있도록 어르신 일자리를 총 3,418개까지 확충했습니다. 앞으로도 더욱더 늘려나갈 계획입니다.

특히, 과거 노하우를 살려 사업 아이템을 발굴하고 해당 사업장을 직접 운영하는 창업지원형 일자리가 인기인데요. 총 132명의 어르신들이 8개의 사업장을 함께 운영하고 있습니다. 각자의 특성에 맞는 맞춤형 분야 발굴을 통해 이 사업이 단순한 일회성 사업으로 끝나는 것이 아니라 축적된 기술력을 가지고 사회적기업으로까지 발전할 수 있도록 시에서도 적극 지원 해드릴 예정입니다.

Q4. 고령화와 1인 가구 증가로 고독사 문제가 전국화되고 있는데요. 이에 대한 안성시의 정책과 사업은 어떤 것들이 있는지요.

우리 시에도 혼자 사시는 어르신들이 약 1만여 명 정도 됩니다. 얼마 전 기사를 보니, 고독사 증가 원인 중 가장 대표적인 것이 사회적 고립 및 소외라고 하더군요. 육체적 건강 악화와 함께 상실감, 소외감 등 여러 정신적 건강 문제가 함께 수반되면서 더더욱 심각한 문제로 이어지는 일도 빈번하고요. 그렇지 않으려면 어르신들이 나와서 여가 활동도 하시고 재밌게 노셔야 하는데, 가실 데가 마땅치 않다는 말씀을 자주 하십니다. 근데 사실 경로당이나 복지회관이 가장 적합한 공간이거든요. 안성시에도 경로당이 약 490개가 있습니다. 마을마다 1개씩 있는 꼴이라 접근성도 매우 좋습니다.

그래서 경로당을 중심으로 어르신들이 한 번이라도 더 모일 수 있는 기회, 한 번이라도 더 즐겁게 노실 수 있는 기회를 마련해드리기 위해 건강프로그램 강사도 파견하고 다양한 여가 활동을 지원하고 있는데 월평균 2,000여 명이 참여하실 정도로 인기가 좋습니다. 또, 혼자 사시는 분일수록 더욱이 균형 잡힌 영양 섭취가 쉽지 않은데요. 공공 급식 사업과 연계하여 친환경 로컬푸드를 지원해 건강한 식단을 제공해드리고 있습니다. 어르신들이 천원만 내면 따뜻한 아침밥을 드실 수 있도록 복지회관을 중심으로 '어르신 천원식당'도 시범 운영 중인데요. 내년부터 그 규모를 확대할 예정입니다. 경로당이 단순한 여가 공간을 넘어서 마을 어르신들의 기초건강을 책임지는 돌봄 인프라로 그 역할이 확장될 수 있도록 앞으로도 경로당을 중심으로 다양한 사업을 접목하여 추진할 계획입니다.

그 외에도, 촘촘한 의료·돌봄 인프라 구축을 위해 세심한 정책들을 추진하고 있습니다. 대표적인 예로 생활지원사가 직접 방문해 안부를 확인하고 외출동행, 신체활동 등 다양한 서비스를 지원하는 '노인맞춤돌봄서비스'와 자택에 여러 안전 센서를 설치해 비상 상황에 대비하는 '응급안전안심서비스'로 혼자 사는 어르신들의 평소 건강관리부터 안전 체크까지 하나하나 꼼꼼히 살피고 있습니다.

Q5. 관내 대학들과 협력해 추진하고 있는 행복 캠퍼스를 소개해 주신다면

퇴직 이후의 삶을 준비하는 중장년 시민분들의 욕구에 맞게 교육이나 취·창업지원부터 생애재설계를 위한 종합상담, 커뮤니티 조성을 통한 동아리 활동 지원, 사회공헌활동 등 다양한 활동을 함께 하실 수 있도록 안성시와 경기도, 한경대학교가 함께 소중한 뜻을 모아 시작하게 된 사업입니다.

안성시에는 한경대학교를 포함해 총 5개의 대학이 있는데요. 이 대학들은 안성시가 가지고 있는 큰 자산입니다. 수준 높은 교육시설은 물론, 취·창업지원 등에 필요한 풍부한 인적·기술적·문화적 자원을 이미 가지고 있기 때문입니다. 저희가 중장년 일자리를 창출하기 위해 대학과 뜻을 모은 것은 어찌보면 무척 자연스러운 일입니다.

'행복캠퍼스'가 인생의 새로운 전환점 앞에 서 계신 5060 안성시민들에게 재도약의 기반을 닦아주는 좋은 엔진이 될 수 있도록, 앞으로도 우리 대학이 지닌 유·무형의 자산을 바탕으로 각자의 특성에 맞는 취·창업 프로그램을 개발해나갈 수 있도록 지역대학과 적극 협력하고자 합니다.

2023 전국기초단체장 매니페스토 우수사례
일자리 및 고용개선 | **충북 영동군**

"1+1=2" 계절근로자 도입
농가 일손 부족 해결(1) + 근로자권익,
거주 여건 개선(1) = 동행(同行) 2

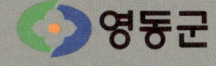

영동군 과일의 고장이다. 포도는 충북 75.3%, 전국 7.9%를 점유하고 있고, 감의 점유율은 충북 76.3%, 전국 7.2%다. 복숭아, 사과 등 다양한 과수산업이 지역경제의 근간이다.

다른 지역 대비 농업인구 비율이 높다. 2021년 대비 인구 감소율은 3.8%로 전국에서 두 번째다. 전체 인구(4만 5천여 명)의 36%는 65세 이상 고령층이고, 전체 농가 중 65세 이상은 45%나 된다. 영동군은 농촌인구 감소, 고령화, 농작업의 계절성 등으로 매해 고질적인 일손 부족에 시달리고 있다.

영동군은 다른 농촌지역처럼 외국인 계절근로자를 초청해 일손을 채우고 있다. 다른 지역과 다른 점이 있다면, 안정적인 노동력 확보를 위해 자매결연도시인 필리핀 두마케티시와 협약을 맺고 인력수급을 한다는 점과, 외국인 근로자의 안정적인 주거환경을 제공하기 위해 외국인 계절근로자 전용 숙소 리모델링 비용을 지원하고 있다는 점이다.

영동군은 2021년 10월 7일 필리핀 두마케티시(Dumagute)와 외국인 계절근로자 도입을 위한 기본사항에 합의한다. 두마게티시 농업에 종사하는 주민들을 초청해 계절근로자로 배치하게 된다. 합의서에는 만 30세~55세 이하 남녀 농업경력자를 초청 대상으로 하고, 임금・숙식・생활 조건・보험・의료 등 근로조건을 명시했다. 초청 기간은 90일(C-4)나 5개월(E-8)이며 농가의 신청에 따라 비자 종류, 입국 시기 등이 최종 조정된다.

영동군과 두마게티시는 2009년 자매결연을 맺고, '매년 안정적인 계절근로자

도입'을 모색했다. 당시 한국에서는 외국인 근로자가 샌드위치 판넬, 비닐하우스 등 열악한 환경에서 거주하다 사망하는 사례가 잇따라 발생했다. 외국인 근로자의 인권 보호와 안정적인 주거환경을 갖추지 않고는 안정적인 계절근로자 도입은 어려운 문제였다.

영동군은 두마게티시와 우호관계 강화를 최우선에 두었다. 교류도시 주요 축제에 축하대표단을 파견하고 공연단을 파견하고 있다. 우수한 초·중학생 50명을 선발해 자매도시로 해외연수도 보낸다. 영동군은 민간교류를 확대하면서 안정적인 계절근로자 도입을 위한 기반을 쌓아왔다. 이런 성과로 2022년에 상호 공동번영과 도약을 위한 우호협력을 강화하는 협약을 체결한다. 양 도시는 이 협약을 통해 전분야에 걸쳐 교류 사업을 확대하기로 했는데 그중 계절근로자 교류 확대도 있다. 2023년부터 전국에서 처음으로 필리핀 두마케티시 공무원을 상호 파견하고 있다. 이를 위해 영동군 해외파견 공무원 운영 규정을 제정했다.

2021년 외국인 계절근로자 제도 도입 후 매년 인력 교류를 하고 있다. 2023년

170명의 외국인 계절근로자가 입국해 84 농가에 배치됐고, 2024년에는 250명의 외국인 계절근로자를 초청하기 위해 노력하고 있다.

　외국인 계절근로자의 인권보호를 위해 사전에 배치 농가 대상으로 근로자 인권 보호 교육을 실시하고, 통역전담요원을 배치해 원활한 소통을 지원한다. 외국인 계절근로자들을 대상으로 1인당 40~50만 원이 항공료를 지원하고, 맹장수술비등 보험이 적용되지 않는 긴급수술 의료비도 지원한다. 영동군 지역투어를 진행해 문화를 이해하고 지역에 적응하도록 돕고 있다. 계절근로자와의 간담회를 통해 애로사항을 청취한다.

　특히 민선 8기 공약으로 '계절근로자 거주 여건 개선을 위한 농가 내 숙소 리모델링 사업'도 도입했다. 외국인 계절근로자 전용 숙소 리모델링 사업은 법무부 필수 기준에 맞게 도배, 장판 싱크대, 보일러, 화장실, 지붕 등을 수리하거나 교체하는 사업이다. 주거 물품 구입도 가능하다. 2023년은 세대당 6백만 원×25세대, 1억5천만 원을 집행했고 향후 4년간 100세대를 지원해 계절근로자의 거주 여건 개선, 인권 침해 예방 등을 지원할 계획이다.

　2022년 계절근로자로 방문했던 필리핀 두마게티시 농업인들은 2023년에도 100% 재신청할 정도로 신뢰를 확보했다. 이 사업은 영동군 자체 적극행정 우수사례로 선정됐고, 전국시도지사협의회 우수사례로 발표할 정도로 수요자와 공급자 모두가 만족하는 시책으로 자리매김하고 있다.

인터뷰 Interview

영동군수
정영철

Q1. 영동군에 외국인 계절근로자 제도는 어떤 의미이고, 외국인 계절근로자는 어떤 역할을 하고 있는지요.

영동군은 전형적인 농업군으로 2023년 7월 현재 전체인구의 30%인 12,786명이 농업인구이고 그 중 65세 이상 농업인구가 4,708명으로 고령인구가 급속히 증가하고 있어 농촌의 일손부족 문제는 더욱 심각해질 전망입니다.

아울러, 영동군은 과일의 고장이기도 합니다. 과수재배농가 8,088호에 달하며 총 재배면적은 3,000ha 다르고 있습니다. 그 중에서 포도는 충청북도의 75%, 전국의 8%를 점유하고 있어, 대표적인 포도 주산지라고 할 수 있습니다.

포도, 복숭아를 비롯한 과수농업은 소비자들이 구입하고 먹기에는 편리한 반면, 수확이나 작업하는 데 손이 많이 필요한 실정이라 안정적인 인력 수급이 절대적으로 중요한 작목입니다.

이런 고질적이고 극심한 농번기 구인난 해소의 대안으로 떠오른 정책이 해외자매도시 필리핀 두마게티시와 손잡은 「계절근로자 도입」이었습니다.

자매도시 계절근로자 사업을 통한 새로운 농업문화 창출을 위해 많은 행정력과 예산을 집중하고 있고 이로 인해 계절근로자의 근로능률 증대로 고용농가 또한 높은 만족도를 보이고 있습니다.

영동군의 계절근로자 사업은 문화가 다른 서로 두 도시가 농업이라는 매개를 통해 아침 기상부터 저녁 취침때까지 밀접하게 생활하면서 한국의 생활문화를 활동 속에서 이해하는 민간중심의 생활밀착형 교류사업입니다.

Q2. 영동군의 외국인 계절근로자 제도 운영의 가장 큰 특징이라면 영동군 공무원 1명이 자매도시인 필리핀 두마데티시에 파견나가 있고, 두마게티시 공무원 3명이 영동군에 파견되어 외국인 계절노동자 제도를 효과적으로 운영하고 있다는 것인데

요. 이에 대한 설명을 부탁드립니다.

저를 비롯한 영동군 대표단이 10월 두마게티시 대표축제인북루산 축제에 참석하여 10.27일 계절근로 도입을 포함한 자매결연 우호협력 강화 MOU를 체결하였습니다.

이 MOU를 바탕으로 계절근로 제도의 성공적인 정착과 안정적인 인력공급을 위한 공무원 상호 파견을 실시하여 우리 영동군 1명, 두마게티시 3명이 각각 자매도시에서 근무하고 있으며 4.21. 계절근로자 190여명이 입국하였습니다.

우리 영동군은 자매도시 온 계절근로자들이 조기에 정착하고, 애정을 느끼며 고용농가는 물론 지역사회와의 화합과 융화가 이 사업의 성공여부를 판가름한다고 보고 다양한 시책을 펼치고 있습니다.

그 시책의 일환으로 두마게티시 공무원 3명이 우리군으로 파견되어 의사소통 및 문화적 차이로 인한 고충, 근로자와 농가 간 애로사항 특히 초과근무 수당에 대한 의견 차이를 적극적으로 해소하고 있습니다.

계절근로자 입국 전에는 고용주를 대상으로 사전 특별교육도 실시하여 폭력, 폭행, 성희롱 등 인권침해 금지교육을 하였고 적정한 주거환경 제공, 최저임금법, 산재보험가입 근로기준 사항 등을 반드시 준수하도록 교육하였습니다. 이런 준수사항이 제도로 지켜지고 있는지 적접 두마게티시 공무원이 근로기간 내내 감독하고 있어 불미스런 일을 사전에 방지하고 있습니다.

Q3. 영동군은 외국인 계절근로자를 수시로 살피고 배려하는 정책들로 호평을 받고 있는데요. 필리핀 두마게티시 계절근로자를 대상으로 진행한 영동투어는 어떻게 진행되고 있으며 어떤 효과가 있다고 생각하시는지요.

우리 영동군은 농촌의 부족한 일손을 해결하기 위해 해외 자매도시인 필리핀 두마게티시와 손잡고 먼저 제도적·행정적 운영에 있어서 전용숙소 리모델링 등 근무여건 향상을 위해 공약사업에 포함하여 추진하고 있으며 통역 전담요원 및 두마게티시 공무원 3명 배치로 불편사항을 적기에 조치하는 등 제도적 기반 마련으로 원활한 관리를 이뤄내고 있습니다.

문화교류 측면에서는 관내 주요시설 투어 및 그들의 노고를 위로하는 생활밀착형 문화교류사업을 실시하고 있어 민간과 관의 조화로운 제도로 운영되고 있습니다.

농번기가 끝나가는 7월 즈음에 두마게티시 근로자들을 한 데 모아 우리군 주요 관광지 및 시설 등을 견학하고 오후에는 자유롭게 우리군 시내 투어를 실시하여 우리 농촌문화인 공동체 문화에 적응시키고 정서적으로 우리지역 농업인으로 편입시킴으로써 소속감까지 부여하는 진정한 농업

문화사업으로 발전시키고자 합니다.

Q4. 그동안 외국인 계절근로자들의 열악한 생활환경과 인권의 심각하다는 문제제기가 있었는데요. 영동군이 외국인 계절근로자 고용농가를 대상으로 실시하는 사전 교육은 어떤 내용을 담고 있는지요.

앞에서도 말씀드린바와 같이 계절근로자 입국 전에는 고용주를 대상으로 사전 특별교육도 실시하여 폭력, 폭행, 성희롱 등 인권침해 금지교육을 하였고 적정한 주거환경 제공, 최저임금법, 산재보험가입근로기준 사항 등을 반드시 준수하도록 교육하고 있습니다. 아울러 농가와 근로자간 불미스런 사항이 발생했을 시에는 관계공무원의 철저한 조사와 입회를 통해 진상을 파악하고 농가와 근로자 즉각 분리조치 등 인권보호를 위한 시스템을 구축하기위해 끊임없이 노력하고 있습니다.

Q5. 군수님은 외국인 계절근로자는 근로자가 아니라 제2의 영동군민이라는 지향점을 말씀하신 적이 있는데요, 앞으로 외국인 계절근로자 사업을 어떻게 전개해 나갈 것인지요.

외국인 계절근로자가 잠시 머물다 돈만 벌고 가는 이방인이 아니라 우리 영동군 농촌지역의 구성원으로 자리매김하고 그들을 지역사회의 구성원으로 편입시키기 위한 다양한 시책을 추진하겠습니다. 자매도시에서 온 근로자들이 조기에 정착하고, 애정을 느끼며, 고용농가는 물론 지역사회와의 화합과 융화가 이 사업의 성공여부를 판가름한다고 생각합니다.

경제적 부담을 최소화하기 위한 항공료 지원, 맹장염, 농작업 사고 등 긴급 의료상황에 대비하기 위한 의료비 지원, 지역사회 적응을 위한 영동군 투어 , 군수 주재 간담회 개최 등 서로의 차이를 인정하고 존중하며 생활할 수 있는 방안을 계속 시행하겠습니다.

계절근로자는 영동군과 함께하는 군민이라는 생각과 우리지역의 농업인으로 자리매김할 수 있도록 농업문화사업으로 추진하겠습니다. 감사합니다.

2023 전국기초단체장 매니페스토 우수사례
일자리 및 고용개선 | **서울 동대문구**

「동대문 내일 잡고(Job go)」 동대문구 맞춤형 일자리정책

한국은 구조적 저성장 국면에 진입해 있다. 고용은 불안정하고, 양질의 일자리는 부족하다. 베이비부머 세대는 노동시장에서 물러났지만, 노후 준비를 하지 못해 노후가 불안정하고, 청년 세대는 부모 세대보다 더 가난하고 고통스러운 세대로 전락했다. 50대 중장년층은 여전히 자녀들을 뒷바라지해야 하지만 명예퇴직 등으로 현직에서 밀려날 위험을 안고 일하고 있다. 아직 삶의 지혜와 경험이 풍부한 60대 이상은 일 하고 싶어도 일자리가 없다.

총체적인 불안정노동의 시대, 그래도 어쨌든 살아가야 하는 N잡러 시대다.

어쨌든 살아가야 하는 모든 연령층에서 비자발적 시간제 근로자가 증가하고 있다. 임금근로자가 1.4% 증가할 때 비자발적 시간제 근로자는 2.5배 증가했다. 비정규직은 37.5%에 달하고, 이들 중 24.6%는 한시적 근로자이고, 17%는 시간제 근로자이다.

2022년 현재 비자발적 시간제근로자 10명 중 6명이 '생계형'이다.

원하는 분야의 일자리가 없거나 경력에 맞는 일자리가 없어 비자발적 시간제 근로를 하는 경우도 적지 않다. 청년층의 경우 지난 10년간(2012~2022년) 생계형 시간제 근로자의 연평균 증가율은 6.6%에 달했다. 취업취약계층인 중장년층과 경력단절여성 등도 일하고 싶지만 일자리를 찾기 어렵다.

모두 사회경제적 구조변화에 따른 결과다.

동대문구는 이들을 보호할 사회안전망은 미흡하고 맞춤형 일자리정책 지원이 절실하다고 인식했다. 지역사회가 먼저 이들에게 손을 내밀고, 이끌어주어야 할 책임이 있다고 봤다.

동대문구는 신구(新舊)의 조화, 세대와 세대의 통섭을 통한 일자리 창출 전략을 추진한다.

첫 번째로 '세대융합형 성공창업 지원사업'이다.

이 사업은 참신하고 혁신적인 창업 아이디어가 있는 청년층과 기술경력·연륜을 갖춘 중장년층을 연결해 성공적인 창업을 지원하는 사업이다. 2022년 9월 사업계획을 수립하고, 이듬해 3월부터 사업참여자를 모집하고, 참여자 선발을 위한 일자리위원회를 개최한다. 교육·컨설팅도 제공하며 성공창업을 응원했다.

동대문구 일자리위원회의 심의를 거쳐 최종 9팀(17명)이 참여팀으로 선정됐다.

두 번째로 경력단절 여성을 위한 일자리 지원사업이다.

결혼, 출산, 육아, 보육의 과정에서 경력이 단절된 여성들과 미취업 여성을 대상으로 하는 지원사업이다. '산모신생아케어 전문가', '초등돌봄 전문가'를 육성해

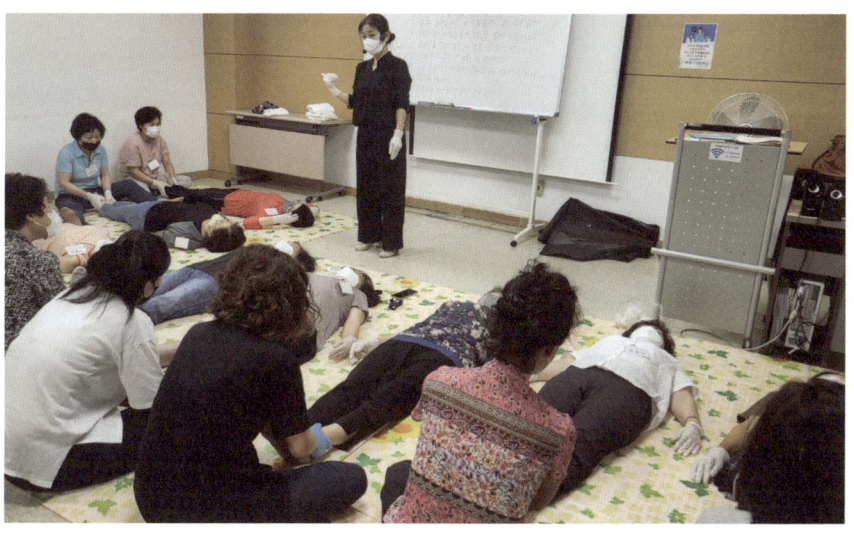

취업까지 연계하는 방식이다. 전체 교육 수료자의 82%가 취업에 성공했다.

세 번째로 중장년층 취업 지원 프로젝트인 '중장년층 일반경비원 양성 프로그램'이다. 중장년층의 접근 가능한 일자리 중 하나인 경비원 일자리와 관련해 2020년부터 매해 신입 경비원 교육 비용을 지원한다.

네 번째는 시대변화에 발맞춘 지역밀착형 일자리 사업인 '반려동물 전문가 펫시터 양성 프로그램'이다. 반려동물은 가족의 일원이다. 그만큼 반려동물 관련 시장이 커지고 있다. 반려동물 돌봄 경험이 있는 만 18세 이상 주민 30명을 대상으로 반려동물 전문업체 강사를 섭외해 반려동물과의 공감, 일반적 상식 및 문제행동 대응 방법 등에 대한 교육을 실시한다.

동대문구는 부모 세대보다 더 불안정한 노동구조를 경험해야 하는 청년층에 대한 많은 관심을 기울였다. 동대문구에 거주하는 19세~34세 미취업 청년들에게 국가공인자격시험, 어학시험, 한국사능력검정시험 등 응시자에게 1인당 1회 10만 원 ~ 20만 원의 지역화폐(동대문구사랑상품권)을 지급하고 있다.

2023년 5월 23일에는 동대문구 회기역 인근 청년주택 아파트 내에 청년 창업자 육성, 지원 공간인 'DDM 청년창업센터 유니콘'을 개관했다. 현재 9개 업체 30여 명이 입주해 미래의 빌게이츠를 꿈꾸고 있다.

경제가 어려울수록, 취약계층이 받는 경제적 압박은 가중된다.

동대문구는 서울동대문지역자활센터와 '기업연계형 자활근로사업'의 일환으로 CU편의점(청계노벨리아점)의 문을 열었다. CU편의점을 운영하는 BGF리테일과 업무협약을 맺어 가맹비와 예치비 면제, 점포 임차비용 임대료 40%, 인테리어 등을 무상으로 지원받았다. 이곳에서 조건부 수급자 8명(2인 1조)이 1일 8시간, 월 20시간을 일하며 월 150만 원의 임금을 받는다.

그 외에도 2022년 구청 소속 기간제 근로자와 출자·출연기관 근로자 180명에게 생활임금이 적용받도록 했고, 같은 해 12월에는 '서울특별시 동대문구 프리랜서 지원을 위한 조례'를 제정해 근로기준법 사각지대에 놓인 프리랜서의 권익 보호 및 지원을 위한 근거를 마련했다.

인터뷰 Interview

동대문구청장
이 필 형

Q1. 동대문구는 '홍릉 바이오 허브 밸리' 조성을 추진하고 있습니다. 어떤 방향으로 진행되나요?

연구기관 · 대학 · 병원 등이 모여 있는 동대문구 회기동, 청량리동, 이문동 지역을 아우르는 이른바 '홍릉(과거 명성왕후의 묘인 '홍릉'이 현재의 영휘원에 위치)' 일대를 바이오 · 의료 특정지구로 조성함으로써 관련 기업, 연구기관을 유치해 서로 시너지를 낼 수 있도록 제도적으로 지원하는 '홍릉 바이오 허브밸리' 조성사업이 서울시와 협업해서 진행되고 있습니다.

해당 사업의 첫 단계로 컨퍼런스홀, 연구장비, 실험실, 도서관 등을 갖춘 '서울 바이오허브' 3개 동이 2017년 '산업지원동' 개관을 시작으로 2019년 '연구실험동' 그리고 '지역열린동'이 회기동에 차례로 조성 · 운영되고 있으며 2020년에는 경희대학교 캠퍼스 내에 기업전용실험실과 사무공간을 갖춘 '서울바이오 산학협력센터'가 준공돼 '홍릉 일대 바이오 허브 밸리 조성'의 중심적 역할을 수행 해오고 있습니다.

또한 지하2층, 지상7층 규모로 입주공간 52실을 갖춘 '서울바이오허브 글로벌협력동(회기동 위치)'이 올해 11월 말 준공 예정으로 동대문구가 바이오산업의 중심으로 도약 하는데 중요한 역할을 할 것으로 기대하고 있습니다.

뿐만아니라 바이오, 의료 부문 신생 창업기업의 저렴한 비용으로 입주해 성장할 수 있도록 지원하고 기업 간의 교류공간으로서의 역할을 할 '홍릉R&D 지원센터'를 청량리동 206-54번지에 건립할 예정이며 현재 실시설계 중에 있습니다.

Q2. 동대문구는 관내 소재 대학(경희대, 한국외대, 서울시립대, 카이스트 등)의 인적 · 물적 자원을 활용한 캠퍼스타운 사업 적극 추진하고 있다는데요. 어떤 방식으로 진행되나요?

동대문구는 여러 대학이 위치 해있어 우수한 청년 인구 비율이 높은 교육·연구도시입니다. 이러한 장점을 활용하여 우리 구는 2017년부터 지금까지 캠퍼스타운 사업을 추진하고 있고 현재 경희대, 서울시립대, 한국외대와 협력하여 사업을 진행하고 있습니다.

캠퍼스타운 사업은 예비·초기 창업기업을 발굴하고 육성하여 청년들이 아이디어를 실현할 수 있는 무대를 만들고자 합니다. 창업경진대회를 통하여 선발된 창업팀들은 기본적으로 입주 공간과 창업지원금을 제공 받게 됩니다. 일반창업뿐 아니라 각 대학의 특성에 맞는 특화분야가 존재하는데, 경희대는 바이오헬스, 서울시립대는 도시과학 및 빅데이터, 한국외대는 독립출판을 특화분야로 지정하여 다양한 분야의 창업팀들을 더 전문적으로 지원하고 있습니다. 입주기업들은 전문 멘토링, 창업특강, 투자유치를 위한 IR피칭 컨설팅, 창업가들 및 외부 관계자와의 네트워킹 프로그램, 글로벌 진출 지원 등 다각적이고 풍성한 프로그램 지원을 받게 됩니다.

또한 캠퍼스타운은 대학과 청년과 자치구가 함께 지역사회의 문제를 해결하는 사업을 진행합니다. 경희대에는 지역을 기반으로 기업활동 등 사회적경제활동을 하는 로컬크리에이터를 양성하고 이들을 지역주민에게 홍보하는 행사를 개최하여 동대문구를 새롭게 브랜딩하고자 합니다.

서울시립대는 '소셜임팩트'라는 주제를 바탕으로 다양한 지역활성화 프로그램을 진행하는데, 경계선지능 청년들이 함께 카페를 운영하고 상품을 기획하는 프로그램이 가장 주목받고 있습니다. 복지사각지대에 있는 경계선지능 청년들에게 바리스타 자격취득 과정 및 드립백 제조 직무교육 기회를 제공하여 사회구성원의 일원으로 성장할 수 있게끔 도와주고, 나아가 이들을 입주기업인 카페에 바리스타로 채용합니다. 또한 답십리 현대시장과 협약 관계를 구축하여 동네 어린이들의 그림 작품을 전시하고 시장의 먹거리를 판매하는 행사를 개최하여 상권 활성화를 위해 힘쓰고 있습니다.

한국외대는 청량리종합시장과 협력하여 전통시장 통번역 프로그램을 진행합니다. 외국어에 특화된 한국외대의 강점을 활용하여 외국인들에게 전통시장의 매력을 소개하고자 노력하고 있습니다. 세 개의 대학은 동대문구 및 '동대문구 청년정책 네트워크'와 협력하여 최근에 청년주간행사를 성공적으로 개최하였고, 각 학교마다 지역활성화협의회를 구성하여 분기마다 회의를 개최하며 우리 구와 끈끈한 관계를 구축하고 있습니다. 내년에는 이러한 협력관계를 더욱 강화시켜 단순한 청년 창업지원을 넘어 주민들과 상생하고 활기찬 동대문구를 만들기 위해 적극적으로 사업을 추진할 계획입니다.

Q3. 기부채납 공간을 활용한 동대문구형 창업공간 조성 추진 사업은 어떤 내용을 담고 있는 것인지요?

우리 구에서는 2023년 5월 휘경동 역세권 청년주택(망우로 46) 내 예비·초기 청년 창업가 집중 육성 공간인 〈DDM 청년창업센터 유니콘〉을 개관하였습니다.

〈DDM 청년창업센터 유니콘〉은 약 159평 규모로 입주기업 사무실, 회의실, 라운지, 스튜디오 등으로 구성되었고 지난 6월 19세 이상 39세 이하의 청년이면서 3년 미만 기창업자를 대상으로 성장 잠재력 높은 9개의 스타트업을 선발 완료했습니다.

〈DDM 청년창업센터 유니콘〉에 입주한 스타트업은 입주부터 졸업까지 전 주기로 지원되는 액셀러레이팅 프로그램을 지원받게 되며 민간위탁 수탁기관인 광운대학교 산학협력단에서 진행 중인 각종 사업 참여기회 제공과 투자 연계 등 스타트업 인프라를 공유받게 됩니다.

〈DDM 청년창업센터 유니콘〉은 글로벌 역량강화 프로그램, 전담·전문 멘토링, 오픈이노베이션 등 창업지원 프로그램을 진행 중입니다. 그 중 오픈이노베이션은 대기업 + 중견기업과 유니콘 센터 입주기업 매칭을 통해 투자, 공동R&D, 기술검증(POC) 등 입주기업들의 스케일업을 위한 프로그램을 진행합니다.

오픈이노베이션에 참가할 기업은 모두 DDM 유니콘 파트너사로 구성할 계획이며, 초기 스타트업 단계에서 여러 기관과의 협업을 통해 최대한 성장을 지원할 예정입니다.

또한 투자유치와 관련하여 초기 스타트업이 투자역량을 강화하고 투자사들에는 좋은 스타트업을 소개할 수 있도록 프로그램을 설계했으며, 유니콘 센터와 협약이 되어 있는 DDM 유니콘 파트너사를 중심으로 투자 연계 지원 프로그램이 진행됩니다. 투자에 대한 IR Pitching과 IR Deck 역량 강화부터 직접 투자 연계를 위한 데모데이까지 파트너사와 함께 진행할 계획입니다.

DDM 청년창업센터 유니콘에서는 청년을 중심으로 지역에 건전한 창업생태계가 조성될 수 있도록 노력할 것이며, 동대문구에 있는 대학을 중심으로 구성된 청년 창업자 네트워크와 대학생 서포터즈 운영을 통해 지역 청년들이 센터 프로그램에 직접 참여하고 SNS에 홍보하면서 센터와 청년 그리고 지역이 함께 상생할 수 있는 기반을 마련하고자 합니다. 또한 지역 내 캠퍼스타운 사업단, 창업지원센터, 청년센터들과의 협력 체계를 구축해 더 많은 기회를 서로 나누고자 합니다.

Q4. 동대문구의 '청년도전지원사업'은 어떤 특징이 있는지요?

'청년도전지원사업'은 2023년 고용노동부 공모사업에 선정되어 추진하게 된 사업으로, 구직기간이 길어지거나, 구직을 포기하기 전에 자신감 회복과 구직의욕 고취를 위한 맞춤형 프로그램을 제공하여, 청년들의 경제활동 참여 및 노동시장 복귀를 지원하는 사업입니다.

동대문구 청년도전지원사업의 특징은 다음과 같습니다.

첫 번째는 청년도전지원사업 운영기관인 서울청년센터 '동대문오랑'이라는 공간이 주는 힘입니다. 교통의 중심지인 청량리역에 위치해 있어 접근성이 우수하고, 공간이 딱딱하지 않은 카페 같은 자유로운 분위기로, 청년들이 편안하고 재밌게 청년도전지원사업에 참여할 수 있으며, 후속 프로그램으로 '동대문오랑'의 인프라를 적극 활용하여 청년들을 '동대문오랑'의 프로그램으로 연계할 수 있습니다.

두 번째는 매주 진행되는 프로그램 시간입니다. 프로그램 운영 일정은 자치구마다 다른데, 동대문구 청년도전지원사업은 매주 금요일 10시부터 18시까지 진행하고 있습니다. 하루종일 진행되는 프로그램이라 힘들 수도 있으나, 출근하고 점심도 같이 먹고, 퇴근하는 등 나중에 취업을 했을 때의 기분도 느낄 수 있고, 장시간 다른 청년들과 소통하면서 활동 의욕을 높일 수 있다고 생각합니다.

마지막으로 청년도전지원사업 프로그램을 '경동시장 청년몰', 서울한방진흥센터, 홍릉숲 등 지역 내 인프라를 활용하여 진행하고 있어, 청년들과 지역사회가 서로 윈윈(win-win)하는 환경을 만들어가고 있습니다.

Q5. 동대문구 일자리 사업의 향후 비전과 목표는 무엇인지요?

동대문구의 향후 비전은 "행복을 여는 동대문구"이고, 목표는 "지속가능한 행복한 일자리 확대"입니다.

이의 실현을 위해 크게 ①청년들이 살기 좋은 청년정책 발굴 및 지원 ②다양한 일자리 창출을 통한 활력경제도시 조성 ③지역개발 추진을 통한 서울의 새로운 미래도시 구축 ④지역경제 활성화를 위한 쾌적하고 안전한 도시기반 조성 등의 핵심전략을 수립하여, 역세권 청년주택 내 청년 창업 공간 조성, 지역대학과 연계 캠퍼스타운 조성, 취약계층 공공일자리사업 적극 확대, 홍릉 바이오 허브 밸리 조성, 전통시장 활성화 사업, 청량리 복합개발 등의 주요사업을 추진 중에 있으며, 이를 통해 지역경제 활성화를 통한 일자리 창출에 노력하고 있습니다.

2023 전국기초단체장 매니페스토 우수사례

일자리 및 고용개선 | **서울 강동구**

보육현장 근로자를 위한 실질적 근무환경 개선! 전국 최초 전(全) 유형 어린이집 보육 교직원 권리보호체계 구축

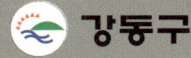

한국의 합계출산율은 0.82명이다. 저출산 고령화의 대명사인 일본의 합계출산율 1.2명보다 낮다. 한명 한명의 아이가 너무 소중해지고 있다. 아이 행복을 위해 보육서비스 질을 높여야 한다. 보육 서비스 질이 높아지려면 어린이집 종사자의 처우가 개선되어야 한다.

현재 어린이집 종사자의 처우가 열악한데, 저출산으로 인해 어린이집이 감소하면서 일자리마저 불안정해지고 있다. 2022년 기준 최근 4년 사이에 어린이집 8,248개소가 폐업했고, 보육교사 8,692명이 일자리를 잃었다. 강동구의 상황도 크게 다르지 않다. 2023년 기준 최근 3년간 어린이집은 9.5%가 감소했다. 어린이집 보육교사는 법적으로 교원 신분이 아니다. 엄연히 사회복지서비스를 제공하는 교사지만 기본적인 신분과 권리를 보호받을 제도가 없다.

강동구는 보육전문가이자 영유아를 가르치는 보육교사의 기본 인권을 보장하고, 지속가능한 근무환경을 조성하기 위한 구조적 개선이 필요하다고 봤다. 강동형 보육 교직원 권리 보호 및 근무안전망 체계는 △전(全)유형 어린이집 교사 대비 아동비율 개선 △어린이집 영유아 적응 '같이가치' △보육 교직원 대체인력 지원 △보육 교직원 처우개선 강화다.

전(全)유형 어린이집 교사 대비 아동비율 개선은 보육현장에서 근로환경 개선을 위해 1순위로 필요하다는 의제다. 서울시 여성가족재단에서 수행한 '서울시 제4차 중장기 보육계획 수립을 위한 연구'에서는 어린이집 교직원이 가장 필요로 하는 노동환경개선 지원 방안으로 '교사 대비 아동비율 개선' 70.8%로 가장 높게 조사됐다.

강동구는 2023년 어린이집 교사 1인당 만 0세 기준 돌봄아동 수를 3명에서 2명 이하로, 3세 기준 15명에서 10명 이하로 조정하는 시범사업을 시행한다. 국공립 어린이집 3개소, 민간어린이집 7개소, 가정어린이집 2개소 등 총 12개 어린이집을 선정했다. 대상 연령 정원이 조정돼 증설된 반의 담임교사 인건비를 전액 구비로 지원한다.

또한 문제행동을 보이거나 발달이 더딘 영유아가 있는 경우 담임교사의 업무 경감과 해당 영유아의 집중 케어를 위해 보조교사 지원사업(어린이집 영유아적응 같이가치 사업)도 도입했다. 2023년 25개 어린이집(국공립 9개, 민간 7개, 가정 9개)에 놀이활동 보조교사를 채용하면 구청에서 인건비를 지원한다.

서울시 '포스트 코로나 영유아 발달 실태조사'에 따르면 코로나19 시기에 영유아기를 보낸 3명 가운데 1명은 언어, 행동, 인지 등 연령에 맞는 발달에 어려움이 있는 것으로 나타났다. 코로나 팬데믹 방역 조치로 비대면 활동이 증가하면서 사회화의 기회가 축소된 영향이 크다. 이런 영유아를 돌봐야 하는 담임교사는 업무 과중과 스트레스로 근무여건이 악화된다. 같은 반 영유아들을 집중 케어하기도 어려워진다. 놀이활동 보조교사를 채용하면서 일자리도 늘었고, 문제행동을 보이는 영유아도 질 높은 보육 서비스를 제공 받게 됐다.

어린이집 보육교사는 돌봄업무과 행정업무도 처리해야 한다. 과중한 업무는 번아웃을 일으키고, 돌봄의 질을 낮추게 된다. 재충전과 자기계발 기회가 있다면 어떨까? 강동구는 마음 편하게 쉴 권리를 보장하기 위해 대체인력 지원제도도 도입했다. 보육 교직원이 연가, 교육, 병가, 경조사 등으로 근무하지 못할 경우 최소 1일에서 최대 15일간 대체인력을 지원한다. 대체인력은 육아종합지원센터 인력풀에 있는 대체교사나 대체조리원을 파견하거나 어린이집에서 대체인력을 직접 채용하는 경우 인건비를 지원한다.

강동구는 구 특화사업으로 보육 교직원의 전문성 강화와 장기근속을 촉진하기 위해 △보육교사 연구활동비 지원 △조리원 인건비 지원 △보육교사 장기근속수당 지원 △원장 직무수당 지원 △보육교직원 문화연수비 지원 △원장 연수비 지원 △10년 이상 근무 담임교사 연수견학비 지원 등의 여러 가지 처우개선 지원사업도 시행하고 있다.

어린이집은 국립, 공립, 사립이 있다. 국공립과 사립 어린이집 종사자의 서로 다른 근로조건과 처우를 개선하고자 강동구는 전국 최초로 어린이집 유형과 상관없이 전(全)유형의 어린이집 보육 교직원의 권리보호를 위한 체계를 구축했다.

강동구의 '전(全)유형 어린이집 보육 교직원 권리보호체계 구축' 사업은 한 명의 어린이가 크는데 온 마을이 필요하다는 진리를 되짚어보게 한다. 생생한 행정의 접근이 지역사회를 어떻게 바꾸는지 보여주는 사례라고 평가받고 있다.

인터뷰 Interview

강동구청장
이 수 희

Q1. '강동형 교사 대 아동비율 개선사업'은 무엇인가요.

'강동형 교사 대 아동비율 개선사업'은 국공립·민간·가정 어린이집 등 모든 유형의 어린이집을 대상으로 1명의 보육교사가 돌봐야 하는 영유아 아동 수를 법정 기준보다 적게 조정하고 이를 지원하는 사업입니다. 국공립 어린이집만을 대상으로 지원하는 서울시 사업과 다르게 '강동형 교사 대 아동비율 개선사업'은 지원 대상을 전 유형 어린이집으로 확대한 강동구만의 보육환경 개선사업입니다.

'강동형 교사 대 아동비율 개선사업'은 현재 '0세반'과 '3세반'을 대상으로 운영하고 있습니다. 0세의 경우 개월 차이로 인한 양육 발달 편차가 커 보육교사의 집중 돌봄이 필요하고, 3세의 경우에는 교사 대 아동 비율이 급증해 보육 부담이 크게 증가하고 있는 상황입니다. 강동구는 이러한 어려움의 해결책으로 총 12개소 어린이집을 대상으로 '0세반' 보육교사 1명당 아동수를 3명에서 2명으로, '3세반' 보육교사 1명당 아동수를 15명에서 10명으로이하로 교사 대 아동 비율을 조정하였습니다. 이를 통해 보육교사의 업무 부담이 감소됨으로써 궁극적으로 안전한 보육환경을 조성하고 보육의 질을 높일 수 있을 것입니다.

또한 정원이 조정되어 어린이집 운영반이 증설됨에 따라 담임 보육교사의 일자리 창출 효과도 동반됩니다. 증설된 반의 담임교사 인건비는 강동구에서 전액 지원하고 있는데 이는 안정적인 일자리 창출로 이어질 것이라 생각합니다. 출산율 감소에 따른 보육교사 일자리 부족 문제의 해결 방안 중 하나가 될 것입니다.

Q2. 돌봄 현장 여건에 주목하고 있는 이유는 어디에 있나요.

영유아의 경우 발달 특성상 '보살핌'을 필요로 합니다. 영유아에게 '보살핌'은 아이의 '생존'과 직결됩니다. 또한 아이가 '잘' 크는 것은 우리의 '미래'와도 직결된다고 볼 수 있습니다. 그렇기에 우리에게는 온전하고 세심한 보육환경을 조성할 의무와 중요성이 있는 것입니다. 이와 더불어 맞벌이 가정의 증가에 따라 '공공보육지원'이 점점 더 필요해지고 있는 시점입니다.

우리 아이들을 위해, 그리고 우리 사회의 미래를 위해, 돌봄 현장을 면밀히 살펴보고 현장의 목소리에 귀 기울이며 보육환경을 개선해 나가는 것이 지자체의 역할이라고 생각합니다.

우수한 보육환경 조성을 위해서는 보육교사들에 대한 지원과 근무환경 개선이 전제되어야 할 것입니다. 교사의 전문성은 보육과 교육의 질을 좌우합니다.

강동구에서는 교사 대 아동 비율 조정, 대체인력 지원을 통한 근무시간·휴가 근무환경 개선, 연구활동비·장기근속수당 지원 등 다양한 교사 처우개선 사업을 운영하고 있습니다. 물리적 환경이 뒷받침되어야 높은 수준의 상호작용이 일어날 수 있듯이 교사가 행복해야 아이들과 학부모가 행복할 수 있습니다. 앞으로도 아이 키우기 좋은 강동의 보육환경을 위해 수준 높은 돌봄 지원정책을 확대해 갈 예정입니다.

Q3. 강동구만의 차별화된 출산양육 지원정책은 어떤 것들이 있나요.

강동구는 현재 세 자녀 이상 다자녀 가정에 막내 아이의 나이가 6세가 되기 전까지 월 10만원, 네 자녀 이상 가정에 월 20만원을 지원하는 '출산특별장려금' 제도를 운영 중입니다. 네 자녀 이상 가정의 넷째 이상 아이가 초·중·고 입학 시 50만원을 지급하는 '입학축하금' 제도도 시행하고 있고요.

이와 함께 지역사회 기업과 민간단체가 다자녀가정과 결연을 맺고 후원하는 다자녀가정-기업(단체) 'WIN-WIN 프로젝트'는 지역사회와 기업이 함께 참여하는 출산·양육 친환경 조성에 앞장선 강동구만의 차별화된 출산양육 지원정책이라 할 수 있습니다. 또한 교통약자인 임산부와 영유아가정을 대상으로 6만원의 택시이용권을 지원했던 '강동 아이맘 택시' 사업은 올해 5월부터 서울시 '서울엄마아빠택시' 사업으로 확대되어 1인당 연간 10만원으로 증액 지원됩니다.

무엇보다 고덕·강일·상일동 신축 아파트 중심으로 주거 환경이 좋아지면서 30·40세대 전입이 크게 증가하고 있는 것에 대비하여 국공립 어린이집 확충, 방과후돌봄 등 아이돌봄서비스 확대, '서울형키즈카페'와 '영유아 단시간 돌봄센터' 추가 설치 등 돌봄 인프라 구축 및 저출생 극복에 총력을 기울이고 있습니다.

그 중 '강동어린이식당'은 저소득 아동 비율이 높은 원도심 지역에 설치한 어린이 전용 식당으로, 전국 최초로 지자체에서 직접 운영하는 시설입니다. 이곳에서 저소득 및 맞벌이 가정의 아동·청소년에게 건강한 저녁 식사와 함께 돌봄 서비스를 제공하고 있습니다. 돌봄 공백이 우려

되는 저녁 시간에 상주 영양사가 전문적으로 구성한 균형 잡힌 한 끼 식사를 단돈 2500원에 제공할 뿐만 아니라 맞춤 영양상담, 바른 먹거리 테마교육 등 특화 프로그램을 운영해 기존 돌봄 시설과 차별화된 서비스를 지원하고 있습니다. '2023년 우수행정 및 정책사례 선발대회' 우수상을 수상하는 등 대외적으로도 좋은 평가를 받고 있는 강동구의 자랑할만한 사업입니다.

Q4. 강동구가 발행하고 있는 '맘편한 세상'에는 구체적으로 무엇을 담고 있나요.

'맘편한 세상'은 ▲결혼▲임신▲출산▲양육▲보육 등 7개 영역에 대한 73개 지원 사업을 빠짐없이 담고 있습니다. 결혼부터 보육까지 시간의 흐름에 따라 구성되어 관련 시기에 맞춰 도움이 되는 정보를 쉽게 찾아볼 수 있도록 구성되어 있는데요, 지원 사업의 구체적인 지원 조건과 신청 방법까지 수록되어 있어 여러 기관에 일일이 알아볼 필요 없이 한 번에 정보를 확인할 수 있다는 장점이 있습니다.

또한 한부모, 청소년 부모, 다자녀 가족 부모 등 가족 형태에 따른 지원 사업과 함께 영유아 전용 놀이시설 및 유아숲 체험장 등 아이와 함께 방문할 수 있는 시설 정보도 담고 있어 아이들이 신나게 놀 수 있는 공간을 찾고 계신 분들에게 유용할 것입니다.

'맘편한 세상' 책자는 동주민센터, 보건소 등에서 수령할 수 있습니다. 임산부 및 영유아 양육자가 편리하게 접할 수 있도록 관내 산후조리원과 산부인과에도 배부, 비치하고 있으니 많은 관심 부탁드립니다.

Q5. 육아지원 코디네이터 사업을 소개해 주신다면.

'육아 지원 코디네이터'는 보육교사, 유치원 교사 등 현장 경험이 있는 전문가 6명이 영유아 가정에 육아 정보를 제공하고 공동육아 문화를 활성화하기 위한 사업입니다. 코디네이터들은 영유아 가정에 문자나 온라인으로 ▲병원 및 놀이터 등 육아 관련 생활정보 ▲한부모·다문화 가정 등 가정 특성에 맞는 맞춤형 보육 정보 ▲모유 수유, 아이 발달 등 육아 전반 관련 정보를 지속적으로 제공합니다.

또한 육아 고민을 나누고 함께 양육할 수 있도록 '육아 자조모임' 참여를 원하는 가정들을 연계하는 역할과 함께 육아 상담자 역할도 하고 있습니다. 영유아 복합 커뮤니티 시설인 '아이·맘 강동' 지점에서 '찾아가는 공동육아방 상담'을 개설해 매주 수요일 오전 10시에 현장 상담도 해주고, 카카오 상담 채널로 평일 오전 9시부터 오후 6시까지 온라인 상담도 진행하고 있습니다.

코디네이터들이 제공하는 다양한 정보는 강동어린이회관 홈페이지 '강동구 우리동네 꼼꼼 육아

정보'에서 확인하실 수 있습니다.

(https://www.gdkids.or.kr:8443/front/intropage/intropageShow.do?page_id=8d8bc1e29d1d4690976b2e238ac0b6ec)

2023
전국기초단체장
매니페스토 우수사례

불평등 완화

경기 수원시 | 경기 성남시 | 경남 거창군 | 서울 은평구 | 서울 구로구

2023 전국기초단체장 매니페스토 우수사례
불평등 완화 | 경기 수원시

모두의 도시, 하나의 수원
: 거주 이주민 시정참여 확대

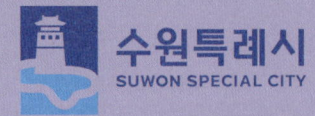

한국은 다문화사회 진입을 목전에 두고 있다. 다문화사회는 전체 인구 대비 외국인이 5% 이상인 사회를 말한다. 수원시는 2022년 주민등록인구 수 기준으로 전체 인구의 5.6%가 외국인 주민이다. 전국적으로도 안산시 다음으로 외국인 주민이 많다. 거주 이주민도 명실상부한 지역사회 구성원이지만 주변부에 머물고 있다. 한국보다 경제수준이 낮은 나라에서 온 외국인노동자, 결혼이민자 등으로 인식하며 낮춰보는 인식이 지배적이다.

수원시는 중앙정부의 국정과제인 '누구하나 소외되지 않는 가족, 모두가 함께하는 사회구현'이라는 다문화 포용정책 기조를 적극 반영하고자 한다. '이 주민 사회 참여 활성화 방안 전략 연구'까지 수행한 바 있다. 지역사회의 일원으로 자긍심을 갖고 활발한 지역사회에 참여할 수 있는 방안을 모색하는 차원이다.

거주 이주민이 명실상부한 지역사회 구성원으로 인정을 받으려면 시정에 참여할 수 있는 통로를 만들어줘야 한다. 또한 지역사회에서 한국인들과 서로의 문화를 이해하고, 공감하고 교류해야 하고, 거주 이주민만의 고유한 문화를 인정하고 유지할 수 있는 공간과 프로그램을 제공해줘야 한다.

수원시는 2022년 7월부터 수원 거주 이주민들의 주민참여 토론회나 부서 합의체 기관의 운영위원회 등에 대한 참여를 확대하고 있다. 거주 이주민들에게 시정참여 인력풀(pool) 참여를 홍보하고, 인력풀에 참여한 거주 이주민을 위원으로 추천하는 방식이다. 수원지역사회보장협의체 시민원탁 토론회에 이주민 25명이 참여하였으며, 수원시 거주 이주민 시정참여 확대 추진계획을 수립하고, 수원시

지역사회보장협의체 이주민분과, 수원시 외국인지원시책위원회, 수원시 글로벌청소년드림센터 운영위원회, 수원시 지속가능발전협의회, 수원시 다문화가족지원센터 운영위원회, 수원시 청소년의회, 수원시 아동참여위원회 등 7개 위원회에 5개국 출신 12명 거주 이주민이 활동하고 있다.

수원시는 글로벌청소년드림센터, 다문화가족지원센터, 외국인복지센터 등 3개 센터를 통해 맞춤형 이주민 지원 사업을 진행한다. 수원시 글로벌청소년드림센터는 9~24세 이주배경 청소년의 심리적 안정, 자립역량 강화 등에 필요한 맞춤형 교육을 제공한다. 수원시 다문화가족지원센터에서는 다문화가족·결혼이민자를 대상으로 사회문화적 적응을 위해 통합지원을 한다. 수원시 외국인복지센터는 외국인근로자나 유학생 등에게 한국어 교육, 상담, 지역사회 적응 지원사업 등을 펼친다.

수원시 거주 이주민은 2022년 현재 6만 8천여 명에 이른다. 거주 이주민은 한국인과 달리 여러 나라에서 왔기 때문에 문화적 정체성이 다르고, 서로간에도 소통에 어려움을 겪는다. 수원시는 시정홍보와 참여에 관심 있는 외국인주민으로 구성된 시정홍보단인 '다(多) 누리꾼'을 운영하고 있다. 네팔, 몽골, 미얀마, 베트남, 우즈베키스탄, 일본, 중국, 태국, 키르기스스탄, 필리핀 등 10개국 55명이

SNS에 수원시 주요 시책과 다문화정책을 전파한다. 신규 결혼이민자, 어려운 이웃을 발굴해 3개 센터 프로그램과 연결해주는 다문화가족 서포터즈와 국가별 문화교류나 상호간 연락창구 역할을 하는 외국인주민 재수원 교민회도 운영하고 있다. 교민회는 13개국 14개 교민회에 1,331명이 참여한다.

거주 이주민들을 대상화하지 않으려면 수원 주민들의 인식도 달라져야 한다. 수원시는 일반시민과 공무원을 대상으로 거주 이주민에 대한 인식 개선을 위해 연중 교육도 실시한다. 유치원, 초·중·고교 학생과 일반시민을 대상으로 △문화다양성 이해 △글로벌 문화인식 개선 △세계시민교육 등을 실시한다. 공직자를 대상으로도 다문화 시대에 걸맞은 행정 마인드를 갖도록 교육하고 있다.

사회통합에 축제만큼 좋은 것이 없다. 서로 어울리면 거리감도 좁혀지고, 친밀도 높아진다. 수원시는 다문화인들의 어울림 축제로 매년 5월 20일 세계인의 날을 기념하여 다문화 한가족 축제를 개최하고 있다. 수원시민과 외국인주민 5천여명이 참여한다. 2023년에는 세계인 주간으로 일주일간 운영되었다. 10월에는 내·외국인이 함께하는 말하기 대회를 열었다. 다문화가족, 외국인, 수원시민들이 함께하는 말하기 대회, 문화공연, 다문화 인식개선 이벤트 등의 프로그램을 통해 지역사회 통합의 문화를 만들어가고 있다.

다문화사회는 아직 오지 않은 미래지만 이미 현실화된 오늘이다. 저출산 고령화와 맞물려 사회적 논의와 합의가 필요한 지점을 한참이나 지나쳐왔다. 거주 이주민의 권리가 더 높아지고, 다양성이 일상이 되는 포용사회가 될 수 있다. 수원시의 거주 이주민 시정 참여는 지역사회의 사회통합과 미래발전에 관한 비전이다. 우리가 팔을 벌려 품을 열어줘야 이주민들도 우리와 손을 잡을 용기를 낼 수 있다. 우리에게 필요한 것은 용기가 아닐까 싶다.

인터뷰 Interview

수원시장

Q1. 시장님은 세계인의 날 기념식에서 편견을 허물고 다양성에 기반한 건강한 공동체를 구현하겠다는 말씀을 하신 바 있습니다. 건강한 다문화 공동체 구현을 위해서 수원시가 하고 있는 노력은 어떤것이 있는지 설명해주세요.

수원시는 건강한 다문화 공동체를 위해 '이주민 사회참여지원'과 '선주민 인식개선'의 '투트랙' 정책을 펼쳐나가고 있습니다.

이주민의 사회참여는 우리 사회의 구성원으로 이주민이 통합되어 가는 과정입니다. 이들의 맞춤형 직업교육을 지원하여 자립을 돕고, 그들의 자녀들이 우리 사회 일원으로 성장할 수 있도록 한국어 교육, 맞춤형 진로 등을 지원해 오고 있습니다. 또한 '중도 입국 청소년', '거주 외국인'등 다양한 상황에 놓여 있는 이주민들의 정착을 돕기 위한 대상별 맞춤형 프로그램도 함께 진행하고 있습니다.

선주민 인식개선은 쉽게 말하면 우리 사회가 갖고 있는 이주민에 대한 '다름의 편견'을 허물고 다문화에 대한 올바른 인식을 통해 우리와 함께 공동체라는 사회적 인식을 확립하는데 있습니다. 이를 위해 유치원생부터 어르신까지 전 연령을 대상으로 찾아가는 다문화 교육을 실시하고 있으며, 정책을 설계하고 집행하는 공무원을 대상으로도 교육을 추진하고 있습니다.

수원시는 매년 5월 20일 세계인의 날을 기념하여 다문화 가족, 외국인 주민들이 지역주민들과 서로 어울릴 수 있는 기회와 소통의 장인 '다문화 한가족 축제'를 개최해 오고 있습니다. 이를 통해 이주민은 이방인이 아니라 마음과 문화를 나누고 소통하며 함께 미래를 만들어 가야 할 소중한 이웃이자 가족이라는 인식 개선에 노력해오고 있습니다. 앞으로도 다문화가 가진 풍요로운 다양성에 기반한 건강한 공동체 구현에 앞장서도록 하겠습니다.

Q2. 과거 수원특례시의 이주민 정책은 이주민의 한국사회 적응과 정착이었다면 지금은 사회 구성원으로서의 역할강화 및 사회참여 정책으로 전환하였습니다. 두 정책간의 가장 큰 차이는 무엇인지요.

'손님'이었던 이주민이 '시민'으로 변화하고 있습니다. 현재 수원시의 거주 이주민은 68,633여 명으로 수원시민의 5.6%를 넘어서고 있습니다. 국가적인 차원에서도 거주 이주민이 총인구의 5%를 넘기면 '다문화국가'로 분류합니다. 그러니 수원은 '다문화도시'인 셈입니다. 이제는 이주민의 역할강화 및 적극적인 사회 참여가 요구되는 시점입니다.

초기 이주민 정책은 이주민들의 사회참여보다는 한국사회에 적응하고 정착할 수 있도록 지원하는 정책 위주였습니다. 지금도 지속적으로 추진하고 있는 정책들이지만 외국인주민 생활안내서 배포와 관공서, 병원, 출입국 이용을 위한 동행 서비스 등 기본적 생활 지원에 대한 정책이었습니다.

이와 같은 정책도 분명 필요한 정책이지만 이제는 더 나아가 이주민의 사회구성원으로서의 역할을 강화하고 사회에 참여시키는 것에 중점을 두는 정책으로 패러다임이 전환하고 있습니다. 이전까지는 한국 정착을 돕는 데 그쳤다면, 이제는 이주민들의 다양한 의견이 정책을 수립하는데 반영될 수 있도록 적극적인 참여가 이루어질 때입니다.

이에 수원시는 이주민을 수용 및 적응하는 대상으로만 보는 것이 아니라 다양한 분야에서 이주민이 사회구성원으로서 활동하고 기여할 수 있도록 지원하고 유도하는 것을 목표로 하고 있습니다. 앞으로도 이주민들이 수원에서 더 나은 삶을 살 수 있도록 지원할 것이며, 상호 이해와 다문화 공존을 증진시키는 데에 더욱 초점을 맞춰 정책을 추진해나갈 것입니다.

Q3. 이번 대회에서 수원특례시는 거주 이주민의 시정 참여 정책이 주목을 받았습니다. 수원특례시의 이주민 사회참여 활성화 정책을 다시 한번 소개해 주신다면.

이주민의 사회적응과 정착을 위한 정책에서 더 나아가 이제는 이주민의 역할을 강화하고 적극적인 사회참여를 위한 정책이 필요하다고 생각합니다. 이를 위한 정책의 일환으로 이주민이 정책 결정에 참여할 수 있도록 시정참여 관련 위원회에 이주민 위원을 위촉하였습니다. 현재는 7개 분야에서 5개국 출신 10명의 위원들이 위촉되어 활동하고 있으며, 앞으로 더 많은 이주민의 시정참여가 이어질 것입니다. 또한, 이주민 위원들의 활발한 참여를 지원하기 위해 '역량강화 교육과정'도 별도로 운영하여 시정참여가 형식에 그치지 않고 이주민 위원들이 적극적으로 참여하고 의견을 개진할 수 있는 토대를 마련하겠습니다.

물론 이주민 관련 정책들이 이주민들 사이에 널리 홍보되어야 시정 참여로 이루어질 것입니다.

그래서 우리시는 10개국 55명으로 구성된 '다누리꾼'이라는 SNS 이주민 시정홍보단을 구성해 수원시 주요 정책이나 다문화정책을 홍보하는 등 이주민들 간 정보공유 및 소통의 창구로 톡톡한 역할을 하고 있습니다.

또한, 수원시는 민선 8기 핵심공약인 '거주 이주민들의 시정참여 확대'를 위한 포럼을 개최하였으며, 이날 시·도의원, 다문화 관련기관 관계자, 이주민 등 100여명이 모여 열띤 토론을 통해 집단지성의 힘을 이끌어 내기도 하였습니다. 앞으로도 이주민들의 목소리를 듣기 위한 포럼, 원탁토론회를 열어 실효성 있고, 피부에 와닿는 이주민 참여 정책을 만들어 나가도록 하겠습니다.

Q4. 이주민 관련 정책에서도 "참여"를 중점에 두셨듯이 시장님께서는 시민의 시정참여를 중요하게 생각하시는 것 같습니다. 혹시 다른 분야의 시민참여 정책을 소개해주실 수 있을까요.

제 평생 철학은 '시민의 손으로 만드는 도시'입니다. 정책은 시민의 목소리가 담겨야 제대로 작동합니다. 협치의 과정이 조금 어렵더라도 시민이 원하는 정책이기에 효과는 훨씬 좋습니다.

대표적으로 '새빛톡톡'이 있습니다. 손안에 핸드폰으로 시민 누구나 정책을 제안할 수 있는 모바일 플랫폼입니다. 어르신도 쓰기 쉽게 설계했고, 지역화폐를 활용한 인센티브도 마련했습니다. 무엇보다 시민들이 "내가 제안한 아이디어가 정책이 된다."라는 것을 체감할 수 있도록 '피드백'에 심혈을 기울였습니다. 30개 이상 공감을 받은 게시글은 바로 담당 부서에서 검토하도록 했습니다. 앞으로 수원시 정책과 새빛톡톡이 만들어 갈 시너지 효과가 기대됩니다.

손바닥 정원이라고 들어보셨을까요? 수원시는 시민 주도로 조성하고 관리하는 열린 정원을 손바닥 정원이라고 칭하고 있습니다. '새빛수원 손바닥정원단'을 모집해서 현재 780명이 넘는 시민들이 가입하여 자발적인 정원문화를 만들어가고 있습니다. 녹지정책의 패러다임을 바꾸고 탄소중립 실현에도 큰 역할을 할 것으로 기대하고 있습니다.

이외에도 '수원새빛돌봄'은 마을 공동체가 중심이 되어 힘겹게 살아가는 이웃을 발굴하고 공공기관이 함께 돌보는 수원형 통합돌봄 정책입니다. 동 지역사회보장협의체 위원, 통장 등 주민들을 '새빛돌보미'로 양성해 돌봄이 필요한 이웃을 함께 발굴하고 지원하고 있습니다. 돌봄의 사각지대가 없는 도시를 만들기 위한 따뜻한 돌봄정책이라고 할 수 있습니다.

Q5. 끝으로 수원특례시는 어떤 도시인가요.

세계문화유산 도시, 스포츠 메카 도시 등 수원을 소개하는 수많은 말이 있지만, 저는 시민참여의 도시로 소개하고 싶습니다. 수원은 제가 부시장이던 2011년부터 10년 넘도록 '좋은시정위원회(現 새로운수원위원회)', '주민참여예산', '시민계획단', '마을만들기', '시민배심원제' 5개 수레바퀴로 달려왔습니다. 도시의 굵직한 정책은 시정위원회가, 예산은 주민참여예산으로, 마을 단위에서는 마을만들기로 참여를 보장하는 방식으로 말입니다.

"시민들에게 정책을 맡길 수 없다." "시민참여는 아직 멀었다." 등 주변에서 만류가 많았습니다. 하지만 시민의 역량을 믿었기에 뚝심 있게 시민참여를 밀고 나갔습니다. 지금은 수원시가 특례시가 되고, 수원시 시민참여 사례가 초등학교 교과서에도 실리는 것을 보면서 시민참여가 옳았다는 생각이 듭니다.

이처럼 제 철학인 '시민 스스로 만드는 도시'가 반영되어 '모두의 도시 하나의 수원'이라는 수원시 슬로건이 만들어졌습니다. 2023년 매니페스토 우수사례 경진대회 수원특례시의 사례명이기도 합니다. 우리의 이웃인 거주 이주민들에게 시정참여의 길을 만들어준 것처럼 수원특례시는 모두가 차별 없는 도시, 나도 차별받지 않고 남도 차별하지 않는 도시, 그런 따뜻한 도시이기도 합니다.

앞으로도 수원특례시를 시민이 느끼는 불평등을 해소하고 시민의 삶을 품은 "모두의 도시, 하나의 수원"으로 가꾸어 가도록 노력해나가겠습니다.

2023 전국기초단체장 매니페스토 우수사례
불평등 완화 | **경기 성남시**

함께 일하는 우리
― 근로장애인 착한셔틀 '나비효과' ―

전체 인구의 5.2%인 265만 명. 국내 등록장애인 현황이다. 미등록장애인까지 포함하면 그 이상이다. 장애인은 우리사회에 존재하는 것일까? 일상에서 장애인의 존재가 지워진 것은 그들이 일상으로 들어오기 힘들기 때문이다. 문밖을 나서려면 턱이 있고, 계단이 가로막는다. 이동 수단도 불편하다. 저상버스 도입이 의무화됐고, 지하철에는 장애인용 리프트 대신 엘리베이터 설치가 확대되고 있지만 장애인 이동권 보장은 여전히 미흡하다. 장애인의 이동권이 보장되어야 교육도 받고, 직업을 구해 자립하고, 사회 일원으로 참여도 할 수 있다.

성남시 장애인직업재활시설은 총 13개소로 원도심 10개소, 신도시 3개소에 총 313명이 근무 중이다. 성남시는 자립을 위해 장애인직업재활시설에서 일하는 근로장애인 313명을 대상으로 애로사항을 청취한 후 출퇴근 불편을 겪고 있는 근로자가 191명에 달한다는 것을 알게 된다. 이들의 출퇴근 어려움은 업무에 영향을 미치고, 안정적인 고용상태를 위협하는 요인으로 작동한다. 결국 장애인의 자립생활 능력을 떨어뜨린다. 성남시는 장애인직업재활시설에서 근무하는 장애인근로자 191명의 출퇴근 문제를 해결하기 위해 보건복지부와 사회보장제도 신설 협의를 했다. 「성남시 장애인 일자리 창출 및 고용촉진 지원 조례」도 제정했다. 해당 조례에는 장애인 노동자의 안정적 직업생활을 위한 출·퇴근 등 복지 지원책 마련의 근거가 명시되어 있다.

성남시는 이를 근거로 '착한셔틀'사업을 추진한다. 해당 사업은 2021년 한국장애인고용공단·SK텔레콤·모두의 셔틀 등이 출범시킨 착한셔틀 얼라이언스의 사업모델이다. 2021년 성남시장애인직업재활시설 장애인근로자들을 대상으로 6개월간 시범사업을 실시했다. 장애인콜택시 대비 짧은 대기시간과 비용 절감 효과를 확인했다.

성남시는 시범사업의 성과를 토대로 본 사업을 추진한다. 성남시와 셔틀 운행 업체가 계약을 맺고 운영비와 안전도우미 인건비를 지원한다. 한국장애인고용공단은 위치 확인 보조공학기기를 지원하고, SK텔레콤은 T맵 데이터 분석 기반으로 셔틀 운행 정보와 이용자 얼굴인식 시스템을 지원한다.

셔틀버스 1대당 1명의 안전도우미를 배치해 안전사고에 대비하고, 차량공제보험에 가입한 25인승 미니버스를 활용한다. 운행 시간은 평일 07:30~09:30이다. 이용자 자택에서 200m 이내에서 탑승해 사업장까지 이동하는 Door To Door 시스템이다. 한국장애인고용공단 중증장애인 출퇴근 비용 지원 사업비로 월 5만

원을 지원받고, 수익자 부담원칙에 따라 이용자가 월정액 2만 원을 부담한다. 9개 노선 9대를 운행하고 있는데 2022년 월 90명이 이용했고, 2023년은 월 100명이 이용하고 있다. 이용자를 대상으로 만족도 조사를 한 결과, 99%의 만족도를 나타냈고, 고용유지 효과도 83%에 달했다.

착한셔틀 사업은 성남시장애인직업재활시설에 근무하는 장애인 근로자의 편의 보장 이외에 셔틀 운전기사, 안전도우미 등 연 4,680명의 고용유발효과도 있었다.

전국 최초로 추진한 착한셔틀 사업은 한국장애인단체총연맹으로부터 '장애인의 안전한 출·퇴근 서비스 제공으로 고용 안전망 구축' 성과를 인정받아 제24회 한국장애인인권상 기초자치부문 기관 표창을 수상했다.

성남시에는 장애인복합사업장(장애인직업재활시설)에서 분류·선별한 중고물품, 기업후원물품 등을 판매하는 '굿윌스토어(Good will Store)' 두 곳이 있다. 성남시장애인직업재활시설에서 근무하는 장애인 근로자들은 착한셔틀 사업으로 안정적인 고용상태를 유지할 수 있어 직업만족도가 높아졌고, 이는 생산성 향상으로 이어졌다. 그렇게 창출된 수익으로 2023년 6월 22일 성남시 중원구 중앙동에 장애인생산품 판매시설인 굿윌스토어 3호점을 개점하게 된다. 개점한 굿윌스토어 3호점은 성남시가 시 소유 유휴공간을 무상임대하고, 성남시장애인복합사업장에서 공간을 리모델링했다. 2억5천만 원의 리모델링비용은 성남시장애인복합사업장 운영 수익금으로 충당했다. 장애인 생산품 판매시설 추가 설치로 근로장애인이 50명에서 60명으로 증가했다.

착한셔틀 사업은 성남시가 지속적으로 장애인이동권에 관심을 갖고 민관협력체계를 구축해온 성과물이다. 민선 8기 성남시는 △저상버스 이용자(장애인) 바우처 제공 △발달장애인 청년주택(1~8호) 입주 △원도심 이동편의 시설 설치

(수정구 태평동 이마트 옆 엘리베이터) △이용자 중심 버스준공용제 확대 실시를 비롯해 스마트폰 앱을 통해 장애물 없는 시설 7,102개소의 정보 제공 등을 통해 장애인 권리증진에 앞장서고 있다.

인터뷰 Interview

성남시장

신상진

Q1. 이동권은 장애인의 생존과 직결되는 의미를 지니고 있다는 점에서 성남시 착한셔틀 사업이 주목을 받았습니다. 근로장애인 출근 전용버스 착한셔틀과 일반적인 장애인콜택시와의 차이점은 무엇인지요?

장애인콜택시(택시바우처) 사업은 장애정도가 심한(1~3급) 장애인을 대상으로 하는 사업으로 콜센터에 신청해 접수한 후 이용할 수 있습니다.

택시 이용 후 금융형 복지카드로 결제하면 요금의 75%를 지원하고 있습니다.

반면 근로장애인 착한셔틀은 성남시 소재 장애인직업재활시설에 근무하고 있는 "근로장애인을 위한 출근지원 버스"로 일자리와 연계해 장애인 스스로 자립할 수 있도록 지원하는 사업이라는 점에서 차이가 있습니다.

Q2. 장애인들에게 제공되는 이동권 보장이 사회활동 참여 기회 확대와 장애인 일자리 생태계 관련 선순환 구조를 만들고 있다는 점에서 호평을 받고있는데요, 착한 셔틀 운영의 가장 큰 성과를 소개해 주신다면.

착한셔틀은 근로장애인 중 대중교통 이용이 어렵거나 열악한 출퇴근 환경으로 인해 어려움을 겪고 있는 중증장애인을 대상으로 운영합니다.

셔틀 이용자는 집앞에서 착한셔틀을 타고 직장 앞에서 내릴 수 있기 때문에(Door to Door) 이용의 편리함은 물론 출근 시간도 절약할 수 있습니다. 보호자는 위치 확인 보조공학기기를 통해 승하차 여부를 실시간으로 확인할 수 있고 안전지킴이분들이 함께 탑승하여 셔틀 버스 이용을 돕고 있어 안심할 수 있습니다.

착한 셔틀의 가장 큰 성과는 중증장애인들이 안정적인 직업생활로 자립을 유지할 수 있도록 도운 점입니다. 또한 직업생활 만족도 향상이 생산성 향상과 이익창출로 이어지며 새로운 장애인

일자리를 제공하는 긍정의 선순환까지 이끌어 낸 점이라 할 수 있습니다.

현재 성남시의 성공 사례는 대전광역시, 수원특례시, 세종특별자치시, 광주광역시 등 타 지자체로 확산되고 있습니다.

Q3. 착한 셔틀은 5G 시대 기술을 활용해 취약 계층과 세상을 연결하는 매개체 역할을 톡톡히 하고 있다는 점에 주목을 받고 있습니다. 디지털 기술을 이용한 성남시의 취약 계층 관련 정책은 어떤 것들이 있나요?

성남시는 발달장애인 가족의 부담을 덜고자 '발달장애인 가족 지원 사업'을 강화하고 있습니다. 발달장애인의 실종 예방을 위해 올해 처음 도입해 추진하고 있는 발달 장애인 스마트 지킴이는 가로 3.9㎝, 세로 3.9㎝, 두께 1㎝ 크기의 스마트 기기(위성위치확인시스템(GPS) 장치)로써 신발 깔창 밑에 깔거나, 목걸이, 가방 등에 메고 다닐 수 있습니다. 저소득 발달장애인 160명에게 지급하여 보호자가 스마트폰 앱으로 실시간 위치를 확인할 수 있습니다.

성남시 'AI 안부 든든 서비스'는 독거 노인 등 돌봄이 필요한 분들을 대상으로 전문 관제센터에서 대상자의 전력·통신 사용량, 돌봄 앱의 빅데이터 분석자료를 실시간으로 모니터링하여 이상 상황 예측 시 즉각 AI 전화로 상황을 확인하는 사업으로 행정인력의 부담은 줄이면서 24시간 공백 없는 돌봄을 실시하고 있습니다.

앞으로도 4차산업 특별도시 성남의 기술력을 활용한 다양한 정책들을 실시해 나가고자 합니다.

Q4. 시장님은 '색(色)다른 성남'이라는 구상을 밝히시며 사회적 약자를 위한 맞춤복지도시를 선언한 바 있습니다. 그렇다면 장애인을 위한 맞춤복지도시 구현 정책은 어떤 것들이 있나요.

성남시는 무주택 청년 발달장애인의 주거안정을 위해 한국토지주택공사(LH)와 협력하여 '발달장애인 청년 주택 지원사업'을 실시하고 있습니다. 이 사업은 청년 발달장애인에게 안정적인 주거환경을 제공하여 지역사회 내에 자립기반을 조성하기 위한 것으로, 경기도 내에서는 성남시가 처음으로 추진하는 사업입니다.

올해 다가구 주택 8채를 확보하여 19세 ~ 39세 청년 발달장애인에게 시중 시세 대비 40% 수준의 저렴한 임대료로 입주자 모집 중에 있으며, 안전하고 경제적인 자립 생활 지원을 위해 냉장고, 세탁기, 에어컨 등 기본 가전제품을 주택 내 구비하고 각종 공과금 처리, 안전 관리 등 '홈 매니저' 주거지원 서비스를 연계·제공합니다.

성남시는 지난 2월 교육부가 지정하는 '2023년 장애인 평생학습도시'로 선정되었습니다. 장애인 평생학습도시는 교육부가 지역을 기반으로 장애인 역량개발을 지원하고, 지역 중심 장애인 평생교육을 활성화하는 사업입니다. 성남시는 지난 5월부터 총사업비 1억 8천만 원(국비 9000만 원 포함)을 들여 '배움이 희망으로, 함께 누리는 장애인 평생학습 도시, 성남' 을 비전으로 푸드 스타일링, 플로리스트, 목공, 원예, 사물놀이, 미술·음악·체육활동, 한국 수어 교실, 반려동물 장례지도사 등 33개의 다양한 프로그램을 운영하고 있습니다.

또한 장애인 전동 보조기기 교통사고에 대한 경제적 부담을 줄이기 위해 2023. 6월부터 '장애인 전동 보조기기 배상책임보험 지원' 사업을 실시하고 있습니다. 장애인이 전동휠체어나 전동스쿠터를 운행하다 교통사고를 내면 사고당 최대 2000만 원까지 보장합니다. 성남시에 주소를 둔 등록장애인은 별도 절차 없이 자동으로 배상책임보험에 가입돼 사고 때 피보험자로서 보험 혜택을 받을 수 있습니다.

Q5. 4차 산업 특별도시인 성남시가 생각하는 디지털 기술이 시민들의 삶에 기여하는 방향은 무엇인지요?

4차 산업 특별도시 성남시는 디지털 기술을 통해 사람과 사람을 소통하게 하고 혁신적인 미래 비전을 제시합니다.

디지털 기술을 활용한 민원 서비스로 시민과의 소통에도 앞서나가고 있습니다. 성남시는 항상 붐비는 여권창구와 차량 등록 창구 등 시민 생활과 밀접한 서비스에 '챗봇'서비스를 도입해 시민의 질문에 언제든지 상세한 안내 서비스를 제공하고 있습니다.

디지털 기술은 사회적약자인 장애인에게 더 나은 삶을 선물합니다. 장애인의 더 나은 삶을 위해 디지털 기술을 활용하는 좋은 사례로 'IT 맞춤형 장애인 집수리 사업'('장집사')*이 있습니다. 장애인이 스마트폰 앱으로 편리하게 집수리를 요청할 수 있는 사업으로 성남시와 사회복지법인 '따뜻한 동행'이 함께 사업을 펼치고 있습니다. 지난 3월 21일 업무협약을 체결하고 연말까지 스마트폰 전용 앱 '장집사' 를 통해 성남시에 거주하는 500명의 장애인을 대상으로 집수리를 지원합니다. 누수, 막힘, 전동 건조대, 변기, 수전 교체, 경첩 수리, 문손잡이, 열쇠도어락, 전기조명, 방충망 설치 등 1인당 15만 원 범위에서 서비스를 받을 수 있습니다.

4차 산업 대표도시 성남은 보다 안전하고 편안한 시민들의 삶을 꿈 꾸고 있습니다.

성남시는 안전하고 편안한 도시를 만들기 위해 빅데이터와 AI를 고도화해 과학적인 행정 실현을 모색하고 있습니다. 2022. 12월 빅데이터 기술을 활용한 '실시간 유동인구 모니터링 시스템' 을 구축하고 인파 밀집으로 인한 안전사고 발생을 사전 예방하고 있습니다.

시간과 공간의 제약을 극복할 수 있는 '디지털 트윈 사업'은 도심의 재개발 재건축 추진 과정에서 발생할 수 있는 일조권 침해, 교통 접근성 등에 대한 문제를 예측해 개선하고, 탄천 범람, 교량 및 건축물에 닥칠 수 있는 재난상황에 대해 예측하고 대비합니다. 빠르고 정확한 예측과 대비방안 마련을 위해 빅데이터 분석기술과 AI는 더욱 고도화하고 있습니다.

* 장집사: 집수리를 신청할 수 있는 따뜻한 동행이라는 뜻을 가진 전용 앱

2023 전국기초단체장 매니페스토 우수사례
불평등 완화 | **경남 거창군**

공공기관, 무학에서
성인문해교육으로 대학까지 꿈꾸다~

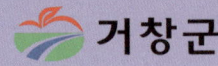

한국전쟁의 폐허에서 한강의 기적을 이뤄낸 나라, 조그만 땅에 제대로 된 자원도 없이 세계 10위 수준의 경제대국으로 성장한 배경에는 자식에게 모든 것을 헌신한 부모가 있었다. 자신의 배우지 못한 설움을 자식에게 대물림하지 않기 위해 배움 대신 노동과 헌신으로 자식에게 투자한 부모들에게 늦게라도 배움의 기회만큼 즐거운 것이 또 있을까?

경남 거창군은 2005년부터 12개 읍·면 마을로 찾아가는 한글교실을 17년째 운영하고 있다. 지방자치시대에 지자체장이 바뀌면 주민들의 호응을 받던 정책들도 뒤집어지는 경우가 적지 않은데 17년의 세월은 역사성 하나만으로도 높은 평가를 받아야 한다.

2005년부터 12개 읍·면 마을로 찾아가는 한글교실을 운영하기 시작한다. 교실은 마을회관, 경로당, 학교 등을 이용했다. 2005년부터 2022년까지 총 6천551명이 문해교육에 참여했다. 2006년부터 2022년까지 교육부 성인문해교육 지원사업 공모를 통해 총 3억 1,695만 원의 예산을 확보하고, 군 예산도 지속적으로 증액해 기초한글교육, 한글백일장, 시화전, 현장학습, 소풍, 운동회 등의 다양한 프로그램을 진행하고 있다. 거창군 전체가 성인 한글학교로 탈바꿈했다.

성인문해교육 기반마련을 위해 2007~2018년까지 5회에 걸쳐 문해교사 177명을 양성하고, 매년 평가를 통해 강사로 선발해 학습 현장으로 파견한다. 선발된 강사는 전문성 제고를 위해 매월 1회 보수교육과 교사회 동아리 활동을 실시하고, 강사들의 현장 경험을 토대로 부교재 2종을 제작해 학습 효과를 높이고 있다.

거창군은 단순한 문해능력 습득을 넘어 성인문해교육을 통해 평생의 마음속 한 곳에 한으로 남은 배움의 갈증을 해소할 수 있도록 초등, 중학 정규학력을 취득할 수 있는 학력인정 프로그램도 운영하고 있다. 2015년 경상남도교육청으로부터 초등학력 인정프로그램 운영기관으로 지정받아 114명이 정규학력을 취득했고, 2019년 경상남도 최초로 중학과정 인정프로그램 운영기관으로 지정받아 2021년에는 13명이 중학학력을 취득하는 성과를 냈다. 초등학력은 3년 과정의 통합과정으로 240시간이며 중학학력은 3년 과정, 6개 과목, 450시간이다. 중학학력을 취득한 13명의 만학도는 9명이 무학력이고, 4명만 초등 졸업생이었다.

2022년 현재 학력인정 프로그램은 청소년수련관, 거창대학 평생교육원에서 운영 중이다. 초등학력 인정 이수자는 29명, 중학학력 인정 이수자는 13명이다.

배움에는 끝이 없는 법이라고 하지 않던가. 중학 학력인정자들이 고등학교 교육을 희망하자, 거창군이 앞장서 학교 관계자, 학부모, 학생대상 회의를 거쳐 2023년 3월 중학학력 인정 프로그램 이수자 13명과 일반 중학교 졸업 만학도 1명 등 14명이 한 반을 구성해 일반고로 진학할 수 있도록 했다. 거창군은 30만 원 상당의 교복비와 학습도우미 2명을 지원했고, 경상남도교육청은 고령자 맞춤형 의자, 침대, 교실 바닥 공사 등을 위한 사업비 3천만 원을 지원했다. 만학도 별도반을 구성한 해당 고등학교는 10명의 교사가 교육과정 연구회를 구성해 고령 학생들의 눈높이에 맞는 교육과정과 교수법을 연구하고 있다. 원만한 학교생활을 위한 1박 2일 캠핑, 동아리 활동, 소풍, 체육대회, 음악회 등을 통해 학령기 학생들과 교류 활동도 하고 있다.

성인 문해교육에 대한 인식을 바꾸기 위한 다양한 활동도 펼쳐왔다. 평생학습축제에서 강사와 학습자가 함께 문해교육을 홍보하고, 학습자 시를 낭송해 전국에 알리는 유튜브시화전도 열고 전국시화전에도 참여한다. 교실별로 시화 작품으로 달력도 제작한다. 2015년 전국 성인문해교육 시화전에서는 8명이 입상했고, 2019년에는 전국 성인문해교육 시화전 최우수상 수상자인 정을순님이 개인 시집까지 출간했다.

2014년 KBS에서 '할머니는 일학년'이라는 프로그램을 방영했고, 문화체육관광부에서 주관한 2014년 한글날 경축식에 성인문해교육 학습자가 초청됐다. EBS의 '우리말 나무' 프로그램에도 참여했으며 2022년 8월 30일에는 한글날 특집 KBS 열린음악회에 초대되기도 했다.

거창군에 따르면, 거창군민 20세 이상 성인 중 28%인 1만5천여명이 초등, 중등 학력을 수료하지 못한 것으로 파악된다. 거창군은 현재 관내 한국문해교사회, 거창교육지원청, 거창대학 등과 지속적인 협력을 유지하며 성인문해교육이 지속되도록 하고 있다. 앞으로 지속적인 학력인정 학습자를 교육하고 만학도의 입학을 독려하는 등의 활동을 펼치겠다고 밝혔다.

인터뷰 Interview

거창군수
구인모

Q1. 인구소멸위험지역인 거창군의 도시재구조화로 '평생학습도시'에 어떤 정책을 펼치고 있나요?

"누구나 학생, 어디든 학교, 무엇이든 가능하고,
언제든 배울 수 있는 거창인(人, In) 라이프"

군민 누구나가 학생이고, 거창군 어디든지 학교가 되고, 함께 고민하는 어떤 주제든지 학습이 되는, 언제라도 배울 수 있는, 거창사람은 거창안에서 뭐든지 학습해 갈수 있도록 운영·지원하고 있습니다.

거창군은 2003년 경남에서 최초로 평생학습도시로 선정되었습니다. 올해는 거창군 평생학습도시 20주년으로 다양한 기념행사를 준비하고 있습니다. 학습도시 선정이후에 기본적인 조례와 조직, 인력을 확보하고 주민들에게 다양한 평생학습프로그램을 지원·운영해 오고 있습니다.

가장 오랜기간 그리고 많은 학습자가 참여하고 있는 사업이 "거창대학 평생교육"지원 사업입니다. 우리군에는 경남도립 거창대학이 있습니다. 학습도시가 선정되던 2003년에 개원을 하여 올해로 20년째 우리군의 평생학습프로그램을 위탁 운영중에 있으며 연간 60여개의 사업에 1,200명정도가 수강에 참여하고 있습니다.

올해는 작년에 조리실과 커피전문시설을 보수하여 남성요리교실 및 원데이클래스로 요리관련 수업도 7개정도 추가 운영하고 있습니다.

평생학습의 뿌리이고 꽃인 '평생학습 우수프로그램·학습동아리 지원사업'도 운영하고 있습니다. 이 지원사업은 자발적 학습문화를 정착시키기 위한 사업으로, 기관·단체·동아리는 재능기부와 봉사활동을 통해 지역사회에 환원하고 평생학습 문화 정착에 기여하는 중요 사업 중 하나입니다. 2023년 현재 14개의 우수프로그램과 46개의 학습동아리를 지원하고 있고, 우리군에 등록되어 있는 학습동아리는 109개입니다.

세대간의 교류 및 아이들의 인성교육을 위한 '거창한 이야기할머니'사업도 소개합니다. 2015년부터 4기에 걸쳐 총 128명의 이야기 할머니를 양성하였습니다. 이야기 할머니 양성과정은 만 45세 이상의 여성들이 참여할 수 있으며 총 60시간의 자격증 취득과정을 이수한 이야기 할머니는 매년 심사과정을 거쳐 선발되게 됩니다.

현재 47곳의 어린이집, 유치원, 초등학교 등에서 활발히 활동하며 조손세대 간 문화교류 및 시니어 학습형 일자리제공에도 긍정적인 역할을 하고 있습니다.

인문답사 사업도 운영중에 있습니다. 우리군은 2015년 자체적으로 인문도시를 선포하고 주민들의 인문소양을 함양하기 위한 다양한 프로그램을 운영하고 있습니다. 대표적인 사업은 가족이 함께 참여할 수 있는 프로그램으로 '가족과 함께하는 교과서 속 역사교실'입니다. 교과서를 벗어나 역사의 현장에서 생생한 현장답사를 하고 가족과 함께 소중한 추억도 쌓을 수 있는 프로그램입니다.

촘촘한 관계망 평생학습 네트워크를 이어가고 있습니다. 평생학습 프로그램과 참여자 수가 양적, 질적으로 늘어남에 따라 관련 기관과 종사자도 늘어나고 있습니다. 거창군은 이러한 다양한 네트워크를 촘촘하게 이어가기 위해 분야별 네트워크 조직을 구성하였습니다. '평생교육협의회'를 통해 학습도시 전반을 함께 디자인하고 30명의 평생학습실무위원회, '평생학습활동가'를 통해 기관단체 동아리간의 사업 중복을 막고 관내 평생학습을 함께 운영하여 발전방안을 논의합니다.

글로벌 평생학습도시를 확대하고 뭐든知 가능한 평생학습축제도 개최합니다. 2023년은 거창군이 평생학습도시가 된 지 20년차. 학습도시 성년의 해입니다. 10년이면 강산이 변한다는 말은 옛말입니다. 하루하루가 급변하는 지식기반사회에 학습도시가 20년 생일을 맞이했습니다. 오랜기간의 성과를 공유하고 앞으로 학습도시가 나아가야 할 비전을 함께 발굴하기 위해 다양한 행사를 준비하고 있습니다. 그간의 성과를 정리하고 기록하기 위해 '거창군평생학습도시 백서'를 작성하고, 관련 성과를 '영상'으로 만들 예정입니다. 그리고 미래 비전 설정을 위해 4회에 걸친 '릴레이 토론회'를 개최하여 주민들의 의견을 수렴하고 '영역별 벤치마킹'을 통해 학습도시로 나아갈 방향을 함께 논의할 예정입니다. 오는 11월에는 '학습도시 비전 선포식'과 평생학습에 참가한 학습자를 중심으로 '다큐멘터리 제작'을 통하여 우리군의 학습도시 성과와 배움의 결실을 함께 공유도 할 예정입니다.

Q2. 거창군은 전국평생학습도시협의회 경남권역 대표도시로 선정되었다는데, 전국평생학습도시로 시행되었던 대표적인 사업은 어떤 것들이 있는지요?

우리군은 2003년도 경남에서 최초로 평생학습도시로 선정되어 2004년 전국의 평생학습도시 발전을 위해 연계 및 상호협력하고 교류하는 것을 목적으로 설립된 평생학습도시협의회에 가입하여 현재까지 활동을 이어가고 있습니다. 지난 2022년에 경남권역 대표도시로 선정되어 올해로 2년차 대표도시 사업을 진행해오고 있습니다.

우리군은 경남도내 평생학습도시의 공동 현안에 대해 정보교류와 발전을 위한 진흥과 국가, 시·도 평생교육 진흥원 등과의 공동협력에 관한 내용을 기반으로 연2회 관계자 워크숍 개최 및 줌회의를 통하여 학습도시 현안에 대하여 논의하는 구심점 역할을 진행해오고 있습니다.

오는 11월에도 도내 학습도시 관계자 30여명이 학습도시 재지정 평가와 평생교육법 개정에 따른 시군구 대응방안 논의에 대한 워크숍을 거창에서 개최할 예정입니다.

앞으로도 우리 경남 대표도시로서 평생학습의 플랫폼 역할을 충실하게 할 수 있도록 항상 현장의 목소리에 귀 기울이고 소통하면서 학습도시의 발전과 성장을 위해 끊임없이 노력해나갈 예정입니다.

Q3. 거창군은 오래전부터 교육도시로서 명성이 높은데 교육도시로서의 주요 추진 사항과 앞으로의 방향은?

거창군에는 대학교 2개교, 고등학교 8개교, 중학교 8개교, 초등학교 17개교와 특수학교 1개교를 포함해 36개교 8,000여명의 학생들이 있습니다.

이 중 거창고등학교, 대성고등학교, 거창여고 등 전국단위 학생모집 자율학교가 있으며, 거창승강기고등학교와 거창연극고등학교와 같은 특성화 고등학교가 있어서 다양한 분야의 교육환경을 갖추고 있는 교육도시입니다.

이러한 많은 학생들의 교육역량강화를 위해 거창군은 2005년부터 거창군장학회를 설립하여 2009년 100억 원 기금을 조성해 관내 학생들에게 장학금 지원과 관내학교에 각종 교육사업을 펼쳐왔으며, 현재는 민선8기 군수공약 사업으로 200억 원으로 확대 조성 중입니다.

관내 모든 학생들에 대한 보편적 교육복지 실현을 위해 2023년 하반기부터 한국승강기대학교 등록금 지원, 중고등학교 청소년 대상 꿈키움 바우처 카드를 지급하여 연 20만원의 바우처 포인트를 지급하는 등 학부모들의 교육비 부담완화와 지역인재육성을 위한 교육 지원 기반을 단단히

하고 있습니다.

또한, 2021년부터 신원초를 시작으로 북상초, 가북초, 주상초까지 민관 협업을 통해 경남 최초 4개소의 공공임대주택을 보유하게 돼 면단위 인구 증가를 통한 지역인구 증가를 견인하고 있습니다. 이와 병행하여 신원초와 가북초 공공임대주택 주변 주거환경개선을 위해 주거플랫폼 사업도 진행하여 면단위 교육환경 개선을 위해 노력하고 있습니다.

특히, 우리군이 최근 5년간 경남 도내 인구 감소율 최저를 유지하고 6만 인구를 사수하고 있는 것은 교육을 통해 인구가 유입되기 때문입니다. 또한 명품교육도시라는 명성에 걸맞은 새로운 교육도시로의 위상 제고를 위해, 교육청과 협업하여 공교육 내에서 다양한 형태의 교육을 제공하는 '교육발전특구' 지정을 준비 중입니다.

2023 전국기초단체장 매니페스토 우수사례
불평등 완화 | **서울 은평구**

은평자립준비청년,
슬기로운 홀로서기

자립준비청년 2명 중 1명은 "자살을 생각해 본 적 있다."

한국보건사회연구원이 자립준비청년들 대상으로 한 조사다. 이들 중 50%가 자살을 떠올리는 이유는 경제적 문제가 33.4%로 가장 높았다. 자립준비청년이란 아동양육시설, 공동생활가정, 가정위탁 등에서 보호를 받다가 만 18세 이후 홀로서기를 해야 하는 청년을 말한다. 아동복지법에는 만 18세 이후 보호가 종료되도록 명시되어 있다. 2022년 아동복지법 개정으로 보호종료 연령이 18세에서 25세로 연장하기 전까지는 그랬다. 그해 여름 아동양육시설 출신 자립준비청년들이 스스로 생을 마감하는 안타까운 사연이 잇따라 보도됐다.

매년 2천6백명에 달하는 자립준비청년이 아동복지시설이나 위탁가정을 떠난다. 홀로서기 이후 지급되는 자립수당을 받는 청년들은 2022년 기준 1만 명에 달한다. 보건복지부의 조사에서는 최근 5년 시설 퇴소자 중 기초생활수급자는 2022년 현재 36.9%로 2019년(26.2%)보다 증가했고, 자립준비청년들 중 비정규직 비율은 2019년 41.0%→2020년 41.2%→2021년 37.3%에 달한다.

은평구에는 서울시 최대 규모의 꿈나무마을을 비롯해 은평천사원 등 25개 자치구 중 대규모 아동보호시설이 많다. 당연히 보호종료 아동 수도 많다. 은평구 보호 종료 아동은 2017년 67명→2018년 104명→2019년 177명→2020년 56명→2021년 50명→2022년 33명→2023년 87명(3월 기준)이다. 자립준비청년지원은 은평구의 중요한 정책 과제이다. 은평구는 법제도 개선도 중요하지만 자립에는 준비가 필요하고, 자립능력을 키워주기 위해서는 지역사회의 지원이 절실하다고 판단한다. 25세

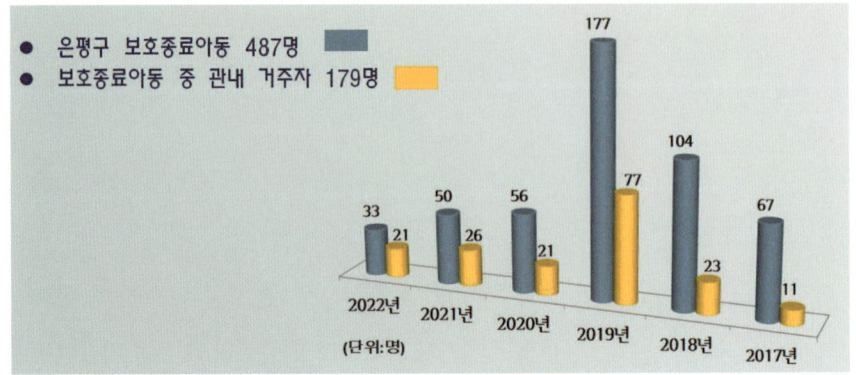

에 보호종료가 되어도 어른이 되는 시기는 보호 종료 후가 아닌 보호를 받는 시기부터 진행되어야 한다는 구정 운영철학이 있었다. 은평구는 취업지원, 자산관리, 부모교육, 취업 및 정서상담 등의 맞춤형 자립역량을 강화하는 한편, 보호종료 이후 겪어야 할 상황에 대한 모의훈련과 사후관리가 필요하다는 정책적 판단을 하게 된다. 그 고민은 전국 최초 '은평자립준비청년청'으로 집약된다.

은평구는 2022년 3월 자립준비청년 자립지원 종합계획을 수립하고, 자립준비청 시설공사와 프로그램 마련 등을 준비한다. 자립준비청년들에게 자격증 취득 지원도 병행하면서 2022년 9월 개청하게 된다. 첫해 시범사업은 △MBTI를 통한 자기 이해 및 친구 이해 △자립준비청년 발굴 아웃리치 △심리지원 마음 풀어내기 △알쏭달쏭 산행 △꿈 감정요리 레시피, 돈벌궁리 돈쓸궁리 △마음술술 대화 클럽 △자립준비청년 자립캠프 등을 진행한다.

2023년부터는 실질적인 사회안전망으로써 전국 최초 '은평형 자립준비주택'과 '개인별 실비보험'을 제공하고 있다. 은평형 자립준비주택은 LH와 업무협약을 체결하여 LH 매입임대주택 4개소를 활용한다. 시쳇말로 풀옵션이 장착된 공유주택으로 입주자 여건에 따라 탄력적으로 운영하면서 홀로서기를 준비할 수 있도록 요리, 청소, 생활쓰레기 분리수거 등도 직접하고 있다. 거주자는 매월 1~2회 은평구와 관내 아동복지시설 담당자와의 정기적인 만남을 통해 소통을 하고 있다.

현재 은평자립준비청년청은 관내 아동보호시설과의 협력관계를 구축하고 경제적, 심리적 지원 프로그램을 운영하고 있다. 자립전담기관으로서 지역사회의 다양한 자원을 발굴, 연계해 자립지원 서비스를 강화하면서 자립준비청년들의 자발적 참여를 유도하는 방식이다. 자립준비청년의 심리적 고립을 정서적 기반형성을 위한 프로그램으로 사회심리적 연결망을 구축하고, 실질적인 독립생활이 가능하도록 주거, 안전, 생활, 취업까지 종합적인 안전망을 구축해 나가고 있다. 특히, 정규교육과정에서 배울 수 없는 재무, 자산관리 교육을 강화하고, 멘토-멘티 결연이나 자조모임 지원 등을 통해 정서적 안정도 도모하고 있다. 취업과 자립은 단발성이 아닌 지속가능성이 중요한 만큼 보호 종료 후 5년까지 직접 만나 자립생활을 점검하고, 필요에 따라 즉각 대응하는 시스템도 마련해 나가고 있다. 기초적인 가정생활 및 지역사회 구성원으로 안착하는데 버팀목이 되고 있다.

인터뷰 Interview

은평구청장

김 미 경

Q1. 은평구는 자립준비청년에게 실질적인 자립과 안정적인 사회진출 발판을 마련하고자 다양한 지원을 하고 있는데요. 은평구가 특별히 자립준비청년정책에 역점을 두고 시행하고 있는 이유는 무엇인지요

연령도래로 보호종료된 아동 중에 200여명이 은평구에 거주하고 있어 서울시 자치구 중 자립수당 지급 대상자가 가장 많아 자립준비청년의 성공적인 사회 정착을 위한 대책이 절실히 필요한 지역 입니다.

보호종료 후 홀로 사회에 두려움을 안고 나온 자립준비청년은 생활 속에서 마주하는 어려움 해소에 공적 시스템의 한계를 느끼게 되었습니다.

이에, 지속적인 맞춤형 자립지원(상담, 교육, 멘토링, 진로탐색, 직업체험 등)과 정서적 지원 방안을 강구하게 되었으며, 자립준비청년의 안정적 자립에 관한 공적 책임을 더욱 강화하고 은평구만의 독자적인 지원 방안을 마련하게 되었습니다.

우리구만의 지원 방안으로 보호대상아동과 자립준비청년의 안정적인 사회 정착을 위한 기초 기반을 마련하기 위해 전국 최초로 자립 준비청년 지원 시설인 '은평자준청'을 구축 및 운영하고 있으며, 시설에서 퇴소하기 전 홀로 살아보기 체험을 할 수 있도록 조성한 '자립준비주택'을 운영하고 있습니다.

은평자준청 자립지원 프로그램을 통해 자립준비청년들이 마음을 치유하고 퇴소하기 전 자립체험을 하여 자립에 대한 자신감을 가지게 되었습니다.

자립준비청년들에게 은평구만의 사회안전망을 구축하여 사회적 불평등을 느끼지 않게 노력하겠습니다.

Q2. 전국 최초로 은평자립준비청년청이 신설되었는데요. 구청장님이 생각하시는 은평자준청 개소의 의미는 무엇인지요.

은평구는 서울시 25개 자치구 중 꿈나무마을, 은평천사원과 같은 대규모 아동양육시설이 가장 많이 소재하고 있는 만큼 우리 은평구가 세심하게 돌봐야 하는 보호대상아동과 자립준비청년 수가 어느 자치구보다 많습니다.

자립수당, 자립정착금 등 정부지원에도 연락을 끊고 은둔하거나 극단적인 선택을 하는 은둔형 자립준비청년들의 사각지대가 상존하고 있어 단발성 경제적 지원은 근본적인 문제를 해결하는 데 한계가 있음을 인식하게 되었습니다.

'한 아이를 키우려면 온 마을이 필요하다'는 아프리카 속담이 있듯이 한 아이가 그저 세상에 나왔다고 우리의 책임이 끝난 것은 아닙니다. 은평구에서는 자립준비청년들이 혼자가 아님을 깨닫고 함께 할 수 있는 누군가가 있다는 것을 알게 하기 위해 우리구만의 고유한 정책을 고민하고 지역사회가 함께 할 수 있게 하였습니다.

은평자준청은 홀로 사회 첫발을 준비하는 자립준비청년 지원을 강화하기위한 은평구의 의미 있는 첫걸음이라 생각합니다.

은평자준청은 자립준비청년이 낙인감 없이 자유롭게 이용 가능한 '자립 준비청년 전용 커뮤니티 공간'으로 은둔형 자립준비청년 발생 등 사각 지대 문제를 해소하기 위해 은평구에서 전국 최초로 조성한 공간입니다.

시설을 홀로 퇴소하는 자립준비청년 한명 한명이 한사람의 사회인으로서 성공적으로 사회에 안착하여 건강하고 행복한 삶을 살 수 있도록 은평자준청이 세심한 지원을 아끼지 않겠습니다.

Q3. 은평구의 청소년 마음건강센터 '마음온'은 어떤 일을 하는 곳인지요

은평구 청소년 마음건강센터 '마음온'은 은평 청소년의 마음건강 증진을 위해 전문 심리상담, 심리평가, 심리프로그램 등을 제공하는 청소년심리 서비스 제공기관입니다. 또한 부모(보호자)를 대상으로 보다 성숙된 부모 되기를 돕기 위한 부모 교육도 같이 제공하고 있습니다.

코로나19 팬데믹 이후 청소년 일상의 큰 변화를 경험하게 되면서 삶의 만족도, 관계 만족도 등이 크게 낮아졌고, 청소년 우울, 자해·자살, 학교 폭력, 마약 사고 등 심리적인 어려움으로 야기되는 청소년 문제들이 증가하고 있어 청소년의 마음건강을 위한 체계적인 심리지원체계를 구축하고 지원하여 청소년이 살기 좋은 지역사회를 만들고자 하는 취지 입니다.

요즘 은둔·고립 청년의 증가와 같이 청년기 문제에 관심이 많아지고 있습니다. 이러한 사회문제들은 아동·청소년기에 감정 조절, 사회성 발달 등의 어려움이 만성화되어 여러 문제행동으로 표현되는 것으로 생각해 볼 수 있습니다. 이에 '마음온'에서는 청소년이 겪고 있는 심리적 어려움이 만성화되지 않도록 심리지원서비스를 제공하고, 부모(보호자)교육을 통해 청소년과 가족 구성원 모두가 건강한 심리발달이 이루어지도록 지원 하여 고립·은둔으로 인한 사회문제 증가를 예방할 수 있습니다.

Q4. 온·오프라인 투표 진행과 청소년 총회에서 최종 결정하는 은평구 청소년 참여예산제는 어떻게 운영되고 있는지요.

지금 자연스럽게 누리고 있는 많은 것들 중 상당 수는 어떤 한 사람의 제안으로부터 시작돼 발전된 아이디어입니다. '은평구 청소년 참여예산제'도 마찬가지라고 봅니다. 청소년 참여예산제는 청소년 정책의 수요자이자 대상인 청소년들에게 예산결정권을 부여함으로써 청소년의 참여권을 보장하는 제도입니다. 2015년 참여예산 청소년 총회를 시작으로 청소년 사업에 별도 예산을 배정하고, 청소년 사업에 대한 투표권을 은평구 관내 청소년들에게 부여하여 청소년들이 직접 청소년 사업을 결정하고 있습니다.

청소년 사업은 매년 상반기에 주민제안 공모, 청소년공론장, 청소년참여기구 등 다양한 경로를 통해 제안되며, 특히 '청소년공론장'에서는 청소년 진로, 교육, 인권 등 관련 주제에 대해 함께 얘기를 나눠보고, 사업을 발굴하도록 지원하고 있습니다. 2023년에는 관내 학교로 '찾아가는 청소년공론장'을 새롭게 시도하여 청소년들의 호응을 이끌었습니다. 다양한 경로를 통해 구체화된 사업제안서는 구청 소관부서에서 실행가능성을 검토하고, 청소년 참여예산운영단의 심사를 거쳐 투표대상으로 선정됩니다.

이렇게 투표대상으로 선정된 청소년 사업은 청소년 사전투표(온라인, 학교·기관 등의 현장투표)와 청소년총회 투표를 50:50 비율로 반영하여 최종 내년도 청소년 참여예산 사업으로 결정됩니다. 특히, 청소년총회에서는 '청소년에 의한 청소년들의 참여예산'을 실현하기 위해 은평형 원탁토론 방식을 도입하여 개최하고 있습니다. 청소년들이 사업효과와 타당성에 대해 토론을 하고, 청소년에게 꼭 필요한 사업들이 선정되도록 하며, 숙의 민주주의 과정을 통해 청소년 자신과 다른 의견을 존중하는 민주적 토론문화를 배울 수 있다는 점에서 큰 의의가 있습니다.

'은평구 청소년 참여예산제'는 토론문화를 배우고, 지역사회 참여의식 함양과 지방 정부 예산을 공부하는 중요한 실습의 장으로도 볼 수 있습니다. 앞으로 많은 청소년의 참여와 청소년 정책발굴로 은평구가 건강하게 성장하는 지역사회가 되었으면 하는 바람입니다.

Q5. 다문화가족에 대해 포용적 지원을 펼치고 있다는데, 은평구의 다문화가족 지원 정책을 소개해 주신다면

은평구에서는 다문화가족을 위해 심리상담, 기초학습 및 한국어교육, 통번역 서비스, 가족 문화 체험 등 다양한 맞춤형 종합 정책을 펼치고 있으며 관련 서비스는 은평구가족센터에서 제공하고 있습니다. 가족센터는 다문화가족 문화교류 및 정보공유 등을 할 수 있는 소통공간을 제공하고 있어 누구나 이용가능합니다.

올해에는 다문화가족이 가장 필요로하는 한국어교육 및 자녀생활 학습지원을 중점으로 다문화가족 자녀 성장을 위한 맞춤형 지원체계를 강화하여 추진하고 있습니다. 각 가정에 직접 찾아가 한국어교육과 자녀생활 서비스를 제공하는 '방문교육서비스'와 중도입국자녀를 위한 '디지털교육(인공지능 및 코딩) 캠프'등을 운영하여 다문화가족 자녀의 글로벌 인재로의 성장에 기여하고 있습니다.

특히, 은평구 지역 특화사업으로 '가정통신문 번역 및 통번역 인력양성 서비스'를 운영하여 결혼이민자의 취업역량 강화와 다문화자녀를 위한 '모국어 학습지원 교육', '이중언어 소통 환경 조성'으로 다문화가족의 한국사회로의 안정적인 적응을 도모하고있습니다.

또한, 2023~2024년 한국 방문의 해를 맞아 다문화가족뿐만 아니라 일반구민이 서로 이해하고 존중하는 사회통합의 계기를 마련하고자'은평세계문화축제'를 운영하고 있습니다. 5월 20일 '세계인의날'을 기념하는 유공자 표창과 기념식, 세계 여러나라의 문화를 체험할 수 있는 음식, 만들기, 전시, 공연관람 등 세계시민의식과 다문화 감수성 제고에 기여 하고자 합니다.

2023 전국기초단체장 매니페스토 우수사례
불평등 완화 | 서울 구로구

따뜻한 동행으로
모두가 성장하는 도시,
구로인, 그로잉(Growing)

걷기 열풍이 한창이던 시기에 전국 곳곳에 무장애 등산로 혹 무장애 산책로가 조성되었다. 조성 취지는 장애인들도 비장애인들처럼 자연을 즐기며 걷도록 하자는 것이었다. 무장애 등산로 혹은 무장애 산책로는 비장애인들에게 더 사랑받는 곳이 많아졌다. 이제는 장애친화도시를 내세우는 지자체도 나타나고 있다. 친화는 '서로 친하여 잘 어울림', '사이좋게 잘 어울림'이란 뜻이다.

구로구는 서번트 증후군을 가지고 태어난 장애인 변호사를 다룬 드라마가 선풍적인 인기를 끌던 코로나 팬데믹과 엔데믹 시기에 장애인들의 상황에 주목하게 된다. 코로나 팬데믹 동안 자유로운 활동에 제약을 받으면서 답답함을 느꼈고, 일상의 소소한 자유에 대해 다시 생각하게 됐다. 장애인들은 어땠을까? 태어나서 살아가는 생애 전 기간이 코로나 팬데믹이었을지 모른다.

구로구 등록장애인 주민은 2022년 기준 전체 인구의 5.2%인 1만8520명이다. 서울시 25개 자치구 중 여덟 번째로 많다. 2023년 서울시민문화향유 실태조사에 따르면, 주된 여가활동으로 영상 시청(72.5%)을 꼽았다. 사실상 여가활동을 즐기지 못한 채 킬링 타임(Killing time)용 영상을 보는 것에 불과하다. 여행, 나들이, 캠핑, 스포츠활동 등과 같은 액티비티는 비장애인 대비 최하위 수준이다.

장애인의 불평등 문제는 법제도 개선과 하드웨어적 접근도 중요하다. 더 중요한 것은 정서적, 문화적으로 비장애인과 동등성을 위한 노력이다. 구로구의 선택은 장애친화도시를 넘어서는 장애동행도시다. 구로구는 지역사회 장애인들이 차별받거나 소외되지 않고 따뜻하게 동행할 수 있는 발판을 마련하고자 한다.

우선 2021년 6~12월까지 느린학습자의 어려움 및 지원방안 연구용역을 실시하여 이를 토대로 그해 12월 〈서울특별시 구로구 느린학습자 지원방안 조례〉를 제정하고, 같은 해 같은 달 마음껏 소리내어 책을 읽어도 좋은 '시끄러운 도서관'도 문을 연다. 시끄러운 도서관 주 이용 대상은 느린학습자, 발달장애인, 뇌병변장애인 등으로 이들은 장애유형과 특성상 도서관을 방문하기도 힘들고, 방문해도 큰 소리를 내는 경우가 많아 이용에도 제약이 많다. 이들이 마음껏 이야기하고, 책도 읽으며 정서적 교감을 나눌 수 있는 장소가 바로 시끄러운 도서관이다. 시끄러운 도서관은 발달장애인과 뇌병변장애인을 위해 인지, 촉감, 소리 도서는 기본이고, 발달장애인 독서프로그램, 문화프로그램도 마련했다. 구로구 시끄러운 도서관은 발달장애인뿐 아니라 지역주민 누구나 자유롭게 이용할 수 있는 개방된 문화공간으로 자리매김하고 있다. 이러한 성과를 바탕으로 구로구는 2026년 개관을 목표로 '시끄러운 도서관 2호점'도 추진해 장애인과 동행하는 도시를 만들어가고 있다.

2023년 3월에는 전국 두 번째로 '뇌병변장애인 비전센터'를 개소해 뇌병변장애인들의 자립생활을 지원한다. 18세~65세 미만 중증 뇌병변장애인들에게 의사소통, 문자해득교육, 직업능력향상교육 및 돌봄까지 차별화된 맞춤형 종합서비스를 제공하고 있다.

장애인은 이동권과 접근성이 중요하다. 구로구는 사업부지 선정부터 대중교통 편의성과 누구나 쉽게 접근할 수 있는 곳을 물색했고, 구로삶터지역자활센터와의 연계성까지 고려해 구로역 인근 선정하게 된다. 같은 건물 지상 3~4층에 입점한 구로삶터지역자활센터는 뇌병변장애인 비전센터를 이용하는 이들에게 상담 및 프로그램을 제공한다. 국제라이온스협회 354-D지구도 힘을 보탰다. 13인승 장애인용 엘리베이터 설치비를 지원했다.

 이와 같은 하드웨어는 2022년 10월 구성된 구로구 느린학습자 지역사회협의체의 유기적 운영으로 뒷받침되고 있다. 민·관·학 지역사회협의체에는 학부모부터 구의원까지 구로구의 다양한 입장과 이해관계자 12명이 참여한다. 또한 구로구청-교육지원청-구의회-학교-학부모-유관기관와의 유기적 네트워크를 형성해 기관별 프로그램을 공유하고 지속적인 지원을 위한 방안을 논의한다. 작은 물방울이 모여 강을 이루고 바다로 모이듯, 이들을 안정적이고 체계적으로 지원하는 〈느린학습자 지원센터〉 설치도 추진하고 있다.

 그 밖에도 보행약자를 위해 하천 경사 진출입로 설치, 편의점·약국·식당 등 300㎡ 미만 소규모다중시설에 맞춤형 경사로 설치 등을 통해 장애인 등 보행약자의 이동권, 여가생활 향유권 등 장애과 비장애를 넘어서는 동행을 생활 속에서 구현하고 있다. 서울시 25개 자치구 중 유일하게 보건소 내에 장애인전문 치과진료센터'를 운영하고 있다. 장애인에게 전문적이고 폭 넓은 치과치료의 기회를 제공하기 위해 자원봉사자가 아닌 치과전문의를 채용하고 최신식 치료 장비를 도입해 특수학교, 장애인단체, 중증장애인들 대상으로 매년 2천여건 이상의 구강건강관리 서비스를 제공한다. 부모와 자녀의 의사소통 곤란한 경우 수어통역사 파견, 중도실명 시각장애인 대상 점자교육, 비장애 난청어르신 보청기 지원, 청각장애인 가정 저녀들의 건강한 성장 지원 등의 사업도 펼치고 있다.

인터뷰 Interview

구로구청장
문 헌 일

Q1. 구청장님이 말씀하시는 '따뜻한 동행'은 어떤 것이며 구정 철학에 어떻게 녹여내고 있으신지요.

어린 시절, 저의 집안 형편은 넉넉하지 못했습니다. 가난 속에서 겪은 경험과 이웃에게 도움을 받았던 기억은 어렵고 막막한 이웃의 마음을 잘 이해하는 계기가 되었고, 이는 자연스럽게 사회적 약자에 대한 안타까움과 어려운 분들을 돕고 싶다는 마음으로 이어졌습니다.

저는 이러한 기억들을 담아 소외되는 사람 없이 누구나 살고 싶어 하는 행복한 구로를 만들기 위해 '따뜻한 동행'을 구정의 철학으로 삼았고 그 가치를 실현하기 위해 장애인, 어르신, 여성 등 사회적 약자를 대상으로 하는 정책들을 민선8기 구청장 공약으로 수립했습니다.

종합사회복지관, 노인복지회관, 느린학습자 지원센터, 치매안심센터 분소 설치 등 약자를 위한 시설 건립과 함께 한방건강증진 사업, 산후조리비용 확대 등 다양한 지원사업을 발굴하여 구민 여러분께 실질적으로 도움을 드릴 수 있는 공약사업들을 추진해 나가고 있습니다.

다양한 형태의 가족이 등장하는 시대적 상황에 따라 복지부서를 세분화하여 어르신복지과, 장애인복지과, 아동청소년과로 부서를 신설·재편하였고, 구로구의 1인 가구가 증가하는 상황을 고려하여 생활보장과에 '1인 가구지원팀'을 신설하여 1인 가구에 대한 지원체계도 마련하였습니다. 앞으로도 사회적 변화에 적극적으로 대응하는 한편 구민 여러분들과의 소통도 강화하여 모두가 함께 행복하게 살아가는 도시를 만들겠습니다.

Q2. 구로구가 장애인 치과 운영에 특별히 관심 갖게 된 배경은 무엇인지요.

장애인에 대한 전문 치과 치료는 수익성이 낮고 운영 등이 어려워 전국적으로도 그 수가 많지 않고, 장애인 치료가 가능한 치과의 경우에도 청각·시각 장애인 치료에 국한되는 경우가 많다고 합니다.

2022년 기준 구로구 등록장애인수는 서울시 25개 자치구 중 8번째로 많아 장애인 치과 치료에 대한 수요는 높은 편이지만 구로구 내 전문 치료를 받을 수 있는 기관은 보건소 장애인 치과 외에는 전무한 실정이고, 행동조절과 의사소통이 쉽지않은 중증장애인이 일반치과에서 진료받기란 현실적으로 어렵기 때문에 구강건강에 더 취약하다고 합니다.
 이런 이유로 민선8기 들어 코로나19 여파로 축소·중단되었던 장애인 치과 진료 재개 및 운영을 확대하도록 하였습니다.
구로구 장애인 치과는 장애인에게 폭 넓은 치과 치료의 기회를 제공하고자 구로구 치과의사회 등 지역사회와의 협력체계를 구축해 구강검진이나 단순 치료가 아닌 X-ray 촬영 및 진단, 보철 치료 등 전문적인 치과 치료를 시행함으로써 의료 취약계층인 장애인의 구강 건강을 지키고 치료비 경감에도 기여하였습니다.
2023년에는 서울시 약자와의 동행 공모사업에도 선정되어 지역사회 장애인 구강보건 증진 교육을 위한 책자와 재료를 구입하고 전문 진료 장비를 최신식으로 교체하는 등 장애인 치료를 위한 최적화된 환경을 조성하고 있습니다. 내년에는 보다 나은 진료서비스를 제공하기 위해 진료 인력도 추가로 채용할 계획입니다.
 앞으로도 구로구는 타 지자체에서도 장애인치과 서비스를 제공할 수 있도록 지속적인 홍보와 적극적인 지원을 하여 보다 많은 중증장애인들이 불편없이 양질의 치과진료를 받으실 수 있도록 노력하겠습니다.

Q3. 저소득 장애인 가구의 초·중·고 입학자녀에 학용품비 지원을 하고 있다던데

구로구는 비장애인에 비해 소득이 낮은 장애인 가구의 경제적 부담을 경감하고 어려운 환경 속에서 안정된 양육 여건과 자립 기반을 조성할 수 있도록 학교 입학 전인 매년 2월에 저소득 장애인 가구의 입학자녀에게 학용품비를 지원하고 있습니다.
신청 대상은 올해 초·중·고등학교에 입학하는 장애인 아동이나 장애인 가구의 자녀로, 초등학교 입학자녀는 1인당 10만원, 중·고등학교 입학자녀는 1인당 20만원씩 학용품비를 지원하고 있습니다.
장애인은 신체적·정신적 장애 외에도 차별적인 제도와 환경, 태도 등 다양한 요인으로 대부분의 국가에서 비장애인에 비해 경제활동에 참여하지 못하거나, 취업을 하더라도 비장애인에 비해 임금이 낮은 경우가 많고, 장애인 가구의 경우 연평균 소득은 전체 가구의 약 70% 수준에 머무르고 있다고 합니다. 자녀 교육비는 비장애인에게도 부담이 되는 만큼, 장애인 가구에게는 더 큰 부담이 되는 것이 현실입니다.

자녀에 대한 교육 부담을 해소하는 것 또한 복지행정의 하나라고 생각합니다. 큰 비용은 아니지만 저소득 장애인 가구 입학자녀에 대한 학용품비 지원 사업은 자녀들의 안정적인 학습과 부모들의 양육 여건 개선을 위한 작은 밑거름이 되고 있습니다.

앞으로도 구로구를 장애인 가구의 아픔에 공감하는 도시, 모든 아이들이 함께 공부하기 좋은 도시로 만들겠습니다.

Q4. 청각장애인 가정 자녀에 수어 교육과 통역 지원을 하고 있는데, 어떤 효과가 있는지요.

일반적으로 청각장애인은 자신의 상태를 공감할 수 있는 동일한 유형의 장애를 가진 청각장애인을 배우자로 맞이하는 경우가 많고, 이들이 건청인 자녀(CODA)를 출산하는 경우는 90% 이상이 된다고 합니다. 청각장애인 부모와 건청인 자녀는 일반적으로 수어로 소통하고 있지만 소통에 문제가 있을 때는 그냥 넘어가는 경우가 많아 의사소통이 단절되는 문제가 종종 발생하곤 하는데 이로 인해 가정이 경직될 수 있으며 가족 구성원간 관계 단절 또는 가족의 해체까지 이어질 수 있습니다.

구로구는 청각장애인 가정이 구성원간 원활하게 소통하고 유대감을 증진할 수 있도록 청각장애인 부모 가정 중 18세 미만 건청인 자녀를 둔 가정을 대상으로 수어교육 강사가 지원 대상 가정에 방문하여 교육하는, '가족 맞춤형 수어 교육'을 진행하고 있습니다. 수어교육을 통해부모와 자녀 간 원활한 의사소통을 가능하게 하여 단절된 관계를 회복하고 자녀의 인지적·정서적·성격적인 측면의 발달에 적지않은 도움이 되고 있습니다.

그밖에도 의사소통이 어려워 제대로 된 관계를 형성하지 못하고 심리적, 정서적 문제를 겪는 자녀들을 위해서는 부모의 신청이 있는 경우 청소년복지상담센터와 연계하여 자녀상담 및 사례관리도 진행하고 있는데 이 사업은 자녀 양육에 어려움을 겪는 청각장애인 부모의 심리적인 부담감 경감에도 기여하고 있고, 청각장애인 부모와 건청인 자녀를 대상으로 운영하는 가족화합 프로그램도 개설하여 여행이나 문화활동을 지원하는 가족화합 프로그램도 진행하고 있습니다.

Q5. 저소득 중증장애인에 장애인신문을 보급하고 있는 사업을 소개해 주신다면

장애인은 비장애인에 비해 다양한 사회정보와 복지혜택에 대한 정보를 쉽게 접하기 어려운 실정입니다. 구로구는 다양한 복지정책 정보에 대한 접근성을 강화하고 장애인의 생활에 편익을 증진하고자 저소득 중증 장애인에게 신문을 보급하고 있습니다.

장애인 분야 전문 신문사와 협약하여 매년 일정 기간 동안 월 4회 보급을 하며, 정보 접근성 향상을 위해 지원대상으로 선정된 각 가정에 신문사에서 직접 배부하고 있습니다. 지원대상은 대상자를 발굴 후 저소득, 장애 정도, 디지털 정보 접근 취약 여부등을 고려하여 총 60가구 이내를 선정하고 있습니다.

신문의 주요 내용은 장애인에게 도움이 될 만한 사회복지 정책, 행정, 지역소식 등에 관한 정보를 담고 있으며 장애인의 알권리 신장과 정보접근성 향상에 기여하고 있습니다.

 앞으로도 구로구는 따뜻한 복지 실현 및 장애인과의 동행을 위해 적극적으로 노력하겠습니다.

2023
전국기초단체장
매니페스토 우수사례

인구구조변화 대응

경북 안동군 | 전남 신안군 | 서울 서대문구 | 부산 남구 | 광주 광산구

2023 전국기초단체장 매니페스토 우수사례
인구구조변화 대응 | 경북 안동시

저출생 고령화 시대,
마을 공동육아로 상생의 길을 찾다!

결혼 후 출산 문제는 육아와 보육의 고민으로 확장된다. 아이를 낳고 싶어도 키우는 문제가 출산의 걸림돌이다. 경제적 여건이 넉넉한 경우를 제외하면 아이를 낳고 키우려면 맞벌이가 선택이 아닌 필수처럼 되어 있다. "아이를 낳으면 누가 돌봐줄까?"를 먼저 고민해야한다. 통계청의 2022년 기혼여성 중 경력단절 사유에 대한 자료를 보면, 임신·출산 22.7%, 육아 42.8%,로 나타났다. 고용노동부가 13세 미만 자녀를 둔 노동자 500명을 대상으로 진행한 설문조사에서도 아동돌봄은 42.6%가 '조부모·친척'이었고, 부모가 직접하는 경우도 36.4%에 달한다. 초등학교 정규교육은 학기 중은 오후 5시, 방학 중은 오후 1~3시까지다. 맞벌이 부부의 퇴근 후 귀가시간을 7시로 짧게 잡아도 최소 2시간에서 최대 6시간 이상의 돌봄 공백이 발생한다. 이런 돌봄 공백은 태권도 학원이 한다는 우스갯소리도 있을 정도로 '학원뺑뺑이'로 메꾸는 경우가 대부분이다. 특히, 신학기가 시작되는 3월이 되면 공포지수는 하늘을 찌른다. 돌봄 공백을 매우지 못해 휴직하거나 퇴사까지 고민하게 된다.

그나마 다행은 지방자치단체들이 돌봄공백을 공적돌봄으로 채우기 위한 다양한 노력들을 펼쳐지고 있다는 점이다. 경상북도 안동시는 경로당을 활용한 방과후 아동돌봄 시스템을 구축해 호평을 받고 있다. 안동시는 초등돌봄 수요는 전체 학생의 25%에 달하지만 이 중 온종일 돌봄 혜택을 받는 경우는 21%가량에 불과한 상황이다.

안동시의 경로당을 이용한 방과후 아동돌봄서비스 사업은 아동돌봄 정책으로만 접근한 것이 아니다. 안동은 경북 23개 시·군 중 인구비율이 다섯 번째로 높다. 또한 65세 이상 인구비율이 25%를 넘어선 초고령사회다. 신생아 1명이 태어나면 3명이 사망하고 있다. 민선 8기 안동시는 인구감소지역대응위원회를 구성하고, 인구정책실무추진단을 만들어 임신·출산, 보육과 일자리, 노인복지분야까지 협업을 추진하며 안동시의 지속가능성을 위해 고군분투하고 있다. 이런 고민의 과정에서 어르신들의 공간은 계속 늘어나는 반면, 아동돌봄공간은 줄어드는 상황을 연계해보자는 구상이 제시된다. 아파트 단지 내 경로당을 활용하면 별도의 공간을 마련하지 않아도 안전한 돌봄이 가능하고, 아파트 단지 내 세대소통과 교류를 통해 살기 좋은 아파트를 조성할 수도 있다.

민선 8기 안동시는 경로당 연계 방과후 아동돌범 시범사업을 역점사업으로 추진하기로 결성한다. '한 아이를 키우려면 온 마을이 필요하다(It takes a village to raise a child).'는 아프리카 속담처럼 돌봄공백을 마을공동체로 풀어내고자 한

것이다.

의도와 달리 출발은 순탄하지 않았다. 학부모들은 경로당에서 방과후 돌봄을 한다는 것에 부정적인 인식이었다. 경로당이란 공간이 주는 세대 단절성과 공동육아라는 익숙하지 않은 문화 때문이었다. 경로당측도 관심이 저조한 것은 마찬가지였다. 목마른 사람이 우물을 파는 법이라고 했던가. 안동시와 시의회 그리고 위 사업의 필요성에 공감하는 시민들이 머리를 맞대고 시범사업을 통해 사례를 만들기로 한다. 학부모들과 어르신들이 우려하는 지점에 대해 다양한 의견을 듣고 개선방안을 마련한다. 경로당을 아동친화적 공간으로 조성하고, 수요아동 학부모를 대상으로 다양한 홍보와 설명 과정을 거친다. 담당 전문인력을 채용하고 안전사고에 대비한 상해보험 가입도 추진한다.

2022년 10월 시작한 주공아파트 단지 내 경로당 1호점 방과후 아동돌봄 서비스는 오후 6~10시까지 운영되며 비용은 무료다. 보드게임, 독서 등 프로그램도 운영한다. 급작스러운 돌발적 상황에서도 유연하게 아동돌봄을 할 수 있다. 생활

공간에서 돌봄이 이루어지므로 아이들에게 정서적 안정감을 제공하고 부모들은 안심할 수 있다. 도랑치고 가재 잡고, 마당 쓸고 동전 줍는 식이다.

시범사업은 시범사업의 성과는 경로당, 경로당 이용 어르신, 아동돌봄 수요 학부모 모두에게 긍정적인 평가와 호응을 이끌어낸다. 2023년 하반기 2호점 오픈을 계기로 매년 1개소씩 확대하기로 했다.

방과후 돌봄공백은 여전히 해결해야 할 숙제다. 그래도 안동시와 같은 사례들이 모여서 강이 되고 바다를 이루는 해법이 될 것이다.

인터뷰 Interview

안동시장

Q1. '경로당과 연계한 방과 후 아동 돌봄서비스'는 사업은 성과에 대한 주목도 있지만 어르신의 공간에서 아동 돌봄을 한다는 것에 대한 동의를 구하는데 어려움이 있었을 것 같은데요. 어떤 과정을 거쳤나요.

사업의 필요성에 대해서는 많은 분들이 공감하였으나 어르신들의 공간인 경로당을 아동 돌봄 공간으로 사용한다는 것에 대한 거부감 때문에 참여 희망 경로당과 이용 희망 아동의 신청이 저조하였습니다.

하지만 이를 극복하기 위해 안동시와 안동시의회, 경로당 관계자 및 경로당을 이용하시는 어르신들, 사업의 필요성에 공감하는 시민 등 다양한 형태의 사업 설명회 및 간담회, 홍보 과정 등을 진행하였습니다. 이 과정에서 다양한 의견을 수렴하여 이용 아동에 대한 안전 사고에 대비한 상해보험 가입, 보육교사 자격 등 전문 돌봄교사 채용, 야간 시간을 이용한 아동들에게 간식 제공으로 서비스의 질을 높여 가면 점차 개선해 나가면서 이용 아동뿐만 아니라 부모님들의 호의적 반응을 이끌어 냈습니다.

Q2. 안동시는 저출생 고령화 현상이 가속화됨에 따라 임신부터 출산까지 다양한 지원책을 펼치고 있다던데요, 어떤 정책들이 있나요.

우리 안동시는 인구감소지역 대응 및 저출산 고령사회를 대비하여 5년 단위 기본계획을 바탕으로, 매년 시행계획을 수립하여 지방소멸에 대응하고 있습니다.

'함께 일하고 함께 돌보는 사회 조성'을 바탕으로 임신, 출산, 육아에 대한 다양한 방면에 지원을 하고 있습니다. 먼저 임신과 출산을 위해 임산부에게 영양제, 기형아검사, 난임부부 시술비, 출산장려금, 출생아 건강보험료 등을 지원하고 있습니다. 그리고 육아의 부담을 덜기 위해 육아종합지원센터 운영, 공동육아나눔터 운영, 장난감도서관 등을 운영하고 있습니다.

출산과 육아에 가장 중요한 부분은 질 높은 의료서비스를 제공하는 것입니다. 경북 북부지역에서는 출산을 위한 산부인과가 부족하여 안동이나 대구쪽으로 가야합니다. 출산 후에도 조리원이 부족하여 산모 주소지를 떠나야 합니다. 이런 어려움을 극복하고자 지방소멸대응기금을 지원받아 '공공 산후조리원'을 건립하겠습니다. 그리고 저출산 시대에 모든 아이들이 건강하게 성장하도록 우리 안동에 국립의대를 설립하여 모두가 살기 좋은 환경을 만들겠습니다.

2024년부터는 다자녀 가정에 대한 지원을 확대하기 위하여 지원 기준을 3자녀에서 2자녀로 확대할 예정입니다. 다자녀 가정이 주요 관광지 관람료를 면제 또는 할인 받고, 독감 예방 접종 지원, 상수도 요금 할인 등 출산에 대한 부담을 줄여 나가겠습니다.

해마다 안동형 인구정책 아이디어 공모전을 통해 우수한 정책을 발굴하여 우리가 함께 낳아서 함께 키우는 사회를 만들어 임신 출산 육아에 대한 부담이 줄어들 수 있도록 노력하겠습니다.

Q3. 안동시의 '일상돌봄 서비스 사업'이 경북 안동시가 2023년 보건복지부 공모사업에 선정돼 올 하반기부터 시행을 앞두고 있다고요.

일상돌봄 서비스 사업은 질병, 부상 고립 등으로 '돌봄이 필요한 중장년(40~64세)' 및 질병, 장애 등을 앓고 있는 가족을 돌보거나 그로 인해 생계를 책임지고 있는 '가족돌봄청년(13~34세)'과 같이 일상생활에 도움이 필요한 대상에게 사회서비스를 통합적으로 제공하는 사업입니다.

우리 시는 돌봄이 더욱 중요해지고 있는 시대의 흐름에 발맞추어 선도적으로 돌봄 관련 공모를 신청하고 선정되어 발 빠르게 사업을 추진해오고 있습니다. 8월에 제공기관 지정을 완료하고 각종 홍보 및 발굴을 통해 이용자를 모집하여 9월부터 서비스를 제공해오고 있습니다. 현재도 상시적으로 서비스 접수를 받으며 기존에 노인·아동·장애인 등을 중심으로만 제공되고 있던 사회서비스의 사각지대를 해소하고자 노력 중입니다.

우리 시에서는 기본서비스인 '재가 돌봄·가사서비스' A형(월 36시간), B형(월 12시간), C형(월 72시간)을 제공하고 있고, 특화서비스로는 '병원동행 서비스'와 '심리지원 서비스'를 제공하고 있습니다. 재가 돌봄·가사서비스는 서비스 제공인력이 이용자 가정을 방문해 정해진 시간동안 돌봄과 가사서비스를 탄력적으로 지원하는 서비스입니다. 병원동행 서비스는 거동이 불편한 서비스 이용자에게 이동 및 동행보조, 병원접수·수납 등을 지원하며 월 최대 16시간 이용 가능합니다. 심리지원서비스는 전문가에 의한 맞춤형 심리상담을 제공하는 서비스로, 주 1회 월 4회 제공됩니다.

서비스 신청에 별도의 소득재산 기준은 없고, 소득별로 본인부담금을 차등 납부하면 됩니다. 다만, 돌봄 필요 중장년은 돌봄 필요성과 돌봄자 부재에 관한 증빙이 필요하고, 가족돌봄청년 또한 돌봄 대상 가족의 돌봄 필요성과 가족돌봄청년이라는 증빙이 필요합니다. 타 유사서비스(장기요양, 노인돌봄종합서비스, 가사간병서비스, 장애인활동지원 등)를 받고 있는 경우는 특화서비스(병원동행, 심리지원)만 신청 가능합니다.

앞으로도 안동시는 적극적인 대상자 발굴 및 홍보를 통해 서비스 공백을 보완하고 보편성을 확대하여 사회서비스를 고도화시키고, 사회서비스 사각지대를 해소해 모두가 누리는 생활 사회서비스를 통한 공동체 구현에 최선의 노력을 다하겠습니다.

Q4. 다함께돌봄센터에 대한 설치·운영 협약을 체결했는데요, 다함께돌봄센터란 어떤 일을 하게 되나요.

다함께돌봄센터(마을돌봄터)는 2017년 행안부-복지부 공동 공모사업으로 2017년 7월 '다함께돌봄시범사업' 10개소로 출발하였습니다. 초등학교의 정규교육 이외의 시간 동안 소득 수준과 관계없이 방과 후 돌봄이 필요한 만 6 ~ 12세(초등학생) 아동에게 돌봄서비스를 제공하기 위한 사회복지시설입니다.

아동복지법 시행규칙 별표1의2에 따라 전용면적(다함께돌봄센터 전용으로만 사용되는 바닥면적)이 최소 66제곱미터 이상이며 놀이 공간 또는 활동실, 사무공간, 화장실 및 조리공간을 갖추어야 하며 21년 1월 12일 이후 「주택법」의 개정으로 신규 500세대 이상 주택단지 내는 설치를 의무화 되었습니다.

다함께돌봄센터의 설치·운영주체는 지방자치단체이므로 직영방식과 돌봄서비스에 관한 전문성 활동 및 지역사회 참여를 활성화하기 위해 수탁 심의를 통한 위탁 운영이 가능하며 표준 서비스 제공시간을 포함하여 주 5일(월~금요일), 1일 8시간 이상을 상시운영하며 지역 여건에 따라 탄력적으로 운영시간 조정이 가능합니다.

서비스의 내용은 사전 조사를 통해 파악한 수요자 선호도 및 가용 자원을 기준으로 기본(기본적인 돌봄에 관련된 활동 등), 공통(상시적으로 운영되는 놀이와 숙제지도 및 일생생활교육 등), 특별(아동 흥미 적성을 고려한 외부강사와 자원을 활용한 과학 활동 및 체험 등)으로 프로그램을 결정·운영하고 있습니다. 프로그램은 연령별로 저학년은 보드게임, 전래놀이 등 놀이, 휴식 중심의 프로그램, 고학년은 창의로봇, 캠프 등 창의성 증진 및 체험활동 강화), 내용별은 놀이, 학습, 돌봄의 적절한 균형을 통한 공연관람, 창의 역사놀이 등 다양하게 제공하고 있습니다.

종사자(센터장 및 돌봄선생님)은 공개모집을 원칙으로 하며, 지방자치단체의 자체규정 등에 서류심사 및 면접 등을 통해 투명하고 공정하게 채용하고 있습니다.

Q5. 지역아동센터와 함께 하는 '건강한 돌봄 놀이터 사업'은 무엇인가요.

'건강한 돌봄 놀이터 사업'이란 건강한 아동기 성장 환경 조성을 통한 건강 생활 습관을 정착하고 비만 예방을 실현하기 위하여 보건복지부 및 한국건강증진개발원에서 추진 중인 사업입니다. 안동시는 현재 2개소 지역아동센터 1~4학년 아동을 대상으로 상·하반기 나누어 돌봄 놀이터 사업을 운영하고 있으며, 보건복지부 및 한국건강증진개발원에서 자체 제작한 교재를 지원받아 다양한 놀이형 영양·신체활동 교육을 제공하고 있습니다.

또한 사전·사후검사를 통하여 아동의 비만도 변화, 영양 및 신체활동 지식 및 행태 개선도, 사후 만족도를 검사하여 사업의 효과성을 확인하고 있습니다.

놀이형 영양교육은 채소·과일, 우유·유제품과 같이 건강한 음식(간식)에 대한 선호도를 높이고자 미각 체험을 포함한 다양한 놀이 활동을 통해 아동의 흥미를 유발하여 비만을 예방하고 건강한 식습관을 형성하는 데 도움을 주는 것을 목표로 하여 심도 있는 내용을 전달하기보다 아동 스스로가 관심을 가지고 건강 식습관을 실천할 수 있도록 유도하기 위한 활동에 초점을 두고 진행하는 교육입니다. 주요 내용으로는 골고루 먹기, 건강 간식 먹기, 건강음료 마시기 등이 있으며 체중을 유지하기 위한 습관 형성과 비만 예방 실천 방안에 관한 내용을 다루고 있습니다.

놀이형 신체활동 프로그램은 스스로 몸을 움직이고 에너지를 발생시켜 즐겁게 신체활동을 실천하는 것을 의미하며, 신체활동 프로그램 안내서를 토대로 다양한 교구를 활용한 투호 놀이, 균형 잡기, 풍선 배구, 꼬리 떼기 등 48가지의 다양한 놀이 활동을 시행하여 참여 아동의 신체활동 실천율 증가에 기여하고 있습니다.

놀이형 영양·신체활동 교육 모두 아동의 흥미를 유발하여 스스로 참여하고 즐거움을 느낄 수 있게끔 유도한다는 것이 특징이며, 건강한 돌봄 놀이터 사업에 참여함으로써 성장기 아동의 신체활동 및 식습관 관련 인식과 지식이 긍정적인 방향으로 변화하고 건강한 생활 습관을 형성하여 비만을 예방하는 것을 최종 목표로 두고 운영하고 있습니다.

2023 전국기초단체장 매니페스토 우수사례
인구구조변화 대응 | **전남 신안군**

'햇빛, 바람, 바다가 주는 평생연금'
신안군 신재생에너지 개발이익 공유제

보라를 품은 신안은 이제 햇빛과 바람의 품은 신안으로 거듭나고 있다.

신안군은 흑산도, 홍도 등 1004개의 섬을 품고 있다. 신안군은 일대 섬들을 퍼플(pupple)섬으로 재단장 작업을 진행했고, 2022년 유엔세계관광기구(UNWTO)'세계 최우수 관광 마을'선정, 같은 해 한국관광공사의 '한국관광의 별' 본상까지 수상한다.

이런 성공적인 시책에도 불구하고 신안군의 현재 인구는 3만8천여명으로, 매년 인구가 감소하고 있으며 초고령사회로 진입한 지 오래다. 또한 전국 228개 기초지방자치단체 중 소멸 위험성이 가장 높은 곳 중 하나다. 신안군이 소멸 위기 앞에서 성공적인 퍼플섬 관광자원 프로젝트의 성과도 빛이 바랠 수밖에 없다. 지역소멸 외에도 신안군 앞에 놓인 거대한 위협은 기후위기다. 기후위기로 해수면이 상승하고 있다. 투발루, 피지, 팔라우, 솔로몬제도 등 해양관광천국이었던 남태평양 섬나라들이 잠기고 있고, 주민들은 환경난민이 되어 대피하고 있다.

한반도 동해와 서해의 해수면 온도는 14도다. 현재 추세라면 2041~2060년까지 1.5~2℃ 수준으로 상승이 예상된다. 대표적 관광지인 제주도는 해수면 상승으로 인해 매년 침수 피해를 입고 있다. 1004개의 섬으로 이루어진 신안군은 예외일까? 섬 지역은 해수면 상승에 특히 취약하다. 규모가 작고 사회경제적 기반이 취약한 섬일수록 불규칙한 강수량, 가뭄으로 인한 담수 자원 고갈, 습지 감소, 일교차 증가 등으로 섬 생태계가 쉽게 위협받게 된다. 특히 해수면 상승으로 인한 지하수의 염화(鹽化) 현상은 생존의 문제를 위협한다.

위기는 기회다. 신안군은 성공적인 퍼플섬 관광자원 프로젝트와 함께 기후위기와 지역소멸이라는 절체절명의 위기 극복을 위해 혁신적인 정책, '신재생에너지 개발 이익 공유제'를 시행하고 있다. 기후위기는 산업혁명으로 촉발된 석탄, 석유 등 화석연료의 대량 사용과 그로 인한 온실가스 때문이다. 세계적으로 온실가스 감축을 위해 신재생에너지로의 전환이 추진되고 있다. 한국도 태양광발전, 풍력발전 등 재생에너지 확대를 꾀하고 있지만 입지 조건, 주민 수용성, 수익성 등 여러 가지 문제에 부딪히고 있다.

신안군 하면 드넓은 염전이 연상된다. 신안군의 일조량은 일일 평균 4시간으로 전국 평균 일조량 3.6시간보다 풍부하다. 해상풍력발전소 설치에 적합한 수심 50미터 미만의 해안 습지를 1,803㎢나 보유하고 있다. 풍속은 7~7.4m/s로 바람의 질도 우수하다.

신안군은 2018년 10월 전국 최초로 〈신재생에너지 개발이익 공유 조례〉를 제정한다. 핵심은 주민참여형 신재생에너지발전소 설치다. 발전사업자가 발전시설을 담보로 제공하고, 금융비용도 책임진다. 지역주민들이 재생에너지 발전소 설립에 투자자로 참여하고, 투자지분만큼 이익배당금을 지급받는다. 주민들은 협동조합을 설립하고 조합원으로 가입하면 된다.

아무리 좋은 입지조건과 제도가 마련됐어도, 주민들의 공감을 얻지 못하면 무용지물이 된다. 사업 초기 신안군의 신재생에너지 개발이익 공유제도 우여곡절을 겪는다. 민간발전사업자가 법·제도에 따라 인허가권을 확보해 사업을 진행하려 해도, 지역주민들과 갈등이 발생한다. 대대로 살아온 고향 산천을 외지인들이 들어와 훼손하며 태양광발전소, 풍력발전소를 짓는다는 것에 대한 정서적, 심리적 거부감이 크다. 경관훼손, 산림훼손 우려도 빼놓을 수 없다. 신안군의 경우 육지 태양광발전이나 풍력발전과는 입지가 다르다. 1004개의 섬으로 이루어진 신안군은 사실상 바다에 기대어 살아온 지역이다. 재생에너지발전소 설치 시 조업구역 축소, 어족자원 피해, 건강권 등의 우려가 있을 수 밖에 없다. 신안군은 민관거버넌스를 통해 주민 수용성을 높이고자 한다. 2020년 9월 전남도, 신안군, 신안군 수협, 새어민회와 해상풍력발전 상생협약을 체결하고 실무협의체를 구성한다. 같은해 11월 민관협의체와 발전사협의회를 구성하고, 2021년 지역균형 뉴딜투어, 전남형 상생일자리 협약식을 체결한다. 2022년에는 신안군어업인연합회와 신안 해상풍력상생협의회를 구성해 신안군, 어업인, 민간발전사업자 등으로부터 의견 수렴을 통해 합의를 도출하는 지난한 과정을 거치게 된다. 이 과정에서 어업인들의 해상풍력 조성촉구 성명서를 이끌어 낼 수 있었다.

신안군은 주민과 군이 참여하는 협동조합을 설립해 재생에너지발전사업별로 협동조합을 구성한다. 현재까지 6개 협동조합이 설립되었다. 자라도, 안좌도, 지도, 사옥도, 임자도를 비롯한 14개 섬별로 재생에너지발전소가 설립됐거나 완공을 앞두고 있다.

2021년 4월 첫 배당금 지급 이래 2023년 1월 현재 안좌도 8회 25억 원, 자라도 8회 6억 원, 지도 6회 22억 원, 사옥도 4회 7억 원 등 총 76억 원의 배당금이 7,250명

의 주민들에게 돌아갔다. 안좌도 2021년 4월 26일 개발이익 배당금이 처음 지급되기 시작한 안좌도는 배당이익 실시 후 전입인구도 눈에 띄게 증가하기 시작한다.

신안군은, 현재 전체 군민 17%가 혜택을 보고 있는 개발이익공유제를 점차 확대해 2024년에는 군민의 45%가 혜택을 누리도록 정책을 설계하고 있다. 초기 난항을 민관거버넌스로 극복한 신안군은 2023년까지 신재생에너지 발전량 10GW를 유치하는 한편, 2030년까지 민간투자 48조 원, 기업유치 40개, 상시일자리 4천 개, 직간접 일자리 11만 7천 개를 창출하겠다는 목표를 향해 전력질주하고 있다.

인터뷰 Interview

신안군수
박우량

Q1 태양광과 해상풍력 재생에너지로 햇빛연금을 지급하는 신안군의 사례는 기후위기와 기본적 권리 보장이라는 점에서 주목을 받고 있는데요. 태양광발전소의 상업발전을 기본소득 보장과 연결하고자 했던 특별한 계기나 이유가 있으셨는지요.

2018년까지 우리 군의 햇빛과 바람 등 공공자원은 우리 주민들의 자원임에도 불구하고, 전기 발전사업 허가를 받고 발전소를 설치하는 민간사업자(대기업)들이 그 수익을 독식하는 구조였습니다. 그에 반해 발전시설 조성으로 인한 지역 난개발, 자연경관 훼손, 장마철 산지 사고 등의 문제는 장기적으로 지방자치단체와 지역주민이 안고 가야 하는 불합리한 상황에 맞닥드리고 있었습니다.

우리 군은 신재생에너지의 장래, 정책적 필요성에 공감하는 한편, 민간사업자 중심의 사업구조를 탈피하고 지역 문제를 해결하기 위해 상생발전의 관점에서 「신재생에너지 개발 이익 공유제」를 구상하게 되었습니다.

2018. 7. 26. 「신안군 도시계획 조례」를 개정하고, 총 9회의 주민설명회(2018. 8. 13. ~ 8. 20.)와 군민 · 발전사업자를 대상으로 총 2회의 공청회(2018.08.22. ~ 08.23.)를 개최하여 폭넓은 의견 수렴 절차를 거쳤습니다. 2018. 10. 5. 「신안군 신 · 재생에너지 개발이익 공유 등에 관한 조례」를 제정하여 주민참여형 신재생에너지 발전사업의 기반을 마련하고, 군민과 사업자가 상생할 수 있는 정책을 입안하였습니다.

Q2. 재생에너지는 소규모 분산형이라 재해 · 재난 대응에 유리하고 인근지역에 공급하는 경우가 많아 송전 손실을 줄이는 장점이 있지만 주민수용성 때문에 문제가 되는 경우가 많습니다. 신안군은 이 문제를 어떻게 해결해 오셨는지요.

발전사업 허가에는 발전소 주변지역 주민의 동의가 전제되어야 합니다. 그러나 발전사업자와 주민의 의사, 이해관계가 불일치하기 때문에 주민 동의를 얻기 쉽지 않고, 동의를 얻었다 하더라도 인근 주민의 지속적인 민원 제기로 인해 발전사업이 중단되는 경우가 많았습니다.

결국 "주민수용성"이 발전사업에 가장 큰 난관임에 착안하여, 우리 군은 발전사업자가 개발이익의 공유와 주민의 공동참여에 동의한다는 의향이 확인되면 주민동의가 있는 것으로 갈음하여 발전사업을 허가하고 있습니다. 신재생에너지 발전사업에 주민을 참여시키는 한편 발전사업으로 인한 피해를 지역민에게 소득으로 환원하여 보상함으로써, 발전사업자와 주민의 갈등을 군이 중재하여 상생 발전하는 것이 곧 신재생에너지 개발 이익 공유제의 목표이자 내용이라 할 수 있습니다.

개발 이익 공유제(햇빛연금) 도입 과정에서도 주민의 수용성을 높이기 위해 수협, 새어민회, 어업인연합회 등 유관 기관단체와 협약체결, 협의체 구성 등 거버넌스를 구축해왔습니다. 이러한 노력 끝에 우리 군은 주민의 합의하고, 함께 참여하는 햇빛연금 프로젝트를 안착시킬 수 있었습니다.

Q3. 주민조합을 설립해 은행에서 대출받아 발전사업 법인에 돈을 빌려주고, '햇빛연금'이란 이름의 피해보상금을 나눠 받는, 주민조합 이름으로 대출하지만 주민들은 이를 책임지지 않는 신안의 사업모델을 타 지자체에도 적용 가능할까요?

신안군 신재생에너지 이익공유제를 밴치마킹하기 위해 시·군 지자체 뿐만아니라 전국단위 협동조합, 시민단체, 환경단체 등에서 방문하고 있지만 정책 확산이 더딘 실정입니다.

정책을 따라하기 어려운 이유는, 신재생에너지 사업은 신산업이어서 정책, 주민수용성, 금융(PF), 제도 등이 복합적으로 엮여 있는 민간영역의 공익사업으로 추진하기 매우 어려운 사업으로 단체장의 의지가 있어야 가능합니다.

또한, 새로운 원칙과 규칙을 만드는데 이해관계가 첨예하게 갈리기 때문에 군의회의 적극적인 지지가 필요합니다.

특히, 정책을 실현하고 확대가 될 신재생에너지 자원이 필요한데 우리군 해상풍력 8.2GW, 태양광 1.8GW 규모는 아니더라도 GW급 재생에너지 설비를 설치 가능한 시·군이 흔치 않습니다.

Q4. 햇빛연금 시행 이후 취학 가능 아동 전입이 늘어 폐교 위기로 극복했다고요?

햇빛연금 대상 지역 중 안좌면 자라도에서는 취학아동 수가 감소하면서 자라분교가 폐교 절차에 들어가 있었습니다. 그런데 지난해, 올해 자라도 전입인구가 늘어나면서 취학아동 수가 증가(3명⇒15명)하였고(2023. 3. 기준), 자라분교 폐지 또한 유예되었습니다.

이처럼 우리 군 햇빛연금 정책이 시행되면서 지역 인구감소세가 완화되고, 올해에는 오히려 인구가 증가하고 있으며 특히 햇빛연금 지급 지역에서 인구 증가 현상(5개 지역 인구, 전년말 대비

151명 증가)이 전체 인구 증가를 견인하고 있습니다.(전체 인구, 전년말 대비 266명 증가) 우리 군은, 자라도 사례처럼 다른 작은 섬(낙도)에서도 아동·청소년 인구를 증가시키기 위해 햇빛아동수당 정책을 병행하여 추진하고 있습니다.

Q5. 신안군이 추진하고 있는 '월 1만원 임대주택' 사업도 주목을 받고 있는데, 소개해 주신다면

신안군으로 귀촌하는 도시민들에게 가장 시급한 문제인 주거 마련의 어려움을 해결하고, 인구감소와 지역소멸 위기에 대응하고자 '월 1만 원 임대주택 지원사업'을 추진하게 되었습니다.

이 사업의 주요내용은 부부 가구, 청년 가구에 저렴한 임대료로 임대주택을 지원하는 것으로, 미성년 자녀가 있는 세대는 월 1만원 임대료, 청년 세대에는 연령별로 월 5만원~15만원 임대료로 임대계약을 체결합니다. 입주자로 선정되면, 입주자는 한 달 내에 신안군에 전입신고를 해야하고, 최초 2년 입주기간을 보장됩니다.(1회 연장, 최대 4년 임대) 현재 19세대 모두 분양된 상태이며, 사회초년생 청년과 신혼부부에게 안정적인 보금자리를 제공하여, 청년, 부부세대가 우리 군에 정착하는 데 큰 도움이 될 것으로 기대하고 있습니다.

2023 전국기초단체장 매니페스토 우수사례
인구구조변화 대응 | **서울 서대문구**

'보호'에서 '자립'으로 연착륙을 지원하는 서대문구 4가지 성장 공식!

정부는 2022년 아동복지법 시행령을 개정한다. 아동보호시설 보호대상 연령을 18세에서 25세로 확대하고, 보호종료 후 자립을 지원하는 시도별 전담기관도 설치·운영하는 규정을 담는다. 보호대상 연령 확대 및 시도별 자립지원 전담기관 신설 규정 마련과 보호대상 아동의 자립준비 수준은 다른 문제다.

아무리 제도가 좋아도 현실에서 작동하는 메커니즘은 다르다. 한 언론사는 20203년 '2019~2021년 자립준비청년 관련 조사 결과'를 인용해 스스로 생을 마감한 자립준비청년 13명, 생사조차 모르는 연락두절 청년은 27명이나 된다고 보도

했다. 중앙정부, 언론이 관심을 갖기 전부터 지역공동체를 기반으로 해법과 실천을 모색해온 기초지방자치단체들의 숨은 노력이 있다. 서울 서대문구가 대표적인 사례다.

서대문구는 2016년 유니세프 아동친화도시추진 지방정부협의회에 가입하고, 2020년 2월에는 〈서울특별시 서대문구 아동복지시설 퇴소아동 지원 등에 관한 조례〉를 제정한다. 주요내용은 아동보호시설 퇴소 혹은 보호조치 종료 이후

아동의 자립, 자활을 돕기 위한 지원 방안이다. 이 조례를 근거로 경제적 기반 마련, 자립역량 강화, 사회적 지지체계 강화라는 삼발이 시스템을 마련한다. 본격적으로 2022년 서대문구 특화사업으로 △사회첫걸음수당 △임대주택 임차료 지원 △자립역량강화 교육 등을 실시한다. 2023년에는 전국 최초로 시설보호아동 자립체험주택과 자립플랫폼을 운영한다. 서대문구 독립문로에 위치한 '서대문 자립플랫폼'은 보호종료 5년 이내 자립준비청년이 이용 대상이다. 서대문 자립플랫폼은 총 5층 건물로 1층 주차장, 2층 자립체험주택 및 관리사무소, 3~4층 공동생활가정, 5층 자립체험관주택이다. 커뮤니티를 통해 고립을 예방하고 소속감과 안정감을 높이면서 자립체험을 통해 실제 자립력을 높이게 된다.

전국 최초 시설보호아동 자립체험주택은 서대문 자립플랫폼 2층, 5층에 위치한다. 관내 아동보호시설 퇴소 예정 자립준비청년들을 대상으로 실제 독립생활과 유사한 원룸에서 '혼자 살아보기'체험 프로그램이다. 5층 건물의 2개 전층을 활용해 최대 12주 체험이 가능하다. 같은 건물에 입주한 자립준비청년들은 1주당 15만 원의 지원을 받게 되고, 커뮤니티 매니저가 생활과 안전을 관리한다.

3~4층의 공동생활가정은 대한구세군유지재단법인과 협력해 운영하는 전국 최초로 '소규모가정형 시범사업'으로 대규모 시설 중심의 아동보호시설 보호를 지양하고 가정과 유사한 주거여건을 제공한다. 3층은 남자, 4층은 여자 전용공간으로 각각 5명의 보호아동들과 자립준비청들과 종사자 3명이 사용한다. 서대문구는 SH역세권 청년주택 특별공급분에도 자립준비청년들을 위한 공간으로 제공할 예정이다.

전국 최초 가족돌봄 청(소)년 종합지원 계획 수립

"모든 형태의 아동노동에 대해 대한민국이 채무성과 사회복귀를 위한 메커니즘을 수립함으로써, 새로운 조치의 유효성에 대해 점검과 보고를 강화하라!"

　한국은 유엔아동권리협약 가입국이다. 유엔아동권리위원회는 2019년 5, 6차 대한민국 국가보고서에 대한 최종 견해를 통해 이같은 입장을 전달한다.

　한국 정부는 2022년 2월 14일 제6차 청소년정책조정위원회에서 가족돌봄 청(소)년에 대한 조사·발굴 및 지원책 마련 등의 내용이 담긴 가족돌봄 청년 지원 대책 수립 방안을 발표한다.

　가족돌봄 청(소)년이란 용어 자체가 생소하다. 심청이를 생각하면 쉽다. 아버지 심봉사의 눈을 뜨게 하려고 공양미 삼백석에 몸을 팔아 인당수에 빠진 심청이가 대표적인 가족돌봄 청(소)년이다.

　국회입법조사처에 따르면 가족돌봄 청(소)년은 18만4천명~29만5천명으로 추산한다. 초록우산어린이재단이 2022년 실시한 설문조사 결과, 가족돌봄 청(소)년의 23%가 초등학생이었다. 돌봄 기간이 5년 이상인 경우는 28.3%로 이 중 60%가 중·고등학생이었다.

　서대문구는 전국 최초로 가족돌봄 청(소)년 종합지원 계획을 수립·시행한 지자체다. 2022년 자체적으로 빅데이터를 활용해 위기대상 4,689명을 대상으로 조사해 이들 중 가족돌봄 청(소)년 51명을 선제적으로 발굴하고, 각각 욕구에 따른 특화사업 5종을 개발해 맞춤형 복지서비스를 제공했다. 가족돌봄 청(소)년 발굴·지원 체계는 정책추진 TF 및 자문단 구성(2022. 02~)→보건복지부 시범사업 업무협약(2022. 03)→국무조정실 관계부처 TF회의(2022. 04. 05)→가족돌봄 청년 종합지원계획 수립(2022. 08)→가족돌봄 청(소)년 지원 조례 제정·공포(2022. 12. 30) 순으로 진행되었다. 서대문구가 수립한 종합지원 계획은 △돌봄SOS센터 연계지원 △마음돌봄 키트 △가족돌봄청년 위기 지원 △관계지원 서비스 등 4개분야 16개 중점사업으로 구체화한다. 해당 사업은 2022년도 서울시 민원서비스 개선 우수사례 우수상 수상, 2022년행정안전부 주관 '적극해정을 통한 규제애로 해소 인정 사례' 등 다수의 기관에서 공을 인정받았고, 정부부처와 다른 지자체에서 벤치마킹하는 우수사례로 확산하고 있다.

인터뷰 Interview

서대문구청장

이 성 헌

Q1. 서대문구가 자립준비청년 지원정책에 집중하고 있는 특별한 이유가 있나요.

저마다의 성장환경에 따라 '가정'이라는 말의 의미는 다르겠지만, 이 말에서 느낄 수 있는 일반적인 정서는 따스함, 편안함 같은 것입니다. 미래의 어린이에게도, 사회에 첫발을 내딛던 청년에게도 가정은 휴식을 취하고 삶을 꾸려 나갈 힘을 얻는 중요한 기반입니다. 이 당연한 사실을 생각하면 서대문구는 하나의 큰 가정입니다.

서대문구는 사각지대에 놓인 구민의 삶을 개선하기 위해서 행정서비스를 제공하는 것에 멈추지 않고 요청이 있기 전에 먼저 한 식구처럼 돌보고자 했습니다. 이제까지 우리 사회는 보호아동과 자립준비청년에 대한 관심이 그리 높지 않았습니다. 서대문구는 보호아동과 자립준비청년이 우리 사회의 당당한 주역으로 성장하는 데 기여할 수 있도록 실질적인 지원방안을 고민해왔습니다. 아동복지시설 및 가정위탁에서 보호 중인 아동은 만18세가 되면 보호가 종료되고 홀로 생활을 꾸려 가야 하는 어려운 상황에 놓이게 됩니다. 지금은 본인 의사에 따라 보호기간을 만24세까지 연장할 수 있지만 일반 청년과 비교해 보호종료아동이 체감하는 실제 자립지표 격차는 여전히 열악한 상황입니다.

서대문구의 아동양육시설 2곳은 자립지원 담당자가 배치되어 아이들이 퇴소 시 자립문제에 대해 의논하고 기댈 수 있는 역할을 하고 있습니다. 반면 공동생활가정 4곳과 가정위탁아동은 자립정보 습득 및 교육기회 취약으로 지원 정책과 정보가 제대로 전달되지 않는 한계가 있었습니다. 이러한 문제점을 인식하여 **모든 보호아동과 자립준비청년이 든든한 사회 관계망을 형성하고 통합적인 자립을 보장받을 수 있도록 '서대문형 자립지원'** 정책을 추진하게 되었습니다.

Q2. 서대문구의 자립준비청년 지원정책의 가장 큰 특징은 무엇입니까.

자립에 첫발을 내딛는 청년들에게 실질적으로 필요한 정책을 지원하기 위하여 시설에서 퇴소한 아동과 퇴소를 앞둔 아동을 대상으로 욕구조사를 실시하였습니다. 그 결과, 자립을 시작할 때 가장 먼저 마주하는 어려움은 주거문제였습니다(자립체험 희망 93%). 서대문구가 **전국 최초로 자립체험주택 5호를 마련하여 실제 생활환경과 유사한 '혼자 살아보기' 체험 프로그램을 운영하게 된 이유입니다.** 이 곳에는 '커뮤니티 매니저'가 함께 거주하면서 청소년들의 활동과 안전을 관리하는 멘토역할도 하고 있습니다.

또한 서울시 자치구 최초로 사회첫걸음수당 및 임차료를 지원하고 경제적 지원과 함께 금융교육과 재무상담도 병행해 소득과 지출, 저축 등을 보다 체계적으로 관리할 수 있도록 돕고 있습니다. **생활실태 전수조사 등 자립준비청년들에게 실질적이고 체계적인 도움을 줄 수 있도록 정기적으로 소통하는 것도 '서대문형 자립지원' 정책의 특징**입니다.

Q3. 자립준비청년에 대한 생활실태 전수조사는 어떤 목적으로 진행하고, 시사점은 무엇이었나요.

자립준비청년 생활실태 전수조사는 관내 거주하고 있는 보호종료아동 대면 상담, 정보 현행화 등 개별 자립실태 현황을 파악하는 것입니다. 이를 통해 자립준비 청년에 대한 지속적인 지지체계와 자원연계, 사후관리를 강화하여 보호종료아동이 성공적으로 지역사회에 안착할 수 있도록 지원하고 있습니다.

자립을 준비하는 청년들에게 필요한 모든 부분을 전적으로 지원할 수 있다면 좋겠지만 여전히 부족한 점이 많습니다. 자립정착금, 임대주택, 대학등록금 지원 등 다양한 정책에도 불구하고 자립준비 청년들의 낮은 대학 진학률과 높은 실업률, 불안 · 우울증 등 정서적 상태도 취약한 것이 사실입니다. 아이들은 함께 고민을 나누고 정서적으로 교류하며 일상을 의논할 수 있는 사람이 없는 것이 가장 힘들다고 토로합니다. 이러한 어려움을 해소하기 위해 **서대문구는 자립준비청년의 고립예방과 관계망 형성을 위해 정기소모임을 개최하고 자립정보 공유를 지원하는 '자립플랫폼'이라는 소통공간도 마련하여 운영하고 있습니다.**

Q4. 서대문구의 '영 케어러'(Young Carer)를 소개해 주신다면

2021년 11월 청년 간병인 사건으로 인하여 가족돌봄 청(소)년에 대한 사회적 이슈가 부각되면서 미래를 준비할 시기의 청년들이 가족 부양 부담을 떠안아 빈곤의 악순환에 빠지는 가족돌봄 청(소)년에 대한 사회적 문제의식이 증가하였습니다. 국내에서는 가족돌봄 청년에 대한 법적 정의, 지원근거, 현황 등이 전무한 상황에서 서대문구에서는 이들을 책임지고 가족돌봄 청(소)년의 안전한 돌봄사회를 실현하기 위해 다양한 노력을 하였습니다.

서대문구는 **전국 최초로 가족돌봄 청(소)년 발굴조사 및 지원계획을 21년 11월에 수립 시행**하였으며, 학교·병원 등 민관협력을 통한 가족돌봄청년 발굴조사 및 홍보 등 인식제고 노력, 간병가구 보건복지 통합서비스 매뉴얼 제작·배포, 가족돌봄청년 위기지원 및 마음돌봄키트 지원사업 등 **구 특화사업을 개발하여 추진**하였습니다. 또한 조사·신고를 통해 발굴된 가족돌봄 청(소)년에게 맞춤형 서비스를 제공하기 위한 예산편성, 맞춤형 보건복지 서비스 시행 등의 내용을 담은 **가족돌봄 청소년, 청년 지원 조례를 제정하였습니다.**

가족돌봄청년 지원을 위해 **보건복지부 일상돌봄서비스 사업 공모 수행지역으로 서울에서는 서대문구가 유일하게 선정되어 서비스를 제공**하고 있습니다. 서대문구에서 추진하는 일상돌봄서비스는 돌봄이 필요한 가족을 돌보거나 이로 인해 생계를 책임지고 있는 **가족돌봄청(소)년에게 돌봄·가사·식사·영양관리, 병원동행, 심리지원, 간병교육, 독립생활서비스 등을 통합 제공하여 일상생활의 어려움을 해소하는 서비스**로 가족돌봄 청(소)년의 통합적 서비스 제공을 통해 삶의 질 향상을 기대하고 있습니다.

Q5. 서대문구가 추진하고 있는 행복 100% 인생케어에는 어떤 사업들이 있는지 궁금합니다.

인생케어서비스는 저출생, 고령화, 사회적 고립 등 사회환경 변화에 따른 복지수요에 적극 대응하고 출산부터 노후까지 전 구민 모두에게 행복한 복지서비스를 제공하기 위한 서대문구의 새로운 복지정책입니다.

작년 7월 민선8기 서대문구청장으로 취임하면서 구성했던 '서대문 행복 100% 추진단'에 사회복지와 보건의료 분야의 학계, 현장 전문가 등 15명의 외부전문가와 구청의 9개 부서 직원들로 구성한 '인생케어TF'를 배치하고 3개월간의 심도 있는 논의를 통해 생애주기별 인생케어서비스 종합계획인 '서대문 행복100% 인생케어 추진계획'을 수립하였습니다. 민·관이 함께 머리를 맞대고 복지정책 과제를 도출했다는 점에서 그 의미가 크다고 할 수 있습니다.

인생케어 종합계획은 ❶ 출생부터 노후까지 평생 동행 복지, ❷ 누구든 언제든 원스톱 맞춤 복지,

❸ 전 구민 인생케어 기반 구축이라는 3대 전략목표 아래 9개 정책과제와 51개 핵심사업으로 구성되었습니다. 전체 핵심사업은 '누구든 언제든 평생 동행복지 서대문'이라는 비전 아래, 복지에 대한 다양한 구민의 수요를 반영한 '전 생애 맞춤형 인생케어서비스'라는 틀에서 사회보장 분야 전반을 아우르며 유기적이고 촘촘하게 지원할 수 있도록 재설계되었습니다.

대표적인 사업들을 설명드리자면, 임신부터 출산까지 저출생 대응을 위해 서대문구 공공산후조리원을 개원하여 합리적인 비용으로 안전한 산후조리서비스를 제공하고, 임신축하금을 지원합니다. 안전한 방과 후 초등돌봄서비스 제공으로 지역 내 건강한 성장 버팀목 역할을 하고있는 우리동네키움센터를 동별 1개소 확대설치를 목표로 추진 중에 있습니다.

전국 최초로 추진하여 성과를 내고 있는 가족돌봄청년·청소년(영케어러) 지원 및 시설보호아동 자립체험 주택 운영 정책도 인생케어서비스의 대표적인 사업입니다. 자립능력을 키워 미래를 준비해야 하는 청년과 청소년들이 꿈을 펼쳐나갈 수 있도록 지원합니다. 영케어러 지원사업은 행정안전부 주관 '적극행정 사례'로도 선정되었습니다.

고령화 사회에 대비하기 위해서는, 돌봄이 필요한 어르신을 위한 구립데이케어센터를 확충하고, 사회활동이 가능한 어르신에 대한 다양하고 실용적인 일자리 개발 및 확대를 위해 시니어클럽 운영 지원을 확대하였습니다.

인생케어서비스는 구민의 입장에서 체감도 높은 인생케어 정책을 실현해 나갈 것이며, 촘촘한 복지 안전망 구축과 생애주기 전반을 돌보는 서비스로 지속적으로 확대 추진해 나감으로써 구민 행복을 최우선으로 생각하는 행복100% 서대문을 구현하고자 합니다.

2023 전국기초단체장 매니페스토 우수사례
인구구조변화 대응 | **부산 남구**

노인 고독사 예방을 위한
사회안전망 확대

독거노인. 홀로 거주하는 노인을 말한다. 노인 소외계층의 대명사처럼 쓰이던 독거노인이란 표현은 이제 거의 사라졌다. 세대별 1인 가구는 29세 이상(18.8%), 70세 이상(18.1%), 30대(17.1%), 60대(16.6%), 50대(15.5%), 40대(13.3%) 순이다. 전 연령층에 고르게 분포할 정도로 지배적인 가구 형태이다.

광역지방자치단체별로 볼 때 부산은 경기, 서울에 이어 세 번째로 1인 가구 비중이 높고, 60대 이상 1인 가구 비중도 마찬가지다. 전국 평균 1인 가구의 연간 소득은 평균 2,691만원으로 집계됐고 전체 가구 대비 주거비 비중이 높다. 1인 가구 중 '몸이 아플 때 집안일을 도와 줄 사람이 있다'는 응답은 67.7%, '도움 받을 사람이 없다'는 응답은 32.3%였다. 1인 가구는 '우울할 때 도움 받을 사람이 없다'는 응답도 26.3%나 됐다. 2025년에는 4명 중 1명이 '빈 둥지 노인'의 입장에 처할 수 있다는 자료도 있다. 고령화로 인해 2005년 17.5%였던 70세 이상 1인 가구 비율이 2050년에는 42.9%까지 증가할 전망이다.

부산시 1인 가구는 2017년 28.4%를 차지하던 비율이 2021년에는 33.7%로 증가했다. 이는 전국 평균 32.5%를 웃돌고, 경제협력개발기구(OECD) 주요국 1인 가구 평균인 15%보다 월등히 높다. 부산시 1인 가구의 73%는 연소득 3,000만원 미만이다. 부산 시민 4명 중 1명이 노인 1인 가구라고 한다. 인구구조 변화로 인한 노인 1인 가구에 대한 사회적 안전망 구축은 지금도, 앞으로도 중요한 의제다.

위기에 직면한 1인 가구는 스스로를 드러내기를 어려워한다. 지역사회에서 위기에 처한 1인 가구를 발굴하고 지원해야 한다. 부산 남구는 고독사 예방을 위한 사회안전망 구축을 위해 위기가구 발굴, 돌봄 강화 및 스마트 돌봄체계 구축, 사회관계망 강화 및 고독사 사후관리라는 프로세스로 접근하고 있다.

우선, 역량 있는 개인들과 유관기관을 연결해 사회적 고립가구 발굴에 나선다. 지역사회보장협의체 위원·복지통장 등 지역의 인적 네트워크 2,562명을 「우리동네 촘촘복지단」으로 묶고, 교육청·경찰서·소방서·우체국 등 관내 유관기관 33개소와 「복지 네트워크 협약」을 체결해 위기가구를 신속히 발굴하고 지원하는 시스템을 구축했다. 씨줄과 날줄로 직물을 짜듯 촘촘한 복지망을 만드는 과정이다. 여기에 2023년 2월에는 부산시 최초로 「부산광역시 남구 위기가구 신고 포상금 지급 조례」를 제정해 위기 가구 발굴에 대한 인센티브로 뒷받침하고 있다.

또한, 관내 민·관·학 173개 기관과 「온 희망 울타리 네트워크」를 구축하고, 복지사각지대 해소를 위한 상시 발굴 체계 구축 및 복지자원 발굴·공유 등을 통해 돌봄 강화에 나선다.

2023년부터는 지역사회 민·관협력 지원 강화를 통한 통합돌봄 지원체계 구축을 위해 관내 복지관과 동 행정복지센터 등에 원스톱 통합돌봄 창구 22개소를 설치, 운영하며, 가사돌봄, 식사지원, 일상돌봄서비스 등 4개분야 13개 사업을 추

진하여 어르신 밀착 돌봄 서비스를 제공하고 있다.

부산시에서 최초로 12명의 시니어 컨설턴트를 5개 동 행정복지센터에 배치해 주 1회 안부 확인, 말벗 되기, 소소한 수선 지원, 건강음료 지원을 비롯해 걷기 동아리, 웃음교실, 어르신 영화관 등 산책·취미활동을 통한 사회관계망 형성을 지원한다. 이 사업은 남구 시니어클럽과의 협력사업으로 시니어돌봄 서포터즈 참여자들에게는 노인 일자리를 제공하고, 시니어 컨설턴트의 지원을 받은 이들에게는 심리적 안정감 등을 주고 있다.

남구의 노인 돌봄사업은 주민 참여로 꽃 피우고 있다. 남구의 공동모금사업인 '오륙도 5,600원 희망 나눔'을 통해 노인 1인 가구별로 필요한 맞춤형 사업을 진행한다. '오륙도 5,600원 희망 나눔' 사업은 2016년 시작한 사업으로 2023년 현재 누적모금액 723백만원을 모금 했고, 2022년 55개 사업에 110백만원, 2023년 71개 사업에 139백만원을 집행한다. 각 동별로 그 동의 상황에 맞는 사업을 발굴해 집행하며, 구체적인 내용을 보면 거동이 불편한 노인 가구, 장애인 가구 등에 스마트 전등 리모컨 설치 지원, 주거환경 개선 및 어르신 유동식 지원사업, 치매어르신 약달력 지원사업, 식사 해결이 어려운 가구에 대해서는 밑반찬 지원사업 등이 이루어진다.

노인 1인가구의 고독사 문제는 스마트 돌봄 체계 구축을 통해 대응하고 있다. KT biz say 서비스를 연계한 「365일 스마트 희망시그널 사업」은 고독사 위험 가구 2,000세대에 주3회 안부 확인을 하고 있고, 400가구를 대상으로 도시가스 검침값 및 센서 데이터 등을 활용한 「비대면 Iot 고독사 예방체계 구축 사업」을 통해 실시간 안부 확인도 가능하다. '오륙도 5,600원 희망 나눔' 연계사업으로 사례관리 대상 105가구의 가정 내에 스마트 돌봄 플러그(Save the life)를 설치해 안부를 확인한다. 노인 뿐 아니라 중장년 고독사 고위험군 50가구를 발굴해 스마트 센서를 활용한 24시간 홈&헬스케어 서비스를 제공하고 있다.

또한, 남구는 1인가구 전수조사를 통해 청장년 고립가구 24가구를 발굴해 관내 복지관 2개소와 협력으로 요리수업, 정리수납, 마음건강 프로그램 등을 진행해 호응을 얻고 있다. 저소득층 중장년 1인가구를 대상으로 ㈜한국야쿠르트 부산지점과 복지사각지대 발굴 및 지원 업무 협약을 체결하고 위험군 85명을 대상으로 ㈜hy프레쉬 매니저가 주2회 방문, 밀키트를 지원하고 안부를 확인하고 있다. 이외에 2022년 10월 「부산광역시 남구 공영장례 지원에 관한 조례」를 제정해 무연고 사망자 등의 공영장례 외 유품 정리도 지원하고 있다.

인터뷰 Interview

남구청장
오은택

Q1. 요즘 들어 고독사를 신(新)복지사각지대라 부르며 선제적인 복지정책 추진이 필요하다는 지적이 우세한데요, 고독사의 주요 원인은 어디에 있다고 생각하십니까?

최근 고독사 증가 현상에는 다양하고 복합적인 원인이 작용했을 거라고 생각됩니다. 그 중 대표적인 것이 저출산, 고령화 등 사회구조의 변화와 더불어 실직, 휴폐업, 질병, 소득 상실 등으로 인한 1인 가구 증가입니다. 1인 가구는 다인 가구에 비해 주거와 일자리가 취약하고 사회적 관계의 폭이 좁습니다. 특히 이혼이나 실직 등으로 혼자 살게 된 비자발적 1인 가구의 경우 고독사에 더 취약하다고 생각됩니다.

Q2. 고독사 문제에 대응하기 위해서는 대상자의 발굴, 주민의 참여, 맞춤형 서비스 지원이라는 요소들이 유기적으로 작동되어야 한다는 점에서 부산 남구의 고독사 예방을 위한 사회안전망 확대 사례가 주목을 받았는데요, 남구만의 특징이 있다면 무엇일까요.

우리 남구는 고독생이 고독사로 이어짐 없는 행복한 남구를 만들기 위해 주변과 단절된 채 고립된 삶을 사는 고독생을 찾고, 돕고, 살피고, 나아가 고인의 마지막을 배웅하고 존엄이 유지되도록 "5개 분야 28개 사업"을 추진하고 있습니다.

지역적 특성상 1인 가구 중 청년 가구의 비중(35%)이 큰 비중을 차지하고 있고 더 이상 고독사가 노인세대의 문제가 아님에 따라, 2022년 10월「부산광역시 남구 고독사 예방 및 사회적 고립가구 지원에 관한 조례」를 개정해 지원 대상 연령을 폐지하여 "청년, 중장년, 노년의 생애주기별 맞춤형 돌봄"을 실시하고 있습니다.

또한 주민들의 이웃에 대한 관심 유도를 통한 복지위기가구 발굴 활성화를 위해 2023년 2월「부산광역시 남구 위기가구 신고 포상금 지급 조례」를 제정하여 도움이 필요한 주민을 발굴한 주민에게 건당 5만원 상당의 신고포상금을 지급하고 있습니다.

자칫 소외될 수 있는 중장년들의 고독사 예방을 위해 1인 가구 밀키트 지원사업. 중장년 활력up-빛나는 솔로 등 다양한 특화사업을 추진하고 있으며, 최근 증가하고 있는 무연고 사망자의 사후복지를 위해 2022년 10월 「부산광역시 남구 공영장례 지원에 관한 조례」를 제정하여 전용빈소, 장례의식, 화장 및 봉안 등 장례서비스를 지원하여 고인의 마지막 가시는 길 쓸쓸하지 않도록 공영장례를 지원하고, 고인의 삶이 잘 마무리 될 수 있도록 지원하고 남겨진 유품 등으로 인한 임대인과 이웃의 불편과 트라우마를 최소화하기 위해 유품정리와 특수청소를 지원하고 있습니다.

Q3. 부산 남구의 '시니어 돌봄 서포터즈'사업은 어떤 사업인지요.

'시니어 돌봄 서포터즈'는 남구시니어클럽 노인일자리 사업과 연계한 사업으로 2021년 대연1동에서 처음 시행했습니다. 시니어 돌봄 서포터즈 참여 어르신에게는 안정적인 일자리와 사회공헌의 기회를 제공하고 돌봄 대상자에게는 심리적인 안정감을 제공하는 등 큰 호응을 얻어 2023년부터는 5개동(용호1동, 용호2동, 용호3동, 대연1동, 감만2동)에서 총 12명의 시니어 돌봄 서포터즈가 활동하고 있습니다.

지역정보나 지리에 밝으신 65세 이상 어르신으로 구성된 '시니어 돌봄 서포터즈'는 매주 1회 이상 전화나 방문으로 고독사 위험 가구의 안부를 확인하고 고립 가구의 고독감과 외로움을 해소할 수 있도록 걷기동아리 운영 등 사회적 관계망 형성사업에도 적극적으로 참여하고 있습니다.

Q4. 남구는 4개 대학이 집중된 비교적 젊은 지역입니다. 부산 남구의 특화된 청년 고독사 예방사업은 무엇이 있는지요.

대학가에 청년들의 소통 교류 활성화를 위해 공유주방, 회의실, 교육시설을 갖춘 공유공간인 "청년창조발전소"와 "공간숲"을 조성하여, 취업, 창업, 역량강화, 자립기반 지원 뿐 아니라 반려식물 화분만들기, 호신술 체험, 정리수납 교육 등 다양한 1인 가구 일상생활 플러스 프로그램을 운영하고 있습니다.

청년 고독사의 경우 극단적 선택의 경우가 많아 청년들의 심리·정서 지원을 위한 "전문심리상담지원사업"과 "청년마음건강 캠페인"을 실시하고 또한 청년개발과 경제지원을 위해 "자격시험 응시료"와 "자기계발 도서구입비"도 지원하고 있습니다.

이러한 노력으로 청년친화헌정대상 기초자치단체 부문에서는 부산 남구청이 3년 연속대상 수상의 영광을 차지했습니다.

Q5. '고독사예방 공모사업 Save the Life' 톡톡 콘서트를 개최하셨는데요, 소개를 부탁드립니다.

우리 남구는 2016년부터 연2회 정기적으로 주민 작은 토론회인 "복지 톡톡 콘서트"를 개최하고 있습니다. "복지 톡톡 콘서트"는 주민들이 스스로 복지사각지대 발굴 및 고독사 예방 등 마을 현안문제를 발굴하고 해결 방안을 논의하는 장으로 자리매김하고 있습니다.

대표적으로 2016년 11월 개최된 '복지 톡톡 콘서트'에서 커피 한 잔 값으로 지역사회에 의미있는 일을 해보자는 주민들의 아이디어로 지역사회보장협의체 주관 모금 나눔 사업인 '오륙도 5,600원 희망나눔 사업'이 시작되었습니다.

그리고, 현재까지 누적 모금액은 723백만원에 달하며, 모금액으로 남구 17개동에서 각각의 특성에 맞는 66개의 다양한 특화사업을 추진하고 있습니다.

이밖에도 "복지 톡톡 콘서트"에서 주민들이 직접 발굴하고 추진중인 대표적인 사업으로 '수퍼맘 돌보미 사업', '약 달력 지원사업' 등이 있습니다.

2023년에는 지역사회보장협의체 활성화 부산사회복지공동모금회 공모에 선정된 고독사 예방사업 'Save the life'를 주제로 '복지 톡톡 콘서트'를 개최하여 사업 설명과 더불어 고독사를 넘어 고독생 예방을 위한 민·관 협력 활성화 방안, 인적안전망의 역할 등에 대해 토론하고 다양한 목소리를 듣고 의견을 수렴하는 시간을 가졌습니다.

2023 전국기초단체장 매니페스토 우수사례
인구구조변화 대응 | 광주 광산구

『지역 안에서 건강한 광산 시민의 삶』, 100세 시대 커뮤니티 헬스케어

우리에게 주어진 하나의 과제가 있다고 가정해 보자. 한 그룹은 당면 과제 해결에 몰두하고, 다른 그룹은 당면 문제가 품고 있는 파생가능한 문제점까지 숙의해 가면서 대응방안을 검토한다면 어느 그룹에게 미래가 있을까?

광주광역시 광산구의 100세 시대 커뮤니티 헬스케어 사례를 후자라고 단언할 수 있다. 국내 지방자치단체들이 인구구조변화에 대응하기 위해 다양한 고민과 실천사업을 펼치고 있지만 광산구만큼 선제적으로 접근하는 곳은 보기 힘들다. 광산구의 100세 시대 커뮤니티 헬스케어는 모듈형 지역사회복지 안전망이다. 기존 의료·돌봄서비스를 기본하되, 민관협력 모델을 구축해 행정에서 놓치는 사각지대에 틈새돌봄을 제공한다. 취약계층 밀집지역에서 출발한 사회서비스를 사례와 성과를 종합해 지역사회 전체로 확장하여 광산형 통합돌봄으로 추진한다. 여기에 100세 시대를 앞두고 전 지역사회에 혜택이 돌아가는 예방적 헬스케어와 사회적 처방까지 나가고 있다.

광산구는 단계별로 보편적 통합돌봄 확대를 추진해 왔다. 2020년에는 전국 최초 영구임대아파트 생활실태 전수조사를 실시한다. 조사한 결과, 고령비율 및 1인 가구 비율이 높고, 고립감과 건강상의 어려움을 겪는 것을 확인했다. 전수조사를 토대로 2021년에는 분야별로 민관협업 기반 프로젝트를 추진한다. 전국 최초 민관협력 광주사회의료복지사회적협동조합을 설립하고, 광산구 영구임대아파트 입주민을 지원하는 조례도 제정한다. 특히, 마을 중심의 의사-간호사-작업치료사-치위생사-사회복지사 등이 의료복지 네트워크를 구축해 영구임대아파트 주민들을 직접 방문해 포괄진단을 한 후 의료·돌봄서비스와 연계한다. 우산권역 중심 돌봄이 필요한 대상자에게 방문진료서비스, 방문재활서비스, 영양지원서비스 등 지역사회통합돌봄(커뮤니티케어) 사업도 추진한다. 이 사업은 광주의료복지사회적협동조합이 중간거점 역할을 한다. 협동조합은 마을건강센터를 위탁운영하며, 건강약자의 병원이나 약국 이용 등 전과정을 동행해 케어하는 휴블런스 사업도 맡는다. 호남대 간호학과와 협약을 체결해 장기입원 중인 수급권자와 산책, 자연보호활동을 함께하며 건강관계망도 구축한다.

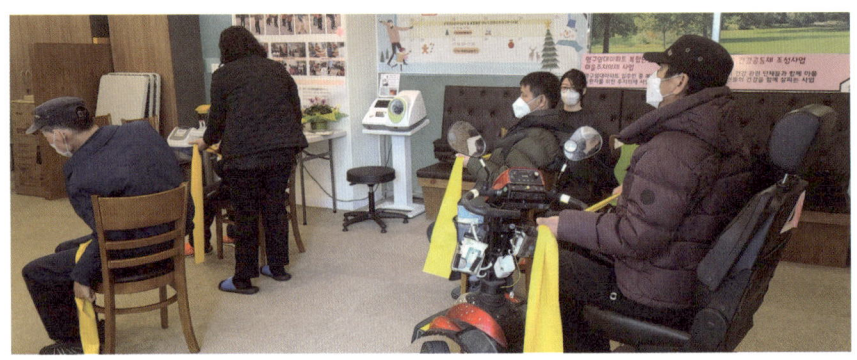

돌봄영역은 이웃이 이웃을 살피는 사회돌봄사업으로 확대한다. 전국 최초로 사회활동 촉진수당을 신설하는데 대상은 영구임대 아파트 거주자 중 관계 단절로 우울증을 앓거나 은둔형 1인 가구다. 이들을 여러 가지 사회참여활동(인문학·안전교육 등 마을교육형, 마을순찰·환경정화 등 마을정비형, 이웃돌봄활동과 같은 마을봉사형)에 참여하게 하고 활동에 따라 5,000포인트씩 적립해 1인당 월 최대 50,000원까지 온누리상품권을 지급한다. 월평균 250명이 참여할 정도로 호응이 좋다. 복지관 유휴공간을 활용해 홀로 식사하는 어르신, 장애인 등에게 식사를 제공하는 마을 저녁밥카페, 영구임대아파트 라인별, 동별 이웃지기와 골목대장을 모아 세대방문을 하며 이웃 보살피는 사회돌봄활동, 광산구·고려대의

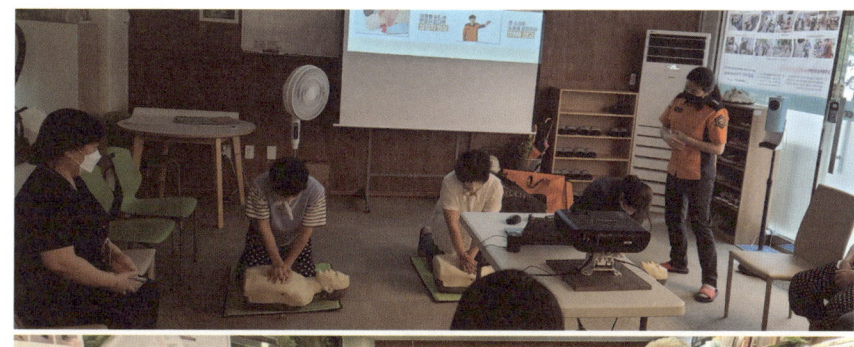

료원·광주의료복지사회적협동조합이 협업해 AI 스마트 기기로 건강관리와 휴먼케어 서비스를 제공하는 광산형 융합돌봄(AI 스마트 돌봄 서비스 등으로 구체화한다.

이런 성과를 집약해 광주+ 광산형 통합돌봄으로 확장한다. 우산동 영구임대주택 주민들을 대상으로 시작한 의료·돌봄 통합서비스는 2023년 4월부터 돌봄이 필요한 1,700여명을 대상으로 생애주기 통합돌봄서비스망을 구축해 나간다. 주요 내용은 기존돌봄+틈새7대돌봄(①가사 지원 ②식사 지원 ③동행 지원 ④ 건강 지원 ⑤안전 지원 ⑥주거 편의 ⑦일시보호)+광산구 특화사업(①휴블런스 ②재택건강지원(구강, 방문간호) ③ 틈새돌봄 ④서비스 채움)이다. 광산형 통합돌봄 사업은 제공기관 10개소와 협력기관 3개소 등 총 13개소와 상생협력을 체결하고 통합돌봄서비스 연계를 통해 돌봄 공백을 해소하고 확장된 서비스망을 구축하고 있다.

이제는 광산구 지역사회 전체를 아우르는 지역 중심 의료·돌봄 시스템 구축이다. 지역중심 건강관리소인 '헬스케어 실증센터'를 구축해 전계층을 아우르는 자가건강환경을 조성하는 단계다. 관내 의료-돌봄이 연계된 예방적 건강관리 필요대상자에게 최첨단 AI 장비를 통해 헬스케어 서비스를 제공한다. 실증장비를 이용해 비만도와 같은 건강상태를 파악한 후 결과에 맞게 운동처방, 식단설계 등의 연계 프로그램을 제공한다. 운동처방은 지역내 헬스장, 운동시설 등과 연계하게 된다. 이후 실증장비를 통해 신체변화도를 측정하는 프로세스다. 건강관리소 구축을 위해 특별교부금 8억4천만 원을 확보한 상태다.

여기에 그치지 않고 의학적 접근을 넘어 비의료적 처방을 하는 〈사회적처방 지원 네트워크〉 사업도 준비하고 있다. 사회적 처방이 필요한 주민을 발굴해 의학적 행위를 넘어 환자의 여건에 따라 사회복지사, 상담사, 자원봉사자 등의 다양한 사회서비스와 연결하자는 구상이다. 사회적 처방네트워크는 의료기관을 비롯해 호남대학교, 광주지역문제해결 플랫폼, 한국마이크로 로봇 연구원, 복지관 등이 참여하고 있다.

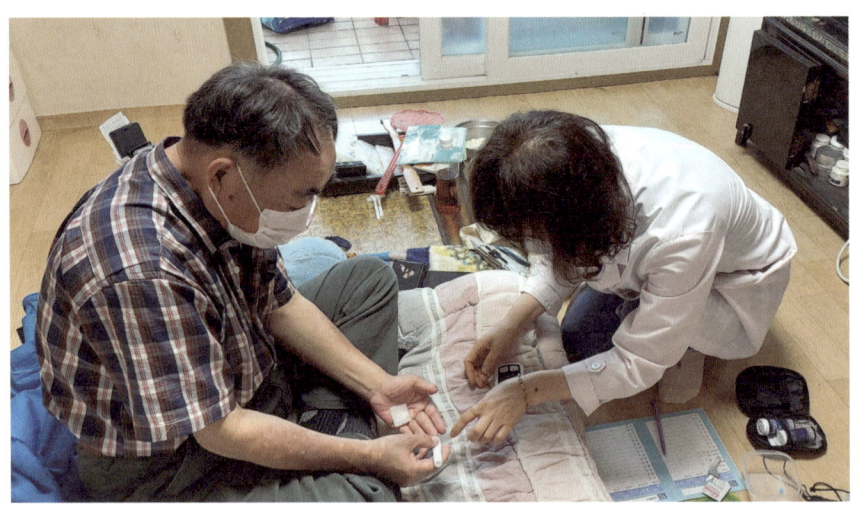

인터뷰 Interview

광산구청장

박 병 규

Q1. 광산구의 '100세 시대 커뮤니티 헬스케어' 사업 특징은 무엇입니까.

유엔의 분류 기준에 따르면, 고령화사회는 65세 이상 인구가 전체 인구의 7% 이상을 차지하는 사회를 의미합니다. 우리나라는 2000년에 고령화사회에 진입하였고, 17년이 지난 2017년에는 고령사회로 진입하였습니다. 이는 65세 이상 인구의 증가 비율이 전체 인구 증가에 비해 상대적으로 빠르게 증가하고 있음을 나타냅니다. 일본보다도 7년이라는 시간을 앞당겨 고령사회에 진입한 것은 우리나라의 고령화 속도가 빠르다는 것을 의미합니다.

또한, 통계청은 2025년에 고령인구 비율이 20%를 초과하여 초고령사회로 진입할 것으로 예상하고 있습니다. 이는 인구구조의 고령화가 더욱 심화되어 심각한 사회 문제로 부각되고 있음을 나타냅니다.

이에 광산구는 인구변화에 선제적인 대응을 위해 지역사회와 함께 고령인구에 대한 건강관리, 복지지원, 사회적 참여 기회 제공 등 다양한 정책과 프로그램을 추진함으로써 모든 시민이 건강하고 행복한 삶을 영위할 수 있는 사회안전망을 구축하고 있습니다.

특히, 광산구에서 추진하고 있는 "100세 시대 커뮤니티 헬스케어" 사업은 고령사회는 피할 수 없지만, 자치구의 특성을 반영한 의료와 돌봄의 공급체계를 촘촘하게 마련하는 선제적인 노력입니다. 이 사업은 내가 살고 있는 지역에서 행복한 노년을 살아갈 수 있도록 지역사회복지 안전망을 구축하고, 의료. 돌봄 서비스를 기본으로 하되, 민관 협력 모델을 구축하여, 행정에서 놓칠 수 있는 사각지대까지 틈새 돌봄을 제공함으로써, 인구구조변화에 대응하여 고령사회로 가는 시민의 질병이나 노쇠의 진입을 최대한 늦춰 건강하게 생활할 수 있도록 돕는 것입니다.

Q2. 광산구의 보편적 통합돌봄은 초고령화 사회에 경제적 형편 여부가 아닌 돌봄 필요에 의해서 결정되는 것에 주목을 받고 있습니다. 이와 같은 정책이 필요한 이유

는 무엇이라고 생각하시는지요.

광산구의 '100세 시대 커뮤니티 헬스케어사업'은 행정, 지역주민 및 19개의 공공·민간 협력 기관이 협력하여 단계별로 진행된 숙의 과정을 통해 구현된 보편적 통합돌봄의 결과물입니다.

먼저, 1단계로는 3,384세대 영구임대아파트 밀집 지역에 깊숙이 스며들어 복지대상자에게 다가가 묻고 듣는 설문 조사를 시작으로, 저소득 밀집 지역인 우산동의 저소득 대상에 한정하여 돌봄, 일자리, 주거, 의료, 공동체 등 5개 영역으로 돌봄의 기본 틀을 세웠습니다.

2단계로는 민관 협업을 통해 돌봄, 일자리, 주거, 의료, 공동체 분야에서 저소득 주민을 위한 돌봄 서비스를 추진하게 됩니다.

2년 동안 사업을 추진하면서 행정과 현장 활동가, 그리고 대상이 된 시민 등 모두에게 만족할 만한 변화와 성과를 이뤄냈습니다. 이를 통해 우리는 공동체가 다시 살아나고 있음을 확인할 수 있었습니다. 이러한 성과로 우리는 '22년 행안부 지방자치대전 대상과 국민정책디자인 성과대회 최우수상을 수상하게 되었습니다.

3단계로 광산구는 영구임대아파트가 있는 우산동을 중심으로 돌봄사업을 추진하면서, 시민 누구나, 필요한 시기에, 내가 살고 있는 집에서 돌봄을 받을 수 있는 방법은 없는지 고민하기 시작했습니다. 그리고 시민들의 보편적 돌봄 욕구에 대응하는 것이 자치구가 추구해야 할 복지 철학이라는 확신도 갖게 되었습니다.

돌봄사업을 보다 촘촘하게 뿌리내릴 수 있도록 區에는 전담 조직인 통합돌봄과를 신설하였고, 洞에는 통합돌봄 창구를 마련하는 등 행정조직에 돌봄의 기능을 강화하였습니다. 이를 통해 2023년 4월부터는 우산동 중심으로 추진되던 통합돌봄 사업을 광산구 21개 동 전 지역으로 확대하였고, 예산 확보는 물론, 돌봄서비스도 5개에서 11개로 확장하게 되었습니다.

4단계는 그동안의 돌봄사업에 만족하지 않고, 광산구는 시민들이 스스로 건강관리를 할 수 있도록 자가 건강환경 체계를 구축하는 건강관리소를 설립하고, 건강활동가를 양성시켜 운동과 식사, 사회적 관계를 포괄하는 처방을 통해 질병의 진행을 완화하고 건강을 회복할 수 있도록 지원합니다. 광산구의 이러한 노력은 100세 시대를 맞이하는 예방적 돌봄의 모범사례가 될 것이라고 확신합니다.

인구구조의 변화와 초고령화 시대의 진입을 앞둔 이 시기에는 돌봄사업이 선별적이 아닌 보편적으로 제공되어야 하며, 또한 예방적 헬스케어로 연결되는 지역사회복지 안전망 구축이 선제적으로 준비되어야 하는 시기입니다.

Q3. 기업과 지역사회보장협의회 등이 참여하는 '선한기업 100+'은 어떤 일을 하는 조직이며, '선한기업 100+'이 추진하는 'SG 꿈드림 프로젝트'는 무엇인지요.

선한기업 100+ 원탁회의는 지역 내 기업인들이 뜻을 모아 사회적 단절로 인한 고독사 및 복지사각지대 발굴·지원하여 사회공헌활동에 앞장서는 민·관·산·학 협력단체*입니다.
 *참여기관: 구 지사협, 동 행정복지센터, 복지기관, 중소기업, 호남대, 투게더광산 나눔문화재단
5G 꿈드림 프로젝트는 선한기업100+원탁회의가 추진하는 사업명이며 첫 번째 사업으로 사회적 고립가구 돌봄체계 구축을 위한 1313이웃살핌 사업을 추진 중입니다.
1313이웃살핌 사업은 이웃지기 1명에 위기가구 3세대, 위기가구 1세대에 이웃 단짝 3명을 매칭하여 사회적 고립가구를 발굴·지원하는 사업입니다.
사회적 고립 위기 수준이 높은 고위험군 집중 거주지역 12개 동을 대상으로 이웃살핌 활동에 참여할 주민들을 모집하고 교육을 실시 한 후 사회적 고립가구에게 안부살핌, 서비스 연계 등을 지원하는 통합적 이웃 관계망 사업이라고 할 수 있습니다.

Q4. 마을밥 카페는 어떤 방식으로 운영되고 있나요.

광산구 우산동에는 전국 일곱 번째로 큰 규모의 영구임대아파트 2개 단지가 있으며, 각 단지에는 종합사회복지관이 1개씩 있어 입주민들의 커뮤니티 공간으로 자리 잡고 있습니다.
영구임대아파트 입주민들의 복지 욕구를 파악하면서, 입주민의 70%가 1인 가구로 구성되어 있으며, 이중 홀로 생활하는 남성 노인과 만성질환을 가진 중장년층 대부분이 저녁 식사 문제에 대해 고민하고 있음을 확인했습니다.
이에 점심시간에만 이용하는 복지관의 경로식당을 저녁에는 유휴공간으로 활용할 수 있음을 확인하고 행정에서는 마을밥 카페를 운영할 인력지원과 식자재비를 꾸릴 예산을 지원하고, 복지관에서는 입주민을 대상으로 밥 카페 추진 운영위원회를 구성하고 마을밥 카페를 운영하고 있습니다.
현재는 일 120여 명의 독거노인과 중장년 남성들이 주로 마을 밥 카페를 이용하고 있습니다. 마을밥 카페는 단순히 식사를 제공하는 장소로서의 역할을 넘어서, 이웃들 간의 소통과 연대를 도모하는 역할을 하고 있습니다. 이를 통해 주민들은 서로를 돌보고 챙기는 마음을 나누며, 고독과 사회적 고립에서 벗어나는 기회를 얻고 있습니다.
밥카페 이용자들은 1식에 1,500원의 식비를 지불하고 있으며, 이용자들이 지불한 식비는 밥카페 사업으로 전액 환원되고 있습니다. 이러한 방식은 밥카페를 운영하는 데 필요한 자금을 조달하

면서도 이용자들에게는 일정한 금액을 지불하도록 함으로써, 공짜 밥이라는 사회적 인식을 개선하고자 한 것입니다. 이를 통해 이용자들은 자신의 식사 비용을 부담하면서도 밥카페를 이용할 수 있게 되고, 동시에 밥카페는 지속적인 운영을 위한 자금을 확보할 수 있게 됩니다. 이는 밥카페의 지속적인 운영을 가능하게 하고, 더 많은 사람들이 저렴한 가격으로 식사를 할 수 있도록 도와줍니다.

Q5. 청장님은 좋은 공동체는 노인건강과 빈곤 문제로 고통받지 않아야 된다고 말씀하신 바 있습니다. 이를 위해 향후 계획은 어떤 것들이 있는지요.

저는 우리 광산구가 발전하고 시민들이 행복한 좋은 공동체를 만들고 싶습니다. 좋은 공동체가 만들어지려면 필요한 게 반드시 두 가지입니다.

첫 번째는 노후에 건강이나 빈곤 때문에 걱정하거나 고통받는 사람이 없어야 합니다. 이를 위해 사회임금, 사회안전망 구축이 필요하며, 사회안전망 중 하나가 앞서 설명드린 '100세시대 커뮤니티 헬스케어' 사업입니다.

100세 시대 커뮤니티 헬스케어 사업은 가족과 이웃이 있는 삶의 터전에서 마지막까지 살아가고 싶은 것은 누구나 같은 마음일 것이라는 공감에서 시작했습니다. 지역사회 안에서 함께 살아갈 수 있도록, 의료-돌봄이 연계된 보편적 통합돌봄 시스템을 구축하였으며, 상생을 기반으로 민·관 협업으로 한층 더 촘촘하고 질 높은 서비스를 제공하고 있습니다.

지난 9월에는 (재)광주테크노파크 주관 '2023 라이프로그 건강관리서비스 운영' 사업에 선정되어 총 3년간 8억원으로 최첨단 AI 관리 장비를 활용한 헬스케어서비스를 제공할 수 있게 되었습니다.

두 번째는 좋은 일자리가 많이 만들어져야 합니다. 노인건강과 빈곤 등 지역사회의 문제 해결의 실마리는 일자리에 있기 때문입니다.

좋은 일자리를 만들기 위해 민선8기 광산구는 지속가능 일자리특구 사업을 추진하고 있습니다. 지속가능 일자리특구란 지역별, 직능별 사회적대화로 다양한 층위에서 의견을 나누어 스스로 지속가능한 체계를 만들고 이를 지역 전역으로 확장하는 새로운 일자리 생태계입니다.

전담 부서를 만들어 전문가 토론을 진행하고, 동별·직능별로 시민을 찾아다니며 설명하고 있습니다. 사회적 대화를 위한 제반 여건들을 계속해서 만들어가고 있고, 내년부터는 본격적인 사회적 대화가 광산구에서 만들어질 것입니다. 이를 통해 새로운 지속가능 일자리모델을 정립하고 이를 전국으로 확산시키고자 합니다.

2023
전국기초단체장
매니페스토 우수사례

기후환경

전남 순천시 | 경북 봉화군 | 서울 도봉구 | 광주 남구

2023 전국기초단체장 매니페스토 우수사례
기환완경 | **전남 순천시**

탄소중립 실현도시 순천,
기후변화 대응 새로운 이정표를 세우다

순천시

순천시의 연관검색어는 순천만, 순천만국가정원, 송광사이다.

올해 4월부터 전라남도-순천시가 공동개최하는 2023순천만국제정원박람회도 한창이다.

순천시는 2013년 국제정원박람회 개최하면서 전국적인 명소로 거듭난다. 그 전까만 남도 한 귀퉁이에 자리한 크지 않은 중소도시였다. 전체 면적의 70%가 산림지역이고 경지면적은 20%에 불과한 순천시. 순천시는 세계 5대 연안습지 순천만을 면하고 있다. 순천만은 남북직경 30㎞, 동서직경 22㎞의 거의 원형 형태다. 여수시, 고흥군 권역의 여자만(汝自灣)에 포함된다. 개발연대에는 갯벌을 메워 간척지를 만드는 것이 중요한국 가사업이었지만 갈수록 생태, 기후의 중요성이 부각되면서 순천만의 가치를 재조명할 수 있는 시간이 다가오고 있었다. 문화재청은 2008년 순천만의 뛰어난 생물학적 가치와 수려한 해양생태경관를 인정해 국가지정문화재 명승 제41호로 지정한다. 약 5.4㎢에 달하는 드넓은 갈대 단일 군락지, 칠면초 군락지, S자형 수로 등의 다양한 해양생태경관과 국제보호종인 흑두루미, 검은머리갈매기를 비롯해 황새, 저어새, 민물도요 등 다양한 희귀조류들의 서식지이다. 국제학술지 네이처(Nature)는 연안 갯벌의 생태적 가치는 1ha당 9,900달러로 농경지(92달러) 대비 100배 이상이라고 평가한다. 여기에 심미적, 생태적 가치와 어족자원 등 생산적 가치를 더하면 여전히 저평가되고 있던 원석이었다.

순천시는 세계 5대 연안습지인 순천만의 미래가치를 높이 평가하고, 보존 방안의 필요성을 인식한다. 순천시와 순천만의 거리는 불과 5km다. 도심 확장에 따라 순천만 훼손이 불가피한 상황이었다. 순천만 훼손을 방어할 완충재 즉 에코 벨트(eco-belt)가 필요하다. 순천만국제정원박람회 유치는 이런 의도로 시작된다. 2008년 국제정원박람회 유치를 선언하고, '대한민국 생태수도 순천'을 표방한다.

순천시는 지난 2008년 1월 국내 처음으로 국제정원박람회 개최를 선언함과 동시에 생태와 환경분야를 지역발전의 새로운 성장동력으로 삼는 '대한민국 생태수도 순천'를 표방했다. 중앙정부 승인 절차와 국제예생산자협회(AIPH) 제61차 정기총회에서 2013년 국제정원박람회 개최지로 확정한다. 국제정원박람회 유치 추진 초기에 공무원 사회에서도 반신반의하는 분위기가 많았다고 한다. 뚝심 있는 리더십이 추진을 강행했고, 유치에 성공하면서 생태도시 순천의 위상이 국내적으로도, 국제적으로도 업그레이드된다. 순천만국제박람회 장소는 폐회 후 국가정원 1호로 지정되 관리하고 있다. 그리고 2020년 AIPH 상반기 정기총회에서 전라남도와 순천시가 공동 개최하는 2023순천만국제정원박람회 유치를 최종 승인한다.

    2023순천만국제정원박람회는 순천만습지, 국가정원 및 도심 일대가 행사장소다. 쉽게 말해 순천이라는 도시 전체를 국제정원박람회 장소로 확장한 것이다. 2013년은 순천만습지와 에코벨트인 순천만국가정원을 채우는 형식이었다면,

2023년국제정원박람회는 기후위기 대응-탄소중립 실현의 상징적 공간이자 순천만국가정원-순천만습지에서 도심까지 연결해 도시공간을 새롭게 바꾸는 대규모 프로젝트이다. 기존 순천만국가정원 외에 재해시설 저류지를 활용해 커뮤니티 문화공간으로 조성한 오천그린광장, 세계 최초로 아스팔트 4차선도로를 정원으로 탈바꿈한 그린아일랜드를 새롭게 선보인다. 또 순천만~도심까지 연결되는 유휴농경지 355ha를 8개 구역별 경관정원으로 조성해 6차산업화 추진의 모티브를 제공한다.

    2023순천만국제정원박람회는 2013년 성공적인 개최를 통한 경제적 효과를 넘어서는 탄소중립 실현이 핵심이다. 순천시는 호남 최초로 기후에너지과를 신

설하고 〈일류순천 2040 탄소중립 추진전략〉을 수립한다. 2018년 기준 온실가스 배출량 263만 톤에서 2030년 50% 감축(132만 톤 감축)→2035년 75% 감축(197만 톤 감축)→2040년 탄소중립 실현(263만 톤 감축)이라는 전지구적 위기 대응 프로젝트다. 온실가스 배출 감축은 에너지, 도로수송, 탄소흡수원, 폐기물, 농축산물, 인식전환 등 6개 부분별로 전략을 세워 추진한다. 2023순천만국제정원박람회가 순천시 도시개조 프로젝트인만큼 잔디생산 시범단지를 지원하는 사계절 잔디(2023~2026년), 향료생산기지를 조성하는 향산업(2023~2027년), 정원식물 신품종 육성 및 정원소재를 개발하는 육종산업(2023~2026년) 등 탄소중립 전후방산업을 집중 육성할 계획이다. 순천시에서 빼놓고 언급할 수 없는 여자만 일대를 국립갯벌습지정원으로 조성해 블루카본 사업을 확대한다. 참고로 블루카본이라 불리는 갯벌은 숲보다 탄소흡수량이 3배 많고 속도도 50배나 빠르다. 국립갯벌습지정원이 조성되면 블루카본 생태학교, 바닷새 탐조관, 칠면초 정원 등이 들어서게 된다. 도심은 자전거도로로 정비 및 광역자전거 교통망 구축, 차없는 거리 등 자동차 중심에서 사람 중심으로 재편한다. 친환경 폐기물처리시설에서 열병합발전을 통해 신재생에너지를 만드는 계획이 추진 중이고, 스마트농업 인력 양성 및 시설 구축을 통해 친환경농업도 실현하려 한다. 2023년순천만국제정원박람회를 계기로 탄소중립을 실현하고 지속가능한 내일을 만들어가는 순천시의 미래를 상상해본다.

인터뷰 Interview

순천시장
노 관 규

Q1. 순천시는 대한민국 대표 생태도시이며 생태관광 정책 선도지역입니다. 생태수도를 선언하기까지의 경과를 말씀해 주신다면

지금은 '순천'하면 '정원' 또는 '생태도시'를 떠올리지만 불과 10여 년 전만 해도 '생태'와 '정원'이라는 개념은 자리 잡지 못하였습니다. '생태도시', '정원도시'의 시작은 15년전으로 거슬러 올라갑니다. 순천은 도시가 앞으로 나아갈 방향을 설정하기 위해 외부 용역이 아닌 시장과 공무원이 함께 '희망순천 2020' 중장기 발전계획을 세웠습니다. 순천이라는 도시에 대해 가장 잘 아는 사람은 공무원과 시장이라고 생각했기 때문입니다. 이에 따라 순천의 천혜의 보고인 '순천만'을 보전하며 '생태'를 기반으로 한 도시 발전 전략을 펼치기로 결정하고 2008년 생태수도를 선포하였습니다.

Q2. 순천만 국제 정원박람회 성공의 핵심 요인은 무엇이라고 생각하시나요.

서울시장, 경기도지사, 부산시장 등 전국의 내로라 하는 자치단체장 들이 순천의 정원을 배우기 위해 다녀가고 500여개의 기관과 200개소가 넘는 지자체가 방문하며 성공적이라 평가 받고 있습니다. 저는 도시를 만들어가는 데 있어서 시장의 역할로만은 부족하다고 생각합니다. 시대를 읽고 '상상력을 제시하는 리더', 그것을 실행하는 '지혜로운 공직자', 높은 시선의 '품격높은 시민'의 삼합(三合)이 중요하다고 생각합니다. 이를 실현하기 위해 박람회 조직위원회 인사를 국장인 본부장에게 일임하여 융복합의 조직개편을 하였고 박람회 현장에 시장실을 설치하여 그때그때 빠른 의사결정이 실현될 수 있게 하였습니다. 이와 더불어 순천시 의회에서도 박람회의 성공을 위해 원포인트 예산 편성을 통해 큰 도움을 주셨었습니다. 무엇보다 중요한 것은 도로를 잔디광장으로 바꾸는 등 순천시의 실험적인 정책에 믿고 지지를 보내준 시민분들의 역할이 컸고 시민 분들의 지지가 없었다면 정원박람회는 성공하지 못했을 거라고 생각합니다.

Q3. 2040년 인구 30만 '미래형 생태수도' 조성이라는 2040년 도시기본계획(안)이 공개되었는데요, 어떤 밑그림을 담고 있나요.

2040 도시기본계획은 계획인구 30만명을 달성하고, 자연과 인간이 공존하는 미래형 생태도시를 구현하기 위한 내용을 담고 있습니다. 이를 위한 세부과제로는 ▲정원 속의 도시 ▲대중교통·자전거·보행이 편한 대자보 도시 ▲도시 공간 성장관리 ▲원도심 르네상스 ▲도·농 상생 발전 ▲미래 성장동력 육성 ▲탄소중립 도시 ▲남해안 벨트 중심 도시 등 모두 8개가 있습니다. 도시 공간은 고층·고밀 개발을 추진하는 원도심과 도시 팽창을 추구하는 신도심으로 나눠 도시 공간을 관리하고 원도심은 지역 특성을 고려해 활성화 전략을 추진하고 오래된 주택을 정비해 주거·숙박시설로 탈바꿈할 계획입니다. 청년문화의 중심지가 될 순천대학교 일원과 '복합문화 중심지' 중앙동 일원, '미래 교통수단 중심지' 순천역, '도시정원문화 중심지' 터미널(경전선 부지) 일원 등 4개 구역으로 나눠 개발을 추진할 예정입니다.

Q4. 생태경제도시를 완성해 나가겠다는 말씀을 하셨는데, 생태경제도시란 구체적으로 어떤 도시를 말하는 것인가요.

저는 이번 박람회의 성공이 순천의 도시 브랜드 가치와 위상을 몇 단계는 끌어올렸다고 생각합니다. 이렇게 도시의 위상이 올라가자 순천의 정주여건과 가치를 알아본 기업이 먼저 화답하여 포스코와이드는 리조트, 한화에어로스페이스는 우주발사체 단조립장 설치 등 대기업이 대규모 투자를 결정하게 되었습니다. 정부도 글로컬대학30 예비명단에 순천대학교가 선정되고, 7,000억 규모 국토부 노후거점산단 경쟁력 강화 사업 선정 등 생태가 경제를 이끌어가는 도시의 모습을 선보이고 있다고 생각합니다. 이것은 생태를 보존하고 정원을 세계적 수준에도 뒤처지지 않게 가꾸어 놓으니 순천이 '살기 좋은 도시'라는 '정주여건'이 부각되면서 나타나는 효과라고 생각합니다. 이렇게 생태를 기반으로 정책을 펼쳐나가면서 생태가 경제를 이끄는 도시를 '생태경제도시'라고 저희는 정의합니다. 순천은 여기서 더 나아가 생태에 문화의 옷을 입혀 정원을 무대로 순천을 애니메이션 특화 도시로 만들기 위한 밑그림을 그리고 있습니다.

2023 전국기초단체장 매니페스토 우수사례

기후환경 | **경북 봉화군**

NEW 에너지!
봉화는 지금 NEW 하다.
주민참여기반 녹색에너지로
기후변화 선도

봉화군

경북 봉화는 경상북도 최북단에 있다. 북쪽으로는 강원특별자치도 영월군, 태백시, 삼척시와 접하고 동쪽은 경북 울진군, 서쪽은 경북 영주시, 남쪽은 경북 안동시와 영양군에 둘러싸여 있다. 산지로 둘러싸인 내륙지역이다.

봉화는 계절과 상관없이 경상도에서 가장 추운 지역이다. 빠르게 변화하는 글로벌 흐름에서 한쪽으로 비켜있을 것 같은 봉화군도 기후변화의 영향을 받고 있다. 전국적으로 폭염이 잦았던 시기에도 봉화는 오히려 저온이 심한 지역이 됐다. 2018년경 경상북도 봉화군은 4월에 때아닌 영하 추위가 찾아오고, 갑자기 30도까지 치솟는 이상기후로 인해 과실 냉해 피해를 비롯해 농작물 피해가 발생한다. 이후에도 이상 저온현상은 계속되고 있다.

현재 봉화군은 인구 3만명 선을 사수해 내기 위해 고군분투 중이다. 내륙 산악지역인 봉화군은 산업화 때부터 지속적으로 인구가 감소했고, 저출산 고령화로 지역 소멸 위기에도 봉착해 있다. 농가 절반 이상이 65세 이상이고, 52.2%가 0.5ha 미만의 소규모 농가다. 농축산물 판매액은 연 1천만 원 미만인 농가도 50%가 넘는다. 이상저온현상으로 농업생산성도 하락하고 있다.

봉화군의 고민은 고령화와 소득 감소, 기후위기를 한꺼번에 극복하며 지속가능성을 찾아야 한다는 것이다. 기후위기는 '대응'과 '적응' 두 측면에서 접근하게 된다. 봉화군은 기후위기 '적응'을 통해 고령화 추세와 소득 감소 문제를 해결하고자 한다. 태양광발전, 풍력발전 등 주민참여형 신재생에너지 생산을 통해 지속적인 농가 소득을 올릴 수 있는 기반은 이미 마련된 상태다. 고령화된 농촌에 신

재생에너지 발전소를 설치해 농가 소득을 올리면서 기후위기에도 적응할 수 있다면 마다할 이유가 없지 않은가!

봉화군은 2020년 3월 봉화군 에너지사업기금 설치 및 운용 조례와 올해 6월 봉화군 양수발전소 유치 및 주변지역 지원화 추진위원회 설치 조례를 제정했다. 군민의 소득증대를 위해 에너지사업기금에서 90억 원의 융자지원을 하고, 주민들이 직접 참여하는 협동조합형 태양광발전, 풍력발전도 추진 중이다. 2021~2025년까지 연간 1~2개 읍·면씩 주택이나 축사 등에 보급형 태양광발전 설비를 설치하고 마을 기금을 적립할 수 있는 주민참여형 태양광발전 설치를 지원하고 있다. 그동안 추진실적을 보면 2021년 봉화읍에 총 1,725Kw 규모의 태양광발전소와 186㎡ 용량의 태양열발전소를 설치했고, 2022년에는 물야면, 춘양면에 2,690Kw 규모의 태양광발전소와 150㎡ 용량의 태양열 발전소를, 2023년에는 봉성면, 법전면에 1,288kW 규모의 태양광발전소, 122㎡ 용량의 태양열발전, 595Kw 지열발전소를 설치했다. 2024년에도 명호면과 상운면에 신재생에너지 발전소 설치를 추진하고 있다.

탄소배출을 줄이고 에너지자립을 실현하는 탄소중립 에너지전환마을도 진행하고 있다. 사업 대상지는 봉화읍 적덕2리로 90여 가구가 참여해 LED 조명 교체, LED 보안등 설치, 미니태양광 설치 등이 주요 추진사업이다.

주민들의 소득과 직접적으로 연결되는 사업이 주민참여형 재생에너지 발전이다. 봉화군은 2020년부터 주민들이 녹색에너지협동조합을 설립해 유휴 국공유지에 태양광발전 등 재생에너지발전소를 설치하는 사업을 진행하고 있다. 주민 470여명이 조합원으로 참여하는 협동조합이 현재 공유재산 12개소에 1.2MW급 태양광발전소 5개를 준공해 연간 5~6%의 수익이 기대된다. 2019년부터 봉화군 석포면 석포리 오미산에 58.8MW 풍력발전기 14개를 설치하는 사업을 진행하고 있다. 전국 최초로 석포면 주민 2,044명 전체가 참여하는 사업으로 사업비 1,600억 원 전액 민자사업으로 유치했다. 2023년 10월 준공 예정으로 주민이 1인당 연간 78만원씩, 20년간 총 320억 원의 수익이 창출될 것으로 보고 있다.

재생에너지는 기상여건에 따라 불안정한 발전을 할 수 밖에 없다. 이런 보완책이 양수발전소 건설이다. 양수발전은 심야 전력수요가 적을 때 저렴해지는 전기를 이용해 저수지의 아래쪽 물을 위쪽으로 끌어올려 놓은 후, 전기사용량이 최고시점인 낮에 다시 저수지 아래로 물을 낙하시켜 전기를 생산하는 방식이다. 때마침 산업통상자원부가 제10차 전력수급기본계획(2022~2036년)에서 1.75GW 규모의 신규 양수발전소 2~3개를 추가하겠다고 밝혔다. 양수발전 운영 주체인 한국수력원자력은 양수발전소 건설을 희망하는 지방자치단체의 유치신청서를 받아 적합한 지자체를 선정하게 된다. 한국수력원자력 외에 다른 발전공기업이나 민간발전사들도 양수발전 건설을 추진할 수 있다. 기후위기로 인해 폐쇄하는 석탄발전소의 대체방안 중 하나가 양수발전이기도 하다. 봉화군은 군민 공감대 확산과 의지를 결집하여 양수발전 유치를 위해 적극 노력하고 있다.

봉화군의 주민참여형 녹색에너지 전환 사업은 신재생에너지 기반 확대는 물론 주민들이 직접 참여해 수용성을 높이고 농가소득도 올리는 봉화군의 지속가능한 사업으로 확장되고 있다. 봉화에서 피어오른 new energy가 한국의 탄소감축률 감축 목표를 달성하고, 탄소제로의 지속가능한 내일을 열어가는 내일을 기대해본다.

인터뷰 Interview

봉화군수

박 현 국

Q1. 주민수익형 태양광발전소 건설을 봉화군에서 확대하는 취지가 무엇인지요.

현재 봉화군에서는 2021년 문단1리 태양광발전소를 시작으로 올해 어지1리 태양광발전소까지 총 8개의 주민수익형 태양광발전소를 설치·운영하고 있습니다. 그동안 태양광발전소 건설 대부분은 지역주민이 배제된 채 사업이 추진되고 수익은 사업자가 독점하는 구조였습니다. 그에 반해 공사로 인한 소음 및 도로파손, 농작물 피해, 경관 훼손 등의 문제는 고스란히 마을 주민들이 떠안게 되는 문제가 있었습니다. 그 결과 지역주민과 태양광 발전사업자 간의 갈등이 지속적으로 발생하였습니다.

그러나 주민수익형 태양광발전사업은 주민이 직접 사업 주체가 되어 마을회관이나 창고, 주차장 등 유휴공간에 태양광발전소를 조성하고 이곳에서 생산되는 전력을 판매하는 구조입니다. 발전수익은 마을 공동기금으로 어르신들 효도 관광이나 마을 행사 등에 사용하여 주민 복리증진에 기여하고 있습니다. 즉, 주민수익형 태양광발전사업은 재생에너지 확대로 탄소중립 실현뿐아니라 주민 복리증진에도 기여하는 1석 2조의 사업입니다. 앞으로 봉화군은 더 많은 주민들이 발전사업 혜택을 받을 수 있도록 주민수익형 태양광발전소 건설을 적극 권장하고 홍보하는데 노력을 아끼지 않겠습니다.

Q2. 기업형 대규모 태양광 사업의 문제점과 해결책은.

기업형 대규모 태양광 사업은 대부분 외지 자본 중심으로 추진됩니다. 지역주민은 배제되고 사업이 추진되다 보니 개발에 따른 이익은 고스란히 외지 자본이 가져가고, 공사 중에 발생하는 소음, 산사태, 농작물 피해, 주변 경관 훼손 등은 고스란히 지역주민이 받게 되는 것입니다.
또한 대규모 태양광발전 사업은 전력 계통연계 문제를 발생시킵니다. 대규모 사업자가 지역에서 처리할 수 있는 계통연계 용량의 대부분을 가져가면 소규모 태양광발전을 추진하는 지역주민에게는 용량 부족으로 사업을 하고 싶어도 못하는 문제점이 있습니다.

이에 봉화군에서는 태양광 발전사업을 할 시 지역주민을 참여시켜 주민들에게도 혜택을 주는 사업을 적극 추진하고 있습니다. 군민분양형 태양광 발전사업으로 전체 사업량(발전용량)의 60% 이상을 군민에게 분양하는 경우, 봉화군은 행정절차를 지원하고 기업체는 시공을, 지역주민들은 준공된 발전시설을 분양받아 태양광 발전시설을 소유함으로써 향후 20년 이상 안정적인 소득 창출이 가능해지는 사업입니다.

Q3. 봉화군의 신재생에너지 설비 설치 현황과 향후 계획이 궁금합니다.

봉화군은 개인주택 등에 설치하는 신재생에너지 설비를 제외하고 태양광 676개소 206.5MW, 풍력 1개소 58.8MW규모의 신재생에너지 설비를 설치·운영 중입니다.

대표적으로 군민분양형 태양광발전사업, 오미산 풍력발전사업, 신재생에너지 융복합지원사업을 말씀드리겠습니다.

군민분양형 태양광발전사업은 주민, 기업, 자치단체가 개발이익을 공유하는 사업으로, 봉화읍 화천리에 5.4MW 규모로 설치하였습니다. 전체 발전용량의 60%인 3.3MW를 군민 33명에게 분양하였으며 올해 6월 준공하였습니다.

석포면에서 추진하는 오미산 풍력발전사업은 전국 최초로 면민 전체가 참여하는 신재생에너지 발전모델입니다. 주민참여에 따른 신재생에너지공급인증서(REC) 우대가중치를 얻게 되고, 주민들은 매년 풍력발전을 통해 발생하는 운영수익을 얻는 사업입니다. 총 1,600억원의 사업비가 소요되었고, 58.8MW규모로 올해 10월 준공 예정입니다.

신재생에너지 융복합지원사업은 주택·공공·사업건물이 혼재된 지역과 마을에 태양광, 태양열, 지열 등 신재생에너지 설비를 설치해 에너지자립마을을 구축하는 사업입니다. 봉화군은 2021년 사업부터 2024년 사업까지 4년 연속 공모 선정되어 10개 읍면 중 7개 읍면이 태양광 2,242개소, 태양열 85개소, 지열 104개소 등 신재생에너지 설비를 설치하였습니다. 이를 통해 가정용 신재생에너지 보급은 물론 마을기금 적립을 위한 주민수익형 태양광발전소 설치를 확대하고 있습니다. 앞으로 2025년 공모에 적극 대응하여 남은 석포, 소천, 재산 주민들에게도 혜택도 돌아갈 수 있도록 노력하겠습니다.

아울러 각 마을회관 및 군 유휴부지에도 태양광 등 신재생에너지를 확대하여 탄소중립을 앞당기는데 노력하겠습니다. 또한 에너지사업기금 융자지원사업과 탄소중립 에너지전환마을 조성사업 등 신재생에너지 확대를 위한 정책에 힘을 쏟아 기후위기 대응에 적극 대처하겠습니다.

Q4. 기후변화에 대응한 신소득 작목 발굴 사업을 소개해 주신다면.

지난 5년간 봉화군은 8,352농가 6,206ha의 우박 및 냉해 피해를 입었습니다. 이에 봉화군은 기후변화에 대응하고자 내재해형 비닐하우스 및 신기술 보급사업, 스마트팜 지원, 신소득 작목 발굴 등의 사업을 추진하고 있습니다.

특히 신소득 작목 발굴 분야에서는 지난 2021년부터 2년간 추진한 봉화 딸기 명품화 기반조성 시범사업에 사업비 17억원을 들여 12개소, 2.4ha에 ICT복합환경제어시스템 및 고설재배시설 설치, 육묘시설 설치 등을 지원하였습니다. 이를 통해 기후변화 대응은 물론 병해충 예방, 연작피해 경감, 품질향상 등의 효과를 얻어 농가 소득향상에 기여하고 있습니다. 또한 2024년부터는 3억원의 사업비로 1.6ha의 면적에 시설수박 후작 멜론재배 기반조성 시범사업을 추진할 예정입니다. 기존 수박 재배지를 그대로 활용하고 수박 휴작기를 이용하는 만큼 농가 소득 향상에 크게 기여할 것으로 예상합니다. 그 외에도 봉화군은 고추냉이 생산 실증 시범사업, 수박 2줄기 부분방임 재배 시범사업 등 기후변화에 대응한 대체작물 발굴지원에 노력을 기울이고 있습니다.

Q5. 신재생에너지 사업을 위한 생태환경을 파괴하는 무분별한 난개발 등의 문제는 어떻게 대응하고 계신가요.

무분별한 태양광발전소 건설은 주거환경을 저해하고 경관·환경을 훼손하는 등 지역주민들의 삶의 질을 저해하고 있습니다. 이에 봉화군은 무분별한 난개발을 방지하기 위해 봉화군 군계획 조례 및 개발행위 운영지침에 의거 발전시설의 허가기준으로 도로로부터 직선거리 500미터, 주거밀집지역 경계로부터 직선거리 300미터 등 이격거리 규제를 두어 난개발을 방지하고 있습니다. 반면 지역주민이 사업을 하거나 지역주민들을 참여시켜 신재생에너지 사업을 하는 경우에는 예외 규정을 두고 있습니다. 3년 이상 계속해서 봉화군에 주소를 둔 자가 100kw미만 소규모 태양광발전을 설치하는 경우, 전체 발전용량의 60퍼센트 이상을 군민에게 분양하는 경우, 봉화군민이 출자하여 설립한 협동조합이 태양광 발전시설을 설치하는 경우 등 군민에게 혜택을 주는 경우는 발전사업 허가기준에 예외 규정을 두어 신재생에너지 발전을 장려하고 있습니다.

2023 전국기초단체장 매니페스토 우수사례

기후환경 | **서울 도봉구**

탄소공(Zero)감(減)
마일리지로 선도하다.

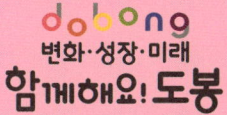

메트로폴리탄 서울. 인구 규모 기준 세계 6위권 규모의 광역대도시다. 2019년 기준 서울시 온실가스 배출비율은 4,596만 톤이다. 건물 68.7%, 수송 19.2%, 폐기물 6.4% 순이다. 온실가스 배출의 68.7%를 차지하는 건물 부분은 상업용 37.5%, 주거용 27.3% 등 64.8%가 건물에서 배출된다.

서울시 25개 자치구 중 도봉구만큼 체계적으로 법제도, 행정, 시민참여 등 다층적으로 접근하며 온실가스 감축을 추진하는 자치구가 있을까 싶다. 도봉구는 2050 탄소중립 4'P's 선순환 체계(Pledge(약속), Plan(계획), Proceed(이행), Publish(보고))와 온실가스 감축 7대 전략을 수립한다. 추진 경과를 보면 다음과 같다. 온실가스 감축 TF 구성(2020. 08.) → 2050 도봉구 온실가스 감축 7대 전략 수립(2020. 09. 09.) → 전국 최초로 2050년 탄소중립을 명문화한 기후변화대응 조례 제정(2020. 12. 31.) → 온실가스 감축목표 실행원년 선포(2021. 01. 27.) → 전국 최초 탄소중립 기본 조례 제정(2021. 09. 16.) → 기후변화대응 종합계획 수립(2022. 03. 31.) → 기후변화대응 10개년(2022~31년) 실행계획 수립(2022. 06. 14.) → 전기수소차 보급 및 충천인프라 확충 종합계획 수립(2023. 01. 27.) → 민선 8기 에너지종합계획 수립(2023. 02. 08.).

온실가스 감축 7대 전략은 ①녹색건물 ②녹색수송 ③녹색에너지 ④녹색순환 ⑤녹색숲 ⑥녹색생활 ⑦녹색교육이다. 각 전략마다 구체적인 실행계획을 마련했는데 도봉구 청사에 전국 단일면적 최대규모 건물일체형 태양광(BIPV 100kW)을 설치하고, 서울 동북권 최초로 도봉 수소충전소를 확충하거나 재생에너지 확대,

녹색건물
• 도봉구청사 전국 단일면적 최대 규모 건물일체형 태양광(BIPV 100kW) 설치

녹색수송
• 서울 동북권 최초 도봉 수소충전소 구축 등 친환경차 충전 인프라 확충

도심 녹지량 확충, 구민 1인당 온실가스 4톤 줄이기 실천, 생활 속 온실가스 감축 촉진자인 '도봉구 제로씨(Zero-C) 양성 교육 등이다.

서울시 온실가스 배출의 68.7%가 건물 부문에서 발생한다는 것은 탄소 감축을 위해 시민들의 참여와 행동이 필요하고, 그 효과도 크다고 해석할 수 있다. 도봉구도 이런 점에 착안해 '탄소공(Zero)감(減)마일리지'에 나선다. 물론 환경부에서 운영하는 탄소포인트제도와 서울시에서 운영하는 에코마일리지제도가 있지만 이와 차별화된 도봉구만의 독특한 탄소중립 실천 도구다. 도봉구는 시민들이 생활 속에서 실천 가능해야 효과가 있다고 진단한다. 2021년 8월부터 탄소공감마일리지 TF를 구성하고, 전체 부서를 대상으로 '시스템 설계안'검토 및 실천항목 타당성을 검증하도록 한다. 도봉구 2050 탄소중립실천단, 도봉환경교육센터 교육생 등 시민들에게도 실천항목, 검증 방법, 적립마일리지 사용방법 등에 대해 다양한 의견을 청취해 설계에 반영한다. 1년 8개월, 1억 7천만 원의 개발비를 투여한 웹서비스(zero-c-mileage.dobong.go.kr) 및 모바일 앱이 2023년 4월 3일에 오픈했다. 이름은 탄소공(Zero)감(減)마일리지 제도다. 희망하는 도봉구민들이 회원으로 가입할 수 있고, 녹색건물 10개 항목, 녹색수송 7개 항목, 녹색에너지 6개

항목, 녹색순환 4개 항목, 녹색숲 4개 항목, 녹색생활 4개 항목, 녹색교육 6항목 등 구체적이고 실천 가능한 실천항목 41개가 제시된다. 회원들이 가능한 항목을 실천하면 난이도, 참여주기, 자부담 등을 고려해 마일리지를 차등 지급한다. 회원 1인당 연간 최대 50,000마일리지까지 적립이 가능하고, 적립된 마일리지는 지역화폐인 도봉사랑상품권으로 바꿔서 사용할 수 있다. 도봉구의 탄소공감 마일리지 제도는 전국 최초 지역화폐 연계형 환경 마일리지로 인센티브 재원은 태양광발전으로 얻은 수익을 적립하는 도봉구 기후대응기금이다.

탄소공감 마일리지는 운영 6개월 만에 4,502명이 가입했고, 총 12만994회의 실천활동을 기록했다. 이는 온실가스 467톤을 감축하는 효과라고 한다. 도봉구의 향후 계획은 2024년 1만5천 명, 2025년 3만 명, 2026년 5만 명으로 회원을 확대하고, 중앙정부와 서울시의 탄소저감 정책과 연동되는 실천항목도 추가하고, 마일리지 사용처도 확대할 계획이라고 한다. 한마디로'탄소공(Zero)감(減)마일리지'를 탄소중립 실천을 촉진하는 대표브랜드로 키워나가겠다는 목표다.

일상생활에서 탄소배출을 줄인다는 체감효능을 높이면서도 실질적인 효과를

거둘 수 있는 참여 수단이 절실하다. 도봉구의 2050 탄소중립 4'P's 선순환 체계와 온실가스 감축 7대 전략 그리고 시민참여형 실천 프로그램인 탄소공감 마일리지는 기초지방자치단체가 기후위기 문제를 어떻게 접근해야 하는지 정책적 완결성을 보여주는 모범사례다. 도봉구 사례는 2023년 2월 2050 탄소중립 '원팀, 서울' 출정식 우수사례로 발표했고, 25개 자치구에도 공유를 제안한 상태다. 5월에는 거제시의회, 9월에는 광명시 등에서 방문해 우수사례를 배우는 등 전국적으로 전파되고 있다.

인터뷰 Interview

도봉구청장
오언석

Q1. '민선8기 탄소중립형 도시환경 조성 추진' 2년째를 맞이했는데요, 도봉구의 온실가스 감축과 관련한 사업은 어떤 것들이 있나요.

'민선8기 탄소중립형 도시환경 조성'의 온실가스 감축 사업 핵심은 ▲녹색 건물 ▲녹색 수송 ▲녹색 에너지 ▲녹색 순환 ▲녹색 숲 ▲녹색 생활 ▲녹색 교육으로 구성된 '도봉구 온실가스 감축 7대 전략'이라 말씀드릴 수 있습니다. 전략별로 주요 실적 및 현황을 간단히 소개하면, '녹색 건물'을 위해 도봉구청사 남측 외벽 전체를 건물 일체형 태양광(Building Integrated Photovoltaic System; BIPV)으로 바꾸고, '녹색 수송'을 위해 서울 동북권에만 없던 도봉수소충전소를 구축(2023년 9월 준공)했으며, '녹색 에너지'를 위해 신재생에너지를 보급하고, 수익금으로 기후대응 기금을 조성해 약자와의 동행을 위한 나눔 사업에 활용하고 있습니다. 또한 '녹색 순환'을 위해 현대화된 최신식 재활용 선별장을 구축·운영하고, '녹색 숲'을 위해 다양한 녹화사업으로 탄소흡수원을 확충하고 있습니다. 아울러 '녹색 생활'을 위해 도봉구민 온실가스 1인 4톤 줄이기 실천 약속 캠페인을 만들고, '녹색 교육'을 통해 생활 속 온실가스 감축 촉진자인 도봉구 제로씨(Zero-C)를 양성하고 있습니다. 특히 2022년 6월 20일 준공한 도봉구청사 BIPV는 2003년에 준공된 구청사 남측 외벽 전면에 태양광발전과 함께 건축 부자재 역할을 동시에 할 수 있는 건물 일체형 태양광 100.3kW 설치하였는데, 도봉구청사 5층부터 16층까지 기존에 외벽 역할을 하고 있던 석재와 옥상 마감재를 완전히 철거한 후 순수 국내 기술로 개발한 G2G(Glass to Glass) 방식의 불에 타지 않는 칼라형 태양광 모듈 891장을 부착하였으며, 설치면적은 751㎡로 단일면적으로는 국내 최대입니다. 이를 통해 연간 약 89MWh의 친환경 전기를 생산하여 기존의 1% 수준이던 구청사 전력자립률을 4%까지 끌어올려 BIPV를 통해 공공기관 에너지자립률을 제고할 수 있는 롤 모델이 되었으며, 타 기관의 견학과 벤치마킹의 대상이 되고 있습니다.

도봉구는 위와 같은 온실가스 감축사업을 통해 온실가스 배출량을 2018년(1,127천톤 CO2eq) 대비 2026년까지 10%(116천톤 CO2eq), 2030년까지 40%(451천톤 CO2eq)를 감축할 계획입니다.

Q2. 기후변화 대응·탄소중립 실현 등의 주요 성과는 무엇인가요.

도봉구의 기후변화·탄소중립 실현 정책과 노력은 국내에서 우수사례로 선정되거나 국제사회 인증을 통해 타 기관의 모범이 되고 있습니다.

먼저 국내적으로는 2020년부터 서울시에서 주관하는 자치구 탄소중립 생활 실천운동 평가에서 3년 연속 (최)우수구로 선정되었으며, 2021년 9월 (사)한국매니페스토실천본부에서 주최한 2021 전국 기초단체장 매니페스토 우수사례 경진대회에서 기후환경 분야 최우수상을 수상하였습니다. 또한 2021년 12월 22일 환경부 2021년 지자체 기후변화대응 성과보고회 최우수사례로 선정되어 사례 발표를 통해 전국 지자체에 공유하였으며, 2022년 10월 6일 서울시가 주관한 기후변화 대응을 위한 시-자치구 간담회에서 온실가스 감축 추진 도봉구 우수사례, 2023년 2월 27일 '원 팀, 서울' 출정식 우수사례 등 모범사례로 발표·공유하였습니다.

아울러, 국제적으로는 탄소공개프로젝트(Carbon Disclosure Project; CDP) 2021년 평가와 2022년 평가에서 국내에서 유일하게 2년 연속 최고등급인 A를 획득하였습니다. 또한, 도봉구는 글로벌 기후·에너지 시장협약(Global Covenant of Mayors for Climate & Energy; GCoM) 2022년 평가에서도 평가 규정을 모두 준수해 서울시 자치구로는 처음으로 6개 전 항목에서 배지(badge)를 획득하는 등 국제사회로부터 도봉구의 탄소중립 노력을 인증받았습니다.

Q3. 지역 내 온실가스 감축 촉진자로서 '도봉구 제로씨(Zero-C)'를 집중 양성 사업을 소개해 주신다면

도봉구는 탄소중립 정책들이 구민의 생활 속에서 소통·협력을 통해 실천으로 이어질 수 있도록 구심점 역할을 하는 촉진자가 필요하다고 판단하고, 2021년부터 '도봉구 제로씨'를 집중 양성하기 시작했습니다.

'도봉구 제로씨(Zero-C)'는 도봉구에서 독창적으로 개발한 양성 교육프로그램을 이수하고, 생활 속에서 탄소중립을 스스로 실천하고 가족·친구·이웃 등 10명에게 실천 활동을 전파하는 촉진자입니다. 2026년까지 5,000명을 양성할 계획으로 2023년 9월까지 2,450명이 양성되어 도봉구 곳곳에서 구민의 탄소중립 실천을 촉진하는 데 기여하고 있습니다. '도봉구 제로씨(Zero-C)'는 구민 공모를 통해 접수된 90건 명칭 중 주민투표와 심사를 통해 선정한 명칭이며, 2050년 탄소배출

제로(Zero Carbon) 실현을 위한 핵심 주체로서 도봉구민의 온실가스 감축 실천 의지를 내포하고, 사람 뒤에 붙이는 호칭 '~씨'를 연상할 수 있도록 명명하였습니다

Q4. 도봉구가 실시하고 있는 구민의 참여와 실천을 기반으로 하는 환경교육은 어떤 특징이 있나요.

도봉구는 「환경교육의 활성화 및 지원에 관한 법률」에 따라 2022년 9월 환경부 '환경교육도시'로 서울시 자치구 최초로 지정되었으며, 『제1차 도봉구 환경교육계획』을 2022년 6월 수립하여 구민의 지속적인 환경학습 실현과 기후위기에 대응하는 환경시민을 양성하기 위해 ▲환경교육 기반 강화 ▲생애주기 환경학습 ▲실천지향 환경교육 ▲협력체계 구축강화 총 4개 영역에서 9개 과제를 중점 추진하고 있습니다.

먼저, 기반 영역에서는 환경부 환경교육도시 운영을 통해 도봉형 탄소중립 실천 활동가인 '도봉구 제로씨(Zero-C)'를 초급, 중급, 고급 3개 과정으로 나누어 단계적으로 양성하고 있으며, 노후된 도봉환경교육센터를 그린 리모델링을 통해 에너지효율을 대폭 개선하고, 탄소중립 실천 운동 확산을 위한 거점 공간으로 활용할 계획입니다.

둘째, 학습 영역에서는 도봉환경교육센터 중심의 지역특화 환경교육을 운영하고 있습니다. '도봉형 생애주기 기후변화 교육' 등 환경부 우수 환경프로그램 9종을 운영하고 '찾아가는 자원순환 실천 재활용 교육' 등 구민 15,000명을 대상으로 40여 종의 지역특화 환경교육 프로그램을 진행 중입니다.

셋째, 실천 영역에서는 구민이 생활 속에서 탄소중립을 스스로 실천할 수 있도록 2023년 4월부터 시행된 탄소공감마일리지 제도와 연계한 교육프로그램을 운영하고 있으며, 6월에는 환경의 날(6월 5일)을 맞아, 한 주 간 환경교육 주간을 운영하고 환경교육한마당을 개최하였습니다.

끝으로, 협력 영역에서는 민·관·학 환경교육 소통방안을 마련하기 위해 지역 내 기관, 단체, 모임 등을 대상으로 도봉환경교육네트워크(DEEN)를 구축 운영할 계획입니다.

Q5. 도봉구는 국내 최초로 2년 연속 CDP 최고 등급 'A'를 획득 하였는데, 그 의의와 비결은 무엇인가요.

도봉구는 영국의 비영리 국제조직으로 세계 각국의 기업과 도시를 대상으로 필수적인 환경 정보에 대해 측정, 공개, 관리 및 공유할 수 있는 국제 시스템을 제공하고 현재 전 세계 약 9,600개 기업과 1,000여 개 도시가 가입하고 있는 탄소공개프로젝트(Carbon Disclosure Project; CDP) 2021

년 평가와 2022년 평가에서 국내에서 유일하게 2년 연속 최고 등급인 A를 획득하였습니다. 2022년 CDP 평가는 전 세계 1,002개 도시를 대상으로 실시되었으며, 평가 결과에 따라 A 등급부터 D- 등급까지 총 8개 등급이 부여되며, 이 중 A 등급을 획득한 도시는 122개 도시로, 아시아권 국가에서는 14개 도시가 있습니다.

CDP 2년 연속 최고 등급 'A' 획득은 도봉구의 기후변화·탄소중립 실현 정책과 노력이 도시 기후위기대응 평가분야에서 전 세계 가장 공신력 있는 기관으로부터 인증을 받았다는 데 의의가 있습니다.

특히, 도봉구는 온실가스 인벤토리 구축 및 온실가스 감축 실적을 비롯해 기후변화 취약성에 대한 분석과 적응대책, 2022년 3월에 수립한 "도봉구 기후변화대응계획"의 구체성 및 실행 가능성 등에서 우수한 평가를 받았습니다.

CDP는 도봉구에 대해 "도시 기후위기대응 리더십의 환상적인 예를 보여주고 있다(Your city is a fantastic example of such sorely needed climate leadership). 앞으로도 탄소중립 실현을 위한 국제사회에서 도봉구의 헌신에 크게 기대하고 있다"고 평가 소감을 밝히기도 했습니다.

2023 전국기초단체장 매니페스토 우수사례

기후환경 | 광주 남구

주민과 함께하는
탄소중립 · 에너지自立도시
광주 남구

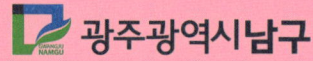

행정에서 추진하는 정책은 대부분 공급자 입장에서 수립, 시행되고, 주민들은 주체가 아닌 객체가 되어 주변부로 밀려나게 된다. 추진 목표를 달성해야 하는 행정 입장에서 다양한 주민들의 이해관계를 듣고, 설득하고, 반영하는 것은 지난한 과정이다. 인류의 존폐 문제인 기후위기를 극복하려면 주민들을 객체가 아닌 주체로 세우는 과정이 더 중요하다. 광주광역시 남구의 탄소중립·에너지전환 정책 추진 사례는 지방자치가 주민자치여야 한다는 사실을 다시금 복기하게 해준다. 탄소중립은 화석연료에서 신재생에너지로의 에너지전환이 핵심이다. 광주광역시 남구는 지역주민들과 함께 탄소중립시대로 나아가기 위한 동행을 시작한다.

광주광역시 남구의 〈주민과 함께하는 탄소중립·에너지 自立도시 광주 남구〉 프로젝트는 탄소중립기본법 시행 및 국가 탄소중립·녹색성장 기본계획과 연동해 추진하는 사업이다. 「기후위기 대응을 위한 탄소중립·녹색성장 기본법(탄소중립기본법)」은 2021년 9월 24일 제정되었다. 탄소중립기본법은 △기후변화에서 기후위기로의 전환 △2030년 국가온실가스 감축목표(NDC)를 2018년 대비 40%로 상향 △국가, 지자체, 공공기관의 적응대책 수립과 이행을 위한 체계를 명시하고 있다. 이에 따라 5년 단위 국가탄소중립기본계획 수립 및 10년 단위 광역지자체와 기초지자체 기본계획을 수립해야 한다.

광주광역시 남구는 탄소중립기본법 제정이 논의되던 2021년 4월 그린에너지자립도시 기본계획을 수립하였고, 주요 목표는 △2030년 신재생에너지 자립률

50% △그린에너지 신산업 육성 △남구형 에너지자립마을 조성 등이다.

　기본계획 수립은 목표 달성을 위한 방향을 제시하는 것이지 목표에 이르는 과정을 담보해주지는 않는다. 이행과정이 더 중요하다. 이행과정은 주도하고 참여하는 그룹이 성공 여부를 결정한다. 남구의 치트키는 주민이 주도적으로 참여하는 '에너지 인식전환 리더'다. 행정은 지원하고 실행주체는 주민들이다. 기후위기, 에너지전환에 대한 인식전환이 없다면 지속가능할 수 없다. 광주광역시 남구는 남구기후위기비상행동네트워크 활동가(100명), 기후변화대응 그린리더협의회 활동가(40명), 2021년부터 매년 진행하는 에너지 인식전환 주민활동가 양성 교육을 통해 배출한 주민활동가(120명), 에너지전환마을 거점센터 활동가(120명), 친환경에너지전환축제 기획단(15명) 등 330명의 에너지 인식전환 리더를 모으고, 키우며 주민들을 참여 주체로 엮어낸다. 연결고리는 민관협치를 통한 신재생에너지 확대사업들이다. 남구는 광주광역시의 '에너지전환 시범마을 조성사업'에 3년 연속 선정되었는데, 선정된 사업예산으로 양림동 펭귄마을 에너지카페, 사지동 재생에너지 공작소, 방림2동 에너지책방 등의 에너지전환 거점센터를 조

성하고 주민들이 함께하는 마을특화사업과 교육·홍보를 진행하고 있다. 에너지전환 거점센터를 주축으로 주민수용성을 높이는 과정을 거친다. 마을별 개별화된 에너지전환을 넘어 남구 연결망을 통한 시너지효과를 내게 되는 것이다.

또한 남구가 주민들과 함께하는 에너지자립도시 사업 중 재생에너지 보급 확대 사업인 신재생에너지 융·복합지원사업이 있다. 광주광역시 남구는 신재생에너지 융·복합지원 사업 10년 계획을 수립해 추진 중이다. 2019~2023년까지 5년 연속 사업비 총 137억원을 확보했다. 2019년 대촌동을 시작으로 2023년 방림동·봉선동 등에 태양광발전소 총 2704개소 11.3MW, 태양열발전소 278개소 1871㎡를 설치했고, 2024년에는 월산4·5동, 주월 1·2동, 진월동, 효덕동, 송암동, 대촌동 지역 주거+상업 복합지역 455개소에 태양광발전 1483kW, 태양열발전 535㎡를 추진할 계획이다. 10년 계획에 따라 2025~2028년까지는 900개소에 태양광발전 4000kW, 태양열발전 600㎡ 건설을 목표로 세우고 있다.

신효천마을에서 추진한 전국 최초의 재생에너지 기반 마이크로그리드 실증 기술개발 사업도 새로운 시도다. 마이크로그리드는 태양광발전, 풍력발전 등 여러 가지 방식으로 얻은 신재생에너지를 에너지 저장장치(ESS)와 연동하는 소규모 독립형 전력망 구축 기술로, 이를 통해 에너지자립을 달성하게 된다. 신효천 마을 개별 주택 64개소에 태양광발전 3kW와 데이터 수집 장치와 수요관리 서비스 장치를 설치하고, 마을회관 등 공용재산이나 유휴부지에 태양광, 태양열발전소를 설치 후 ESS 장치와 연결한다. 향후 주민들이 참여하는 에너지협동조합을 설립하여 수익금을 배분하게 되는 구조가 형성됨으로써, 제4차 산업혁명과 탄소중립이 만나는 지점에 에너지자립 마을이 형성되는 것이다.

올 해는 '남구야 지구를 부탁해'라는 이름으로 제1회 친환경에너지전환 축제를 개최했다. 3zero(탄소 제로, 에너지 제로, 쓰레기 제로)를 주요 콘텐츠로 한 남구만의 특색있는 축제로 다소 딱딱하고 일방적인 주입식 홍보나 교육이 아닌 모든 주민이 직접 참여하고 경험할 수 있는 다채로운 공연, 전시, 체험의 장이 펼쳐졌다. 기후위기 정책에 대한 주민들의 가시적인 인식 전환, 공감을 이끌어 내 큰 성과를 거두었다는 평이다. 더불어 '남구 에너지의 날'을 별도로 지정해 실천 운동도 전개하는 등 주민에게 직접적인 동기부여를 위한 다각적인 노력을 기울이고 있다.

기후위기는 경제적 취약계층에게 가정 먼저, 가장 강한 충격을 준다. 남구는 이런 점을 고려해 저소득층 가정이나 공동주택, 저소득층, 복지시설 등에 LED 교체사업, 저소득층과 복지사각지대 주민 대상 에너지 효율을 높이기 위한 주거환경 개선사업, 다중이용시설이나 폭염 취약가구에 쿨루프 지원사업 등을 추진하며 주민과 함께 탄소중립의 시대로 한 걸음씩 나아가고 있다.

인터뷰 Interview

남구청장
김 병 내

Q1. 유럽의 에너지·대중교통 등 친환경 정책 논의를 위해 독일 및 스웨덴 일대를 다녀오셨다고요. 그 중 스웨덴 말뫼 녹색성장 벤치마킹 정책의 일환으로 광주 남구의 '자전거 치유 샵'이 눈에 띕니다. '자전거 치유 샵' 정책 설명 부탁합니다.

지난 7월 방문한 스웨덴 말뫼는 신재생 프로젝트를 통해 위기를 기회로 바꾼 도시재생 성공사례로 꼽히는 도시입니다. 제가 눈여겨본 말뫼의 친환경 도시정책 중 자전거 전용 아파트 쉬켈후세트(Cykellhuest)는 자전거 집을 뜻하는 스웨덴어로, 자전거 이용자를 위한 세계 최초의 아파트이자 호텔입니다. 이는 470㎞에 이르는 말뫼의 자전거 도로 네트워크와 함께 주요 교차로마다 자전거 우선 신호를 제공하는 자동인식 시스템이 구축된 인프라와 자전거 이용률이 도시 전체 교통의 약 30%를 차지하는 말뫼 시민들의 친환경 습관이 만들어낸 결과였습니다.

광주 남구는 도심 곳곳에 쉬켈후세트 같은 시설이 필요하다는 점에 공감하면서도 자치구 현실에 적합한 정책을 검토하여, 교통수단으로서의 자전거 이용률을 높이기 위한 도심을 누비는 공유 자전거 및 생활형 자전거 이용을 지원하는 '자전거 치유샵'을 내년 3월부터 운영할 계획입니다. '자전거 치유샵'은 자전거 기본 정비 서비스 뿐 아니라 공유 자전거 대여, 길 안내, 취약계층을 위한 기증 등 자전거 이용자를 위한 종합서비스를 제공하는 가게입니다.

현재 광주 지역 내 2개소에서 자전거도로 거점 터미널을 운영하고 있으나 주말 운영으로 평일 이용이 어렵고 레저용 중심으로 공유 및 생활용 자전거의 접근성은 떨어지는 한계가 있습니다. 이를 극복하고 주민들에게 공유 및 생활용 자전거 이용 편의를 높이고자 광주 남구 백운광장 일대에 우선적으로 도입할 계획입니다.

더불어, 자전거 유모차·트레일러 대여를 통해 자전거 레저활동 활성화 및 자전거 이용에 대한 관심을 끌어내기 위한 정책도 계획 중입니다.

이에 앞서 광주 남구는 자전거 이용 활성화를 위해 노후된 자전거를 정비하여 관내 17개 동에 공유자전거를 배치하고 취약계층 주민에게 제공하는 등 생활형 자전거 이용 장려 정책을 통해 친환경 도시 만들기에 한걸음씩 나아가고 있습니다.

Q2. 유럽의 친환경 도시정책 모색을 위해 독일 녹색당 부대표를 만나고 세계 최고 자원회수시설로 꼽히는 덴마크 코펜하겐 '아마게르 바케(Amager Bakke)' 시찰 등을 다녀온 것으로 알고 있습니다. 광주 남구도 에너지 자립도시 조성을 위한 '2030 재생e 50+ 프로젝트'가 시선을 끄는데요. 이 정책에 대한 소개 부탁드립니다.

지난 7월, 독일 베를린에서 녹색당 하이코 크놉(Dr. Heiko Knopf) 부대표를 만나 탄소중립 실현을 위한 다양한 대화를 주고 받았습니다. 특히 기후위기 대응을 위한 대중 정책은 에너지 소비층의 요구와 실질적 정책이 맞물려 에너지 사용 감축의 성공으로 이어져 주목할만 했습니다.

귀국 후 광주 남구가 에너지 자립도시를 위해 역점으로 추진하고 있는 '2030 재생e 50+' 프로젝트의 지속가능한 에너지원 사용 활성화를 위해 내실있는 추진을 당부했습니다.

'2030 재생e 50+ 프로젝트'는 '청정 남구' 구축을 목표로 2030년까지 신재생 에너지 보급률을 50%까지 끌어 올리는게 핵심입니다. 신재생 에너지 보급사업을 농촌에서 관내 도심 전역으로 옮겨 현재 단독주택 신재생 에너지 보급률 14%를 태양광과 태양열을 확대·보급하는데 집중하고, 단독주택 뿐 아니라 공동주택, 상가 건물까지 설치하여 신재생 에너지 보급률 50%까지 끌어올려 에너지 자립도시의 큰 줄기를 완성시켜나가겠다는 계획입니다.

또한 광주 남구 신효천마을에 재생에너지 기반 마이크로그리드 시스템도 구축 중인데 이를 토대로 주민들과 함께 태양광 수익사업을 전개해 나갈 밑그림도 그리고 있습니다.

광주 남구의 신재생 에너지로의 전환은 주민들의 수요에 맞춰 주민들의 참여와 협조 속에서 나아가고 있습니다. '신재생 에너지' 공모사업에 5년 연속 선정될 정도로 신재생 에너지 분야를 선도하는 지방자치단체답게 에너지 자립률 50% 달성을 목표로 탄소 중립과 녹색 성장도 함께 이루어 나갈 계획입니다.

Q3. 광주 남구는 기후변화에 대한 주민들의 인식을 전환하고 공유하기 위해 다양한 행사들을 운영해왔는데, 이번에 개최한 광주 남구의 '친환경 에너지전환 축제'는 어떤 행사였나요?

탄소중립 사회를 위한 에너지전환의 필요성을 알리고 주민의 참여를 통해 기후 위기 대응과 에너지전환 공동체 의식을 향상하기 위해 지난 9월, 3ZERO(탄소제로, 에너지제로, 쓰레기제로)를 주제로 개최한 광주 남구만의 특색있는 축제입니다.

기후위기 및 탄소중립에 대한 다소 딱딱하고 일방적인 주입식 홍보와 교육이 아닌 공연과 2개분야 전시, 38개 체험부스를 운영하여 2일간 약 4,500여명의 주민, 특히 아이들과 친환경·에너지전환에 대한 이해와 탄소중립 필요성에 대한 공감을 나누었던 뜻깊은 시간이었습니다.

에너지·쓰레기·탄소를 사용하지 않는 축제의 기본원칙에 따라 체험부스 안내 배너는 20년간 사용한 후 폐기 예정이었던 60여개의 태양광 폐패널로, 체험부스 현수막은 폐박스로, 축제 홍보 현수막은 생분해 원단으로 제작하는 등 각종 콘텐츠에 친환경소재를 활용하였으며, 참가자는 텀블러를 소지하고 대중교통을 이용하도록 하였고, 곳곳에 분리수거함을 비치하였습니다.

이번 축제에서는 '2045년까지 탄소중립 온실가스 감축 실천약속' 2,045명을 달성하였습니다. 약 4,500명이 2일간 참여한 축제 개최로 발생된 온실가스는 총 1.12tCO2eq로 극히 미미한 수준이나, 2,045명의 온실가스 감축 실천 약속을 통해 향후 1년간 감축될 양은 총 2020tCO2eq로 이는 탄소중립 인식 전환의 효과를 체감할 수 있는 비교가 안될 정도로 큰 수치입니다.

광주 남구는 이번 성공적인 축제 개최를 발판 삼아 지속적인 주민 참여의 장을 마련하여 기후위기에 대한 남구의 정책에 주민의 공감대를 형성하고 자원순환과 에너지전환에 대해 주민의 관심도를 높여가는 데 앞으로도 최선을 다할 것입니다.

Q4. 전국 최초로 시행하고 있는 신효천마을 마이크로그리드 실증 기술개발 사업에 대해 설명해주신다면.

에너지 소비대체율 50% 이상 달성과 마을단위 에너지커뮤니티 조성을 목표로 신재생에너지 기반의 마을단위 마이크로그리드 실현을 위해 송암동 신효천 마을에 전국 최초로 다양한 분산전원을 연결한 개방형 전력 플랫폼을 개발하고 운영하는 사업입니다.

이는 신재생에너지 보급과 도시재생뉴딜 사업을 연계한 것으로 실증 기술개발, 마을주민과 협동조합의 육성을 통해 광주 남구의 에너지자립도시 조성 의지를 보여준다고 생각합니다.

현재 주관기관 그리다에너지와 참여기관을 중심으로 2024년까지 에너지독립마을 실증을 위해 마을 64가구에 태양광발전설비, 전력실시간데이터 수집장치, DR(수요공급)서비스 장치를 설치완료할 계획이며, 향후 에너지협동조합을 설립하여 마을공동 수익사업으로 태양광발전설비, ESS 등을 설치할 계획입니다.

지난 2004년 전국 최초 태양광·태양열 기반 에너지자립마을을 조성한 신효천마을은 신재생에너지 시설의 노후화, 설비 유지보수 전략 부재 및 에너지 소비량 증가 등으로 인해 신재생에너지 기반 에너지 자립화가 어려운 상황이었습니다.

그러나 마이크로그리드 운영 최적화를 통해서 에너지 자립이 충분히 가능한 환경으로 탈바꿈하였는데 이로써 본 사업의 실효성을 명확하게 확인할 수 있습니다.

더불어, 지난 9월에는 실시간요금제 활용 전력수요 효율성 제고, 전력 직거래 최적화, 지역사회 기반 에너지빈곤 해소를 목표로 주관기관인 전남대학교 지역개발연구소를 중심으로 추진하는 「flexumer 형 전력직거래(C2X) 플랫폼 구축 및 실증사업」의 대상지로 신효천마을이 선정되는 쾌거를 거두었습니다.

신효천마을의 2가지 사업이 모두 완료되면 광주형 AI연계 신재생에너지 보급·확대, 지방분권적 에너지공급, 시민들에게 혜택이 돌아가는 친환경 인프라 체제로 혁신적 전환이 추진된 전국 유일의 '에너지독립마을'의 모델이 될 것으로 기대하고 있습니다.

2023
전국기초단체장
매니페스토 우수사례

디지털혁신 선도

경기 파주시 | 충북 증평군 | 전남 고흥군 | 서울 성동구

2023 전국기초단체장 매니페스토 우수사례
디지털혁신 선도 | **경기 파주시**

전국 최초!
TV 시청률 프로그램을 활용한
'치매·고독사 예방' 「똑똑TV」

학교에서 하교하거나 직장에서 퇴근해 집에 오면 가장 먼저 하는 일이 무엇인가? 리모컨으로 TV부터 켜놓는 경우가 많다. TV를 시청하지 않아도 버릇처럼 TV를 켜놓는다. 홀로 거주하는 어르신들은 어떨까? TV가 가족이자 이웃이다. 말벗 상대가 되어주지는 않아도 TV 소리와 영상으로 혼자라는 고독감을 잠시 잊을 수 있다.

파주시에는 주민 3명 중 1명이 65세 노인인 초고령화 마을이 있다. 파평면이다. 홀로 거주하는 어르신들에게는 여러 가지 어려움도 있지만 건강 문제가 제일 크다. 그렇다고 상주하며 돌보기에는 제약이 많다.

다른 지방자치단체에서는 통합돌봄 건강주치의, 반려식물 보급사업 등과 같은 다양한 방식의 '지역사회 통합돌봄 서비스'를 실시하고 있다. 상주 요양보호사를 배치하는 것도 물리적 한계가 있다.

파평면 지역 현실에 맞는 통합돌봄 서비스는 없을까? AI스피커가 유행하기도 했고, 챗GPT 출현 이후 대화형 인공지능을 활용한 다양한 플랫폼과 프로그램들이 쏟아지고 있지만 홀로 사는 어르신들이 접근하는 것은 쉽지 않다. 집집마다 한 대씩은 설치돼 있는 TV를 이용할 수는 없을까?

이런 고민에서 시작한 것이 TV와 TV 시청률 집계 조사방식을 접목해보자는 것이었다. KT 파주지점과 시청률 집계기관 ATAM과 함께 머리를 맞댔다. 어르신들은 특정시간대에 특정 채널을 선호한다. 평소와 다른 패턴을 감지해 실시간으로 신호를 확인할 수 있다면 예방조치를 취할 수 있겠다는 유의미한 결론을 도

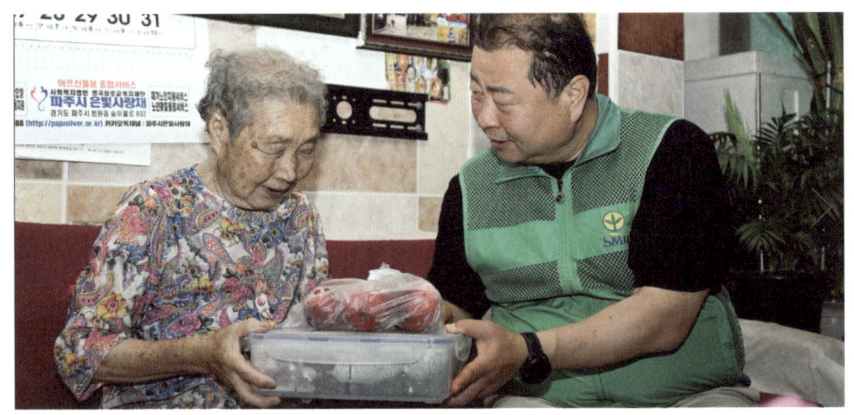

출한다. 어르신 100명을 대상으로 TV 켜는 시간, 시청시간, 채널 변경 주기 등 생활실태조사를 실시했다. 홀로 거주하는 어르신들의 TV에 시청률 조사 기기인 '피플미터'를 설치하고, 평소와 다른 패턴을 감지하게 되면 마을관리소 모니터 시스템에 실시간 경고등이 들어온다. 시청 패턴이 정상이면 파란색, 패턴에서 벗어나면 빨간색이 표시된다. 마을지킴이들이 경고등이 뜬 어르신 집으로 출동해 확인하고 조치한다. 이것이 2021년 파평면에서 처음 시작한 '고독사 ZERO 프로젝트'다. 이 시스템을 이용해 급성패혈증으로 이상증세를 호소하던 어르신을 구한 것이 첫 사례였다. 고독사 ZERO 프로젝트를 진행하며 평소 보는 정규방송 프로그램을 재방송으로 보는 비율이 높아지면 치매 의심 징후로 판단할 수 있다는 데이터도 확보한다. 고독사 ZERO 프로젝트를 확대해 고독사 뿐 아니라 치매 의심 어르신 케어까지 확대하게 된다.

　파주시는 2022년 파평면에서 금촌1동까지 사업 범위를 넓혔다. '똑똑TV' 사업 확대 도입 후 치매, 고독사 예방 뿐 아니라 화재발생 시 초기 대피로 인명 피해와 보이스피싱 피해도 막아냈다. TV 시청 패턴으로 치매 조기 진단 후 주 1회 방문 치매 검사도 실시하고 있다.

전국 최초로 추진하는 사업이라 사업 신뢰성이나 예산 확보에 어려움을 겪었다고 한다. 경기도행복마을관리소 공모사업을 통해 예산을 확보하고, KT와 ATAM 협업으로 4천만 원의 예산을 절감한다. 동국대 일산병원과 ATAM이 치매 조기진단 시스템 공동연구를 진행해 특허등록까지 마친 상태다. TV 시청패턴으로 치매를 조기 진단하는 방법은 일반인보다 과도하게 채널을 변경하는 횟수가 많은 경우다. 2021년 12월 1일~2022년 7월 31일까지 일반인 27명과 치매환자 3명을 비교조사한 결과로 확인된 사실이다.

똑똑TV는 수혜자와 가족 대상 만족도 조사 결과, 만족도 90%, 치매·고독사 불안감 해소 91%로 나타났고, '주변에 이용하도록 권장하겠다'는 답변도 92%에 달해 사업 가능성까지 확인되고 있다. 파주시가 민간과 협업해 사업성까지 확인한 '똑똑TV'는 KT AI스피커 '지니'와 리모트솔루션인 의료기기 '휴비딕(체온, 심박수 체크)', 모니터링과 상담관리를 하는 케어센터와 이상신호 시 출동하는 '텔레캅'을 사업모델로 일자리 창출까지 검토하고 있다.

2021년 기준 고독사는 3,378명에 이르고 있다. 중앙치매센터에 따르면, 치매환자 한 명당 2천61만 원의 관리비용이 필요하다. 고독사를 막고 조기에 치매환자를 진단하게 되면 사후 소요비용 대비 사회적 비용을 절감 할 수 있다. 특히 똑똑TV를 매개로 △어르신 혈압 체크 △어르신 핸드폰 사용 교육 △1인 가구 난타 동아리 △주 1회 찾아가는 치매검사 및 한방 진료 △수목원 산림치유 프로젝트 △어르신 인지향상 활동 등 랜선 돌봄서비스가 오프라인 통합돌봄으로 확대되고 있다.

'똑똑TV'는 경기도 행복마을관리소 최우수상 수상(2022. 10), 행정안전부 행정혁신 사례 발표(2022. 10), 대한민국 행정의 달인 대통령상 수상(2022. 12), 행정안전부 적극행정 선정(2022. 12) 등을 통해 공로를 인정 받았고, 경기도 연천군·

고양시·구리시부터 서울 강남구, 충남 당진시·서천군, 전북 전주시, 전남 진도군, 울산광역시 동구, 부산광역시 동구까지 전국적으로 확산하고 있다.

 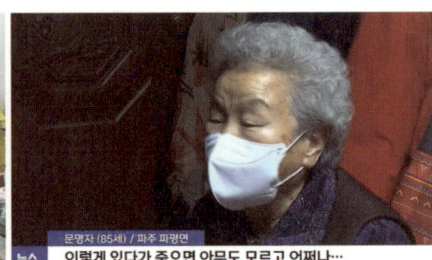

인터뷰 Interview

파주시장
김 경 일

Q1. 노인 치매와 고독사 문제 해결방안으로 데이터를 적극적으로 활용하였다는 점에서 '똑똑TV'가 주목을 받았습니다. 고령사회를 대비한 파주시의 또다른 복지 정책이 있다면 소개 부탁드립니다.

민선8기의 주요 시책인 '희망+(플러스) 온돌사업'은 정부의 커뮤니티 케어(지역사회 보호)정책에 부합하는 파주형 원스톱 맞춤형 통합돌봄서비스 전달체계로서 거동이 불편한 저소득 50세 이상 1인가구 및 65세 이상 어르신을 대상으로 돌봄, 영양, 의료, 주거개선 등 욕구와 필요에 의한 서비스를 통합적으로 제공하는 등 지역사회보호체계 강화에 중점을 두고 있습니다.

주요 사업 내용은 고령친화 주거환경 개선, 퇴원환자 돌봄서비스 '더 나은 돌봄', 만성질환자 '한 끼 건강' 저염 당뇨식 제공, 사회 관계망 형성 '어르신 동네복지사', IOT 지원 '돌봄반장 효돌e', 파주 안심e앱, 찾아가는 의료서비스 '우리동네 주치의' 등이 있으며, 취약계층의 기본생활 보장은 물론 의료서비스와 IOT 스마트 돌봄체계를 갖춘 사업으로 진화하였습니다.

IOT스마트 돌봄 인형 '효돌e'는 이동이 자유롭지 못한 독거 및 치매노인을 대상으로 스마트인형(효돌e)을 활용하여 안부확인, 투약, 정서 지원 등 모니터링을 통한 생활 지원 서비스를 제공하며, 2022년 처음 추진한 '파주 안심e앱'은 지정시간 동안 휴대폰을 사용하지 않을 시 등록해 놓은 다수의 보호자에게 자동으로 안전 확인 문자를 발송하여 고령의 1인 가구의 고독사를 예방하기 위한 사업으로, IOT 활용 사업 확대의 기반이자 손쉽게 무료로 앱을 설치할 수 있는 높은 접근성으로 주목받았습니다.

또한 2022년부터 '우리동네 주치의' 참여 의료기관을 당초 1개소에서 권역별 5개소로 확대하였으며, 유휴공간을 활용하여 나눔냉장고 및 주민 지원 프로그램을 운영하는 '우리동네 온돌방' 또한 기존 4개소에서 6개소로 확대하여 보다 많은 시민이 이용할 수 있게 되었습니다.

「희망+(플러스)온돌사업」을 통해 2023년 기준 53,799명이 안심e앱을 사용하고 있으며, 그 밖에도 보건·영양 지원 392명, 퇴원돌봄 799명, 안전·주거 96명, 사회·정서 30명에게 서비스를 지원하여 파주시 저소득 어르신에게 보다 실효성 있는 지원을 제공하고 있습니다.

명실상부 '희망+(플러스) 온돌사업'은 고령사회 문제를 해결하려는 의지가 담긴 파주시의 대표적인 복지 브랜드로 자리매김하였으며, 앞으로 지속적으로 확대할 계획입니다.

Q2. 전국 최초로 '긴급 에너지 생활안정 지원금' 20만원을 전가구에 지급하기로 결정하셨는데요, 어떤 이유에서 이런 결정을 하셨는지요.

이례적인 한파가 지속된 지난 겨울은 유독 추웠습니다. 파주시는 12월 한 달에만 무려 21일간 한파특보가 발령되었습니다. 하지만, 일상을 얼어붙게 만든 한파보다 더욱 감당하기 힘든 현실은 '난방비 폭탄'이었습니다. 고물가, 고금리로 경제적 어려움이 맞물린 상황에서 난방비 폭등은 재난과도 같은 위기였습니다.

민생을 책임지는 지방자치단체의 역할이 그 어느때보다도 중요한 상황이라 판단했고, 파주시는 오로지 시민만을 바라보며 가구당 20만원의 난방비를 지역화폐로 지급하는 '파주시 긴급 에너지 생활안정지원금' 정책을 결정했습니다.

가장 집중했던 부분은 '정책의 속도'였고, 신속하고 차질없이 정책이 추진될 수 있도록 속도를 높였습니다. 민생으로의 뜻과 힘을 모아준 파주시의회에서 원포인트 임시회를 개최하여 지원 조례 제정 및 442억의 예산을 의결하고, 모든 준비를 마치고 온라인과 오프라인으로 동시에 지급하기까지 한 달이 채 걸리지 않았습니다.

신속한 과정만큼이나 중요한 것이 정확한 지급이었습니다. 신청이 몰릴 것으로 예상되는 첫 주차에는 요일별 5부제를 실시하고 전담 콜센터도 운영하여 1만여 건의 상담을 진행했습니다.

또한, 거동이 불편하거나 온라인 이용이 불가능한 시민들을 위해 '찾아가는 신청 서비스'를 운영했습니다. 직접 현장을 점검하고 찾아가는 신청 서비스를 진행하며, 신청과정의 불편함을 최소화할 수 있도록 시민께서 주신 의견을 반영하기도 했습니다.

무엇보다 더 많은 시민분께서 지원금을 신청할 수 있도록 SNS, 현수막, 승강기 TV 광고 등 시민의 생활권 전반에 걸쳐 적극적인 홍보에 나섰고, 그 결과 최종 지급률 93.3%를 달성하였습니다. 전체 21만 7천 5백 88세대 중 20만 3천 1백 12세대가 긴급 에너지 생활안정 지원금을 신청해 총 406억원을 지급 받았습니다.

긴급 에너지 생활안정 지원금은 지역화폐인 파주페이로 지급했습니다. 지역화폐는 지역경제 발전으로의 성과가 입증된 만큼 모든 가구가 지역화폐를 사용하면 지역상권에 활기가 돌 것이라 확신했습니다. 파주페이의 활성화로 각 가정의 부담은 완화됐고, 지역상권에도 온기가 전해지는 상생의 결과를 이뤄낼 수 있었습니다.

당시 시민 여러분의 많은 응원과 칭찬, 이 자리를 빌려 다시 한번 감사했었다는 말씀을 드리며, 앞으로도 파주시는 시민만을 바라보며, 시민만을 위한 적극행정으로 또다른 어려움이 찾아오더라도 든든한 버팀목이 될 수 있도록 최선을 다하겠습니다.

Q3. 파주시의 '청춘 찬찬찬(정성드림부엌)'은 어떤 역할을 하는 곳인지요.

'청춘 찬찬찬'은 파주시에서 야심차게 추진하는 시장형 노인일자리 사업단입니다. 2022년 성공적으로 지역사회 내에 안착시켜, 주민과 참여자들에게 높은 호응을 받고 있는 사업이지요.

일을 할 수 있는 능력과 노하우를 충분히 갖췄음에도 불구하고 나이가 많다는 이유 하나만으로 좋은 일자리를 구하기 어려우셨던 분들과 함께 사업단을 꾸리게 되었습니다. 현재 총 18명의 어르신께서 '청춘 찬찬찬'사업에 참여해 주고 계십니다.

일반 식당들과 비교했을 때 업무 내용, 근로 시간, 급여 등 여러 조건이 우월하다보니 '청춘 찬찬찬'에서 일을 하고자 대기하시는 어르신이 수십명에 달할 정도로 어르신들 사이에서 인기가 좋습니다.

'청춘 찬찬찬'은 지역주민을 위한 한식 뷔페를 운영하며, 한편으로는 고령으로 이동에 어려움을 겪고 있는 어르신들을 위한 도시락을 집까지 배달해드리는 사업을 함께 하고 있습니다.

맛이면 맛, 가격이면 가격, 모든 면에서 지역주민 및 어르신들의 반응이 가히 폭발적이라 표현해도 부족할 정도의 훌륭한 평가를 받아 오고 있습니다.

덕분에 파주시에서 일반 반찬가게를 이용해 추진해왔던 「재가노인 식사배달사업」과 연계하여 수급자, 차상위 계층, 거동불편 어르신들 에게도 도시락을 제공해 드리게 되는 등 공공기관 및 지역사회와의 상생 역시 훌륭하게 이뤄내고 있습니다.

한마디로 고령사회를 대비한 양질의 시장형 노인일자리 제공이라는 근본적인 목적과 지역사회와의 상생, 그리고 노인 인력에 대한 인식 개선까지 세 마리 토끼를 한번에 잡은 격이라 할 수 있습니다.

파주시는 한식뷔페인 '청춘 찬찬찬' 외에도 파주시니어클럽과 함께 양질의 어르신 일자리 마련을 위해 카페사업(청춘드림) 3곳과 편의점 사업인 지에스(GS)시니어동행 편의점 2곳을 운영하는 등 다양한노인일자리 사업을 개발 운영함으로써 초고령사회로의 진입을 앞두고 있는 만큼 어르신들에게 양질의 일자리를 제공할 수 있도록 꾸준히 노력하고 있습니다.

2023 전국기초단체장 매니페스토 우수사례
디지털혁신 선도 | **충북 증평군**

ACE 증평! 디지털을 품다.
미래를 열다

ACE 증평은 'Administrative(행정)+Agriculture(농업)+Culture(문화)+Education(교육)'의 영어 머리글자를 따온 것이다. 민선 6기 증평군은 취임 전 지방선거에서 ①행정 : 메타버스 행정구현 ②농업 : 스마트 농업 육성 ③문화 : 스마트 도서관 확충 ④교육 : 디지털 리터러시, 스마트도시 주민 리빙랩 등 A+ACE 디지털 혁신 선도공약을 제시한다. 취임 후에는 기초지방자치단체에서는 찾아보기 힘든, 5개월에 걸친 매니페스토 실천 숙의 과정을 거친다. 취임 이후 인수위원회를 구성하는 대신 정책자문단을 꾸려 선거공약을 검토하고 주민 의견을 수렴한다. 이를 토대로 공약 실천계획을 수립하고 부서별 검토를 거쳐 세부 실천계획을 수립한다. 핵심 공약에 대해서는 전문가 토론회도 거친다.

시민단체 추천 13명, 전문가 9명, 공개모집 6명 등 총 28명의 공약이행평가단을 꾸려 지표별 최종 검토를 거친다. 그 결과물을 군의회와 군민보고회 과정을 거쳐 7대분야 60개 공약을 최종 확정한다. 주민서비스 혁신, 스마트 농정, 문화접근성 개선, 디지털 생태계 조성을 위한 주민 참여형, 민관협력형 디지털 혁신을 시도하겠다는 민선6기 증평군의 의지 표명이다.

증평군은 2022년 7월 온라인 소통창구인 '소통공감 행복증평 밴드'를 마련한다. 주민들이 쉽고 편리하게 의견을 올리면 복잡한 절차 없이 담당 부서에서 신속 처리하고, 결과를 안내하고 있다. 2023년 12월에는 홈페이지 개편을 완료하고 메타버스 군수실과 민원실을 구축한다. 실제 군수실과 민원실을 재현해 상호 소통하며 분야별 콘텐츠를 열람하고 파일을 공유할 수 있다. 증평군은 주민들에게 다양한 디지털

콘텐츠를 제공하기 위해 VHS 6mm와 8mm 비디오테이프, 인화사진, 사진필름 등 총 2,624건에 달하는 아날로그 자료를 디지털로 변환하는 서비스를 진행한다.

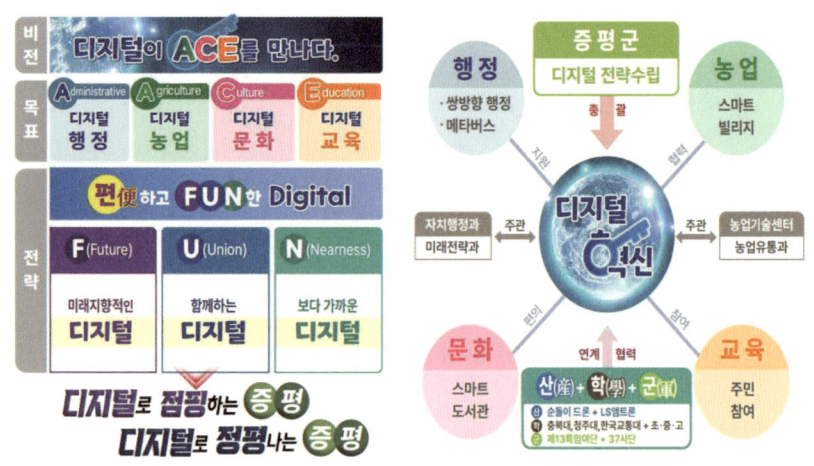

농업분야는 '스마트 빌리지 서비스'를 구축하고 있다. 전국 최초로 무인드론 자율방제와 자율주행 트랙터를 연동한 농작업 서비스 실증 사업이다. 사업대상지는 증평군 증평읍 사곡리, 도안면 노암·송정리 일대 1,530,000㎡(495필지)이고, 기간은 2022~2025년까지 4년이다.

인천국제공항과 같은 드론 스테이션에서 드론이 약제를 자동주입해 사업대상지로 날라가 방제작업을 한다. 작업 종료 후 드론스테이션으로 복귀한다. 스테이션은 드론 이착륙, 드론 배터리 교체 및 약제를 자동 주입을 하는 곳이다. 현재 하루 2시간 작업을 진행한다. 회당 19,835㎡ 면적을 방제하는데 20분이 소요되고, 사업 대상 전체 면적(1,530,000㎡) 작업에는 8.8일이 소요된다. 차량 방제작업 대비 41.3% 단축 효과다. 현재 드론 스테이션 3개소와 자율드론 5대를 운영 중이다. 드론은 방제작업 외에 식생 정보수집, 병충해 감시 작업 등도 한다.

자율주행 트랙터는 드론과 사업지 정보를 공유하며 작업하도록 세팅되어 있다. 해당 자율주행 트랙터는 국내 최고 자율주행 단계인 2.5 단계의 알고리즘이 적용된다. 스마트빌리지 사업 실증작업을 통해 농촌 일손 부족, 최첨단 기술을 활용한 농업생산성 증대 등의 효과를 확인하고 있다. 이 사업에는 자율방제 드론 스테이션과 드론을 개발한 ㈜순돌이드론, 무인자율트랙터 통합모니터 시스템을 운영하는 ㈜LS엠트론과 농협, 충북대 등과 협업하고 있다. 사업비 14억7500만원도 국비(7억5천 만원), 도비(1억 원), 군비(2억 원) 뿐 아니라 민간자본(4억2500만원)도 투자하고 있다.

2022년 7월에는 증평군립도서관 내에 '미디어 창작공간'을 마련해 영상촬영, 제작, 편집 및 스트리밍 방송이 가능하다. 현재까지 221명이 유튜브 콘텐츠 및 동영상 제작을 했고 영상콘텐츠 관련 온라인 수업도 진행한다. 도서관 직접 방문 없이 도서 대출, 반납이 가능한 권역별 유비쿼터스 도서관 서비스도 구축했다.

디지털 교육의 새로운 사례도 만들어가고 있다. 2022~2023년 주민 30명을 모집해 스마트시티 리빙랩 주민참여단을 구성하고, 다섯 차례의 워크숍을 진행했다. 워크숍을 통해 스마트시티와 리빙랩 기초교육, 리빙랩 사례 공유 및 프로그램도 실시했다. 또한 AI전문가를 초빙해 챗GPT 세미나를 개최하고, 지오넷 컨텐츠제작부 전문가를 모셔 메타버스와 공공기관 적용 사례 교육도 진행했다. 관내 초·중·고등학생을 대상으로 드론 진로체험, 스마트시티, 인공지능 로봇 등 사이언스리더 프로그램을 운영하고, 농업인 대상 드론방제기 교육과정을 운영했다. 이는 청주대, 한국교통대, 과학문화진흥재단, 제37사단 및 제13특임여단 등과 함께하는 민·관·학군 협력 프로그램이다. 디지털 취약계층인 어르신과 장애인을 대상으로 한 디지털 배움터, 어르신 영상자서전 제작 및 디지털 아카이브 구축 등도 진행하고 있다.

지방자치단체 대부분이 지방소멸과 고령화의 위험에 고스란히 노출되어 있다. 그런데 증평군은 A+ACE 디지털 전환은 청년을 불러들이고 있다. 2023년 5월 현재 증평군 인구 3만7천여명 중 청년 비율은 18.6%로 전국 군단위 평균(13.2%)보다 높다. 증평군의 새로운 시도와 도전은 과학기술정보통신부·한국지능정보사회진흥원으로부터 스마트빌리지서비스 구축사업 최우수 평가를 받았고, 스마트혁신 지방자치단체상을 수상한다. 증평군이 에이스다!!

인터뷰 Interview

증평군수
이 재 영

Q1. 작지만 강한 증평, 증가포르의 지향점은 미래 100년 새 밑그림이라고 하셨는데요, 증가포르에 대해 조금 더 설명해 주신다면?

'증가포르'는 증평과 싱가포르를 붙여 만든 합성어입니다. 싱가포르는 1965년 독립한 국가로 면적은 721.5㎢로 세계 219개 국가 중 190번째, 인구밀도는 8,358명으로 세계에서 두 번째로 높다. 증평군 또한 2003년 자치단체로 독립했으며, 면적은 81.83㎢로 전국 82개 군 단위에서 81번째, 인구밀도는 457명으로 군 단위에서 세 번째입니다.

싱가포르는 녹색공원의 도시, 공무원들이 가장 친절한 국가로 잘 알려져 있습니다. 천연자원이 전무함에도 1인당 국내총생산(GDP), 국가 청렴지수, 국가경쟁력 평가, 외국인직접투자 성과 지수는 아시아 1위입니다.

갤럽의 국가위험도 조사 결과 5년 연속 세계에서 가장 안전한 나라, 스위스 국제경영개발원 IMD의 디지털 경쟁력 평가 결과 세계 4위의 디지털 강국이기도 합니다.

2023년 군 개청 20년을 맞는 증평군도 싱가포르와 많이 닮아 있습니다. 가장 늦게 출범한 나이 어린 지자체. 규모도 작습니다. 전국 82개 군 중에서 울릉군 다음으로 면적이 작습니다. 행정체제도 단순하다. 1읍·1면입니다. 하지만 증평군은 싱가포르를 모델로 녹색공원의 도시, 친절하고 청렴한 공직문화, 안전 도시와 디지털 강군을 지향하고 있습니다. 이를 통해 소멸 걱정 없는 경쟁력 높은 지자체를 만들어 가고 있습니다.

Q2. 온라인 소통창구 '소통공감 행복증평 밴드'가 주목을 받고 있습니다. 그 동안의 운영 성과는?

민선 6기 출범과 함께 개설한 '소통공감 행복증평 밴드'는 군민들의 생활불편을 신속하게 해소하기 위해 개설한 것으로, 온라인 민원 처리는 물론 지역의 소통 창구 역할을 톡톡히 하고 있습니다. 군민 누구나 밴드에 가입해 불편사항을 등록하면, 총괄부서가 24시간 모니터링을 통해 담당 부서에 전달하고, 복잡한 민원처리 절차 없이 부서에서 처리 후 결과를 밴드에 바로 등록하는 방식입니다.

2023년 9월 현재 1,445명이 밴드에 가입했으며, 500건의 각종 생활민원을 신속하게 해결함으로써 주민 편의를 제공하고 있습니다.

밴드에는 불법 현수막·쓰레기 처리, 교통표지판 설치 등 단순한 생활민원부터 생활야구장 위치 변경, 균형발전 제안까지 다양한 의견이 올라옵니다.

또한 2023년 7월 청주시 궁평2지하차도 침수 사고 당시 3명을 구해 남색셔츠 의인(義人)으로 불린 증평군 공무원에 대한 칭찬의 글이 게시되는 등 주민들 공동체 플랫폼으로서의 기능도 함께 하고 있습니다.

Q3. 증평군의 '스마트농업'을 통한 관광 활성화 구상은?

증평군은 중소벤처기업부 지정 지역특화발전특구인 에듀팜 특구가 있는 도안면 일대를 스마트 농업 중심지로 개발 중입니다. 도안면 연촌리 일원에는 골프장, 콘도, 루지, 수상레저 등의 시설을 갖춘 충청북도 최초의 관광단지인 에듀팜 벨포레 관광단지가 있습니다.

이와 연계해 인접한 도안면 노암리 41,250㎡에 스마트 농업을 활용한 체험·체류형 스마트팜을 조성하고 있습니다. 이곳에는 스마트 농업 테스트베드 시설과 관광형 스마트팜 체험농장 등 생산, 연구, 체험, 교육 복합형 스마트 농업단지를 조성하고 있습니다.

또한 ICT 기술을 활용한 농어촌의 생산성 향상을 위해 과학기술정보통신부가 공모한 스마트빌리지 조성사업에 일환으로 전국 최초의 드론 자율 방제 및 트랙터 활용 무인 자율 농작업 서비스 실증사업을 추진하고 있습니다.

이는 2022년~2025년 기간 중 총 14억 7,500만원을 투자해 증평읍 사곡리, 도안면 노암·송정리 일원의 1,530,000㎡(495필지)를 대상으로 하는 스마트 농업 실증사업입니다.

ICT, AI 기술을 적용한 드론스테이션, 무인드론 자동 방제, 드론 부착 AI 카메라 센서를 통한 작물과 토양 정보 축적, 빅데이터 분석·활용 및 원격 진단·관제 시스템 구축, 무인자율 알고리즘·센서를 적용한 무인 자율트랙터 원격 조정 시스템을 구축하는 것입니다.

현재 자율드론 5대, 드론스테이션 3개소, 스마트폴 3대, 트랙터 2대를 활용한 실증 결과, 자율 드론은 차량방제 작업 대비 41.3%의 노동력 절감 성과를 거두었으며, 과학기술정보통신부 최종 평가 결과 최고등급을 받기도 했습니다.

이로써 농촌 고령화에 따른 일손부족 문제 해결, 미래 농업발전의 방향인 스마트팜, 관광과 농업이 연계된 새로운 모델의 스마트 농업을 실현하고 있습니다.

Q4. 군수님이 생각하시는 공약이행의 원칙과 우선순위는 무엇인지요.

2022년 11월 8일, 함께하는 행복돌봄, 군민우선 공감행정, 활력있는 혁신경제, 희망농촌 미래농업, 매력있는 문화관광, 감동주는 평생복지, 100년 미래증평 등 7대 분야 60개 공약을 확정해 군민들에게 보고했습니다.

아울러 민선6기 공약이행 원칙인 빨주노초파남보 레인보우(Rainbow) 매니페스토 실천 선언을 함께했습니다.

공약이행 7대 원칙인 레인보우(Rainbow) 매니페스토 실천 선언은 ①빨리 가기보다는 군민과 함께 가는 군수 ②주민을 낮은 자세로 섬기는 겸손한 군수 ③노력하는 군수, 더 큰 증평을 그리는 군수 ④초심을 잃지 않고 한결같이 청렴한 군수 ⑤파란을 일으키고 파란 희망을 주는 군수 ⑥남보다 더 열심히 뛰는 성실한 군수 ⑦보다 멀리 보고 미래를 생각하는 군수입니다.

우리나라 합계출생률은 2012년 1.30명에서 2022년 0.78명으로 감소했다. 특히 2023년 2분기에는 0.7명으로 역대 최저를 기록했습니다.

한국고용정보원은 2023년 2월 기준 전국 228곳 지자체 가운데 소멸 위험 지역을 51.8%인 118개로 발표했습니다. 소멸 위험 지역은 20~39세 여성 인구 수를 65세 이상 인구수로 나눈 값인 소멸위험 지수가 0.5 미만인 지자체를 말합니다. 2022년 3월의 113곳보다 5곳 더 늘었습니다.

따라서 민선 6기 공약은 저출생 및 지방소멸 위기 대응을 위한 임신·출산부터 육아·교육까지 아이 낳아 기르기 걱정 없는 돌봄 환경 조성에 최우선 순위를 두었습니다.

이를 위해 아이 낳아 기르기 걱정 없는 출생과 성장 지원, 아이 키우기 좋은 돌봄환경 조성, 아동친화 환경 조성 및 어린이 안전 확보, 어린이 장학사업 및 프로그램 확대, 권역별 작은 도서관을 활용한 돌봄공간 조성, 지역인물 교육 콘텐츠 활용 브랜드 창조·소통 프로그램 운영, 학부모 교육 및 주민참여 평생학습 프로그램 확대 운영 등 9개 돌봄 공약을 제시하고 실천해 가고 있습니다.

Q5. 증평군의 보고 방식은 하의상달이라는데, 어떤 방식입니까?

매니페스토는 정책공약 설계 과정부터 실천까지 상시 소통을 통한 주민들의 의사 반영이 가장 중요합니다. 또한 정책공약이 주민 의사를 제대로 반영하고 있는지에 대한 평가와 함께 실천 과정에서도 주민 의사를 반영하고 있는지에 대한 주기적인 평가가 필요합니다.

특히 군수의 의지와 열정, 공직자들의 협력과 협업, 주민들의 참여와 공감이 상호 연계될 때 매니페스토를 효과적으로 실천할 수 있습니다.

증평군은 공약 계획수립 과정에서부터 인수위원회 구성 대신 무보수 명예직인 정책자문단 운영, 주민 의견 수렴을 위한'당선인에게 바란다'를 운영했습니다.

공약실천계획의 전문성을 강화하고, 군민이 체감할 수 있는 내실 있는 계획수립을 위해 10대 분야 핵심 공약에 대해서는 3차에 걸쳐 전문가 및 군민 참여 토론회를 개최하고, 주민 의견(홈페이지, 국민생각함 등) 또한 수렴했습니다.

공약이행평가단 구성에 있어서도 다양한 계층의 군민이 참여할 수 있도록 공개모집, 시민단체 추천을 받아 구성했으며, 공약 확정 사항에 대해서는 대 주민보고회를 개최했습니다.

행정내부 또한 민선6기 출범과 함께 각종 회의 및 보고 방식을 상의하달(上意下達)식에서 하의상달(下意上達) 전달체계 방식으로 개선했습니다.

매주 월요일 부서장이 참여하던 주간 업무보고는 매달 4회에서 2회(격주제)로 줄이고, 팀장 자유토론 1회, 7급 이하 직원 테마토론을 1회씩 하는 것으로 개선했으며, 직원 테마 토론은 각 부서장의 부서별 현안사업 등에 대한 설명 후 참여자가 함께 토론함으로써 부서 간 업무공유와 협업이 강화되고 있습니다.

이와 같이 참여자와 주제의 다양화, 현안 발굴 및 아이디어 제안을 활성화함으로써 행정의 효율성과 능률성은 높아지고, 주민과의 소통, 공감, 협업 또한 강화되는 성과를 거두고 있습니다.

2023 전국기초단체장 매니페스토 우수사례
디지털혁신 선도 | **전남 고흥군**

AI 및 드론 활용 양식어장 관리시스템 구축

전남 고흥군은 3.8면이 바다에 접한 일조량 전국 최고의 온화한 기후로 해륙 물산이 풍부하며, 다도해의 청정해역과 아름다운 비경을 품고 있어 '지붕없는 미술관'으로 불릴 만큼 아름다운 곳이다. 더불어 우리나라 최초의 우주기지이자 세계 13번째 우주기지인 나로우주센터가 위치하고 있다

2023년 5월, 한국형발사체 누리호가 세 번째 발사에 성공했다. 이번 발사 성공으로 우리나라는 이제 명실상부한 세계 우주강국이 되었으며, 그 중심에 전남 고흥군이 당당히 자리하고 있다.

고흥군은 이미 '드론중심도시'를 표방하며 항공센터를 구축했고, 타 지자체와는 비교할 수 없는 직경 22㎞, 면적 380㎢, 고도 650m에 이르는 전국 최대 규모의 비행시험 공역과 고흥드론센터, 드론상업화 실증 지원센터, 항공센터, 국가종합비행성능시험장, 비행시험 통제센터, 우주항공산업센터 등 드론산업 인프라가 전국에서 가장 잘 갖춰져, 드론 비행에 관련된 성능시험과 시설활용, 전문가들의 기술 자문이 쉽다는 장점이 있다.

이 밖에도 고흥만 일원에 128억 원을 투입하여 4만 평 규모의 무인항공 영농기술 특화 농공단지를 조성해 드론분야 관련 다양한 기업들이 입주할 수 있는 토대를 마련하고 있고, 드론 부품을 국산화하는 지원센터도 추가 구축해 드론산업 생태계 구축에도 최선을 다하고 있다

더불어 현재 드론특별자유구역으로 지정되 있다. 드론특별자유구역은 드론 개발 및 비행과 관련한 각정 규제를 면제하거나 간소화하는 드론비행시험구역이다.

2020년 9월부터 지자체 신청을 받아 지정하는데 고흥군은 1~2차 모두 선정됐다.

남도 끝자락에 위치한 고흥군은 전체 군민의 60% 이상이 1차산업 종사자다. 다양한 방식의 수산양식업으로 소득을 올리고 있다. △김, 미역, 다시마, 매생이, 톳 등 해조류 양식 △전복, 굴, 새꼬막, 참꼬막, 바지락 등 패류 양식 △우럭, 돌돔, 감성돔, 능성어 등 해상 가두리 △뱀장어, 넙치, 흰다리새우 등 육상 양식 등 다양한 어패류를 양식하고 있다.

수산양식업은 노동집약적인데 고흥군의 고령화율은 43.6%로 전국 최고 수준이다. 고흥군 도덕면에 있는 고흥호는 남해안 최대 철새도래지다. 고흥군은 철새 이동경로에 있고 수산물 수확철과 철새 이동 시기가 겹친다. 철새 이동시기에 조류로 인한 피해는 한 집단 연간 1억 원 내외에 달한다. 어민들은 배를 타고 나가 하루에 3~4명이 교대하며 오리떼를 쫓지만 역부족이다. 조류를 쫓기 위해 별도 인력을 채용하기도 하는데 연간 2천만 원 이상이 든다.

고흥군은 어민들의 피해가 커지자, 풍부한 드론 인프라를 활용한 대응 방법을 모색해보기로 한다. 고흥드론센터 입주기업인 마린로보틱스(주)와 ㈜그린선박기술과 대책을 강구했다. 그린선박기술은 무인선박과 해상관제시스템 제작을 맡았고, 마린로보틱스는 AI 인식시스템, 유해조류 퇴치 드론, 지상관제시스템, 빅데이터 구축 시스템 제작을 맡았다. 작동 방식은 CCTV로 조류를 식별한 후 AI로 데이터를 분석하면 지상, 해상관제시스템에서 통제하는 방식이다. 관제센터에는 스피커, 공탄, 피리탄이 장착된 드론이 세팅된다. 관제센터에서 오리떼 출몰을 감지하면 자동으로 드론을 출몰시켜 오리떼를 쫓아버린다.

실증사업 대상지는 양식장 피해가 가장 큰 선정마을과 주암마을로 정했다. 선정마을의 경우 전남 꼬막 생산량의 30%를 담당하는 새꼬막 양식이 어민 주소

득원으로 자리잡고 있으며, 이 곳에서 매년 4천톤의 꼬막이 생산되는데 수확 시기인 12월~3월까지 오리떼로 인한 피해가 많았다. 사업예산은 2022년 과학기술정보통신부 '스마트빌리지 서비스 사업'에 공모해 4억3천만 원을 확보했다.

실증사업 분석 결과, CCTV를 통해 유해조류 개체를 80%까지 인식할 수 있었고, 유해조류 탐지 후 자동출격한 드론 출동 횟수는 128회로 설계 당시 목표(64회)를 뛰었다. 재활용이 가능한 HDPE 재질로 에너지자립형 친환경 스테이션(관제센터)를 제작했다.

국내 최초 AI 기반 드론 시스템을 도입한 결과, 조류를 쫓기 위해 들여야 했던 시간과 비용을 602% 이상 절감했고, 생산량은 최소 30% 이상 증가했다.

실증사업 기간 3년 동안 추가적인 AI 시스템의 빅데이터를 모으고, 드론 운영 실증을 통해 시스템을 더욱 안정적으로 운영할 수 있을 것으로 기대하고 있다. 3년간 운영관리하며 품질과 성능을 개선하면서 사업화도 추진하고 있다.

고흥군은 오리떼에 이어 바지락 등 다른 양식품목까지 사업범위를 확대하려

 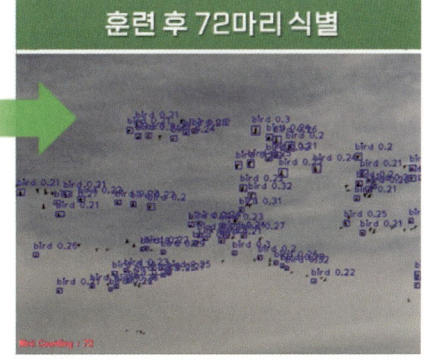

고 한다. AI 및 드론 활용 양식어장 관리시스템은 양식어장의 수익성 확보와 함께 노동력 감소 효과는 청년어업인 유치에도 도움이 될 것이란 평가다

인터뷰 Interview

고흥군수

공영민

Q1. 군수님의 민선 8기 핵심비전은 무엇인가요.

지난해 7월 1일 군수로 취임한 이후 벌써 1년 4개월이 지났습니다.

돌이켜보면, 지난 1년 4개월은 지방소멸위험 지역 전국 3위라는 녹록지 않은 현실 속에서도, 민선 8기 비전인 '10년 후 고흥인구 10만'의 발판을 마련하기 위해 1,300여 공직자들과 쉼 없이 달려온 시간이었습니다.

 우리군은 대한민국을 이끌어 갈 미래 먹거리 산업인 '우주항공산업'과 '드론산업' 분야에 있어 타 지자체보다 우위를 선점하고 있으며, 대규모 첨단 농수축산 스마트팜 혁신밸리 조성, 오염되지 않은 청정 자연경관을 기반으로 선택과 집중을 통한 관광 인프라 구축 등을 통해 군민은 '더 살고 싶고', 기업 유치, 양질의 일자리 창출로 청년들이 '오고 싶은' 곳이 되도록 저를 비롯한 전 공무원이 최선의 노력을 하고 있으며, 이를 바탕으로 민선8기 핵심 비전인 '10년 후 고흥인구 10만'의 큰 도시로 성장할 수 있을 거라고 확신합니다.

Q2. 고흥군의 특화된 도시경쟁력이 있다면 무엇이라고 생각하시는지요.

지난 5월 실용 위성을 실은 누리호 3차 발사 성공으로 우리나라는 이제 명실상부한 세계 우주강국이 되었으며, 그 중심에 고흥군이 당당히 자리하고 있습니다.

지난해 12월 국비 1조 6천억원 규모의 '우주발사체 산업클러스터' 지정에 이어, 올해 3월에는 일반산업단지도 없는 우리 고흥군에 나로우주센터 인근에 52만 평, 국비 3천 8백억 원 규모의 '우주발사체 국가산업단지'가 지정되었습니다.

특히, 지난 8월에는 우주발사체 산업클러스터로 지정된 사업 중 민간발사장, 연소시험장 등 핵심 인프라 시설 예타 면제로 내년부터 국비 2,400억 원을 투입, 우주강국 도약을 위한 핵심

사업을 속도감 있게 추진하고, 발사체 기업들의 집적화로 명실상부 대한민국 우주항공중심도시 고흥의 입지를 확고히 다졌습니다.

아울러, 전국 최대의 드론 관련 인프라를 바탕으로 고흥만 고흥항공센터 일원에서는 미래 新 교통수단으로 주목받고 있는 K-UAM(한국형 도심항공교통) 그랜드 챌린지 실증사업이 올해 8월부터 SKT, 현대자동차 등 대기업들이 참여한 가운데 수행 중에 있습니다.

우리군은 이에 착안하여 기체 개발 및 양산부터 버티포트(UAM 전용 이착륙장)와 같은 인프라 구축, 인력 관리, 운송 서비스 및 플랫폼 등 다양한 산업 분야를 연결하는 대한민국 최고의 UAM 버티허브 공항 거점지역으로 도약할 것입니다.

향후, 고흥의 관광지나 인근 시군 관광지를 연계하여 드론 관광택시 운영계획으로 상용화 시 우리군을 중심으로 대한민국 관광의 판도가 완전히 달라질 것입니다.

Q3. AI 및 드론 등을 활용한 양식어장 관리시스템 구축이 어떤 점에서 고흥군이니까 가능했는지, 어떤 이유에서 꼭 필요했는지를 설명해 주신다면.

현재 우리군 새꼬막 양식 어가들은 매년 오리떼로 인한 새꼬막 수확 손실이 어가당 1억원 내외로 추정됩니다.

또한 새꼬막 수확 철마다 찾아오는 오리떼를 쫓기 위해 주민들이 교대로 3~4명씩 근무하거나 사람을 고용해 직접 배를 타고 타녀 운영 효율성에도 문제가 있었습니다.

반면, 우리군은 타 지자체와는 비교할 수 없는 직경 22km, 면적 380㎢, 고도 650m에 이르는 전국 최대 규모의 비행시험 공역과 고흥드론센터, 드론상업화 실증 지원센터, 항공센터, 국가종합비행성능시험장, 비행시험 통제센터, 우주항공산업센터 등 드론산업 인프라가 전국에서 가장 잘 갖춰져, 드론 비행에 관련된 성능시험과 시설활용, 전문가들의 기술 자문이 쉽다는 장점이 있습니다.

따라서, 우리군만이 가진 최고의 강점인 드론 인프라를 활용한 오리떼 퇴치로 꼬막 양식의 생산성을 높이고, 비용 절감은 물론 어가 소득에 많은 도움을 줘 청년들의 귀어 정착을 유도해 우리군의 고령화와 인구감소에 대응하고자 이번 사업을 추진하였습니다.

Q4. 대규모 농수축산 스마트팜 밸리 조성을 준비하고 계신다는데,

지방소멸위험시대, 과거 노동집약 대표적 1차 산업인 농수축산업도 첨단기술 접목으로 경영비 및 노동력 절감, 청년농업인 육성 등 획기적인 변화가 필요합니다.

2022년 11월 준공된 고흥 스마트팜 혁신밸리는 33ha 규모에 총 사업비 1,190억 원을 투입한 첨단

기술이 접목된 스마트팜 확산 거점단지로, 미래 농업의 주인공이 될 청년 농업인 인재육성을 위해 스마트농업 교육, 실습, 창업까지 체계적으로 종합 지원하는, 전국에서 손꼽히는 첨단 스마트 시설단지입니다.

토마토, 딸기, 멜론 등을 재배하는 스마트 농업기술을 이론부터 현장중심 실습 교육을 배우기 위해 전국에서 모인 청년들의 발걸음이 분주한 곳으로 청년창업 보육단지, 임대형 스마트팜, 온실 및 노지 실증단지, 지원센터 등으로 구성되어 있고, 앞으로 청년 농업인에 대한 스마트팜 교육의 장 마련은 물론 기술혁신 플랫폼 역할을 톡톡히 수행하는 단지로 거듭나게 될 것이며 향후, 스마트팜 혁신밸리를 중심으로 그 인근에 스마트 축산 ICT 조성과 스마트 수산양식 클러스터를 포함해, 이 일대에 60~70만 평 규모의 대규모 고흥형 농수축산 스마트팜 혁신밸리를 확대 조성함으로써 명실상부한 스마트 농수축산업 확산거점으로 거듭날 것입니다.

Q5. 고흥군의 디지털 기술을 활용한 행정혁신은 어떤 것들이 있을까요.

우선, 내년부터 4차(AI) 산업기술 활용한 재난 및 안전관리 시설 지능화 사업을 추진하고자 합니다. 이는 자연재해 발생시 관리자의 판단으로 대응하던 기존 방식의 한계 및 문제점을 해결하고자 4차 산업기술인 IOT, AI 데이터를 활용한 사전 예측 대응 및 시설물 관리 체계를 구축하여 군민의 생명과 재산 보호하고자하는 사업입니다. 이를 위해 각종 농업기반시설, 재해방지시설, 재난예방경보시스템을 아우르는 있는 지능형 중앙관리소 구축 등을 계획하고 있습니다.

아울러, 스마트팜 혁신밸리 빅데이터센터 운영으로 데이터 기반 스마트 영농기술 개발하여 데이터 분석·활용 컨설팅을 통해 청년농을 데이터분석 전문가로 육성하고 표준화된 데이터 수집·분석·활용으로 스마트팜 서비스를 고도화하여 작물별 재배 컨설팅을 지원하고 있습니다.

2023 전국기초단체장 매니페스토 우수사례

디지털혁신 선도 | **서울 성동구**

어린이와 함께하는 디지털 활용 프로젝트
'메타버스로 만나는 안전통학로 리빙랩'

영화 「레디 플레이어 원」

스티븐 스필버그 감독의 2018년 작품이다. 2045년 미래시대를 배경으로 한 SF영화다. 청소년 모험물로 VR헤드셋을 쓰고 가상현실(VR) 게임 '오아시스'에 접속하는 순간, 자신이 원하는 모습으로, 원하는 일을 할 수 있다. 영화 속 오아시스는 메타버스의 일종이다.

어린이보호구역과 옐로카펫

도로교통법에는 어린이보호구역이 있다. '어린이보호구역'이란 '교통사고의 위험으로부터 어린이를 보호하기 위해 필요하다고 인정되는 경우 어린이가 주로 이용하는 시설이나 장소의 주변도로 가운데 지정된 일부 구간'을 말한다. 차량 속도는 30 킬로미터 이내로 제한할 수 있다.

주변에 초등학교를 지난 경험이 있다면 초등학교 주변 도로 바닥에 〈어린이보호구역, 시속 30㎞ 제한〉이란 표시와 함께 횡단보도 근처에 노란색이 칠해진 것을 본 적이 있을 것이다. 국제아동인권센터가 어린이 횡단보도 사고를 예방하기 위해 고안한 교통안전시설인 '옐로카펫'이다. 옐로카펫의 작동원리는 주변 공간과 구분되는 공간에 들어가고 싶어하는 아이들의 심리를 이용한 것이다. 횡단보도 근처에 노란색으로 칠해 어린이들이 안전하게 대기하고, 운전자는 신호대기 중인 어린이들을 쉽게 알아차린다.

뜬금없이 영화 「레디 플레이어 원」과 어린이보호구역/옐로카펫을 꺼낸 이유가 무엇일까? 서울특별시 성동구의 〈메타버스로 만나는 안전통학로 리빙랩〉과

밀접한 관련이 있기 때문이다.

　질병관리본부에 따르면 어린이 사고 발생 장소는 횡단보도(67.2%), 보도(7.9%), 기타(22.9%) 순이다. 도로교통공단 자료는 어린이보호구역 내 어린이 보행 사상자의 76.3%가 도로를 횡단하는 중 발생했는데 횡단보도 내 사상자는 66.3%, 횡단보도 외 횡단 중 사상자는 33.7%였다. 어린이 보호구역 내 사상자는 저학년일수록 사상자가 많았다. 71.4%가 1~2학년이었다. 사고의 53.7%가 방과후 시간(오후 2~6시 사이)에 발생했다. 특히 오후 4~6시 사이에 사상자가 많이 발생했다. 오후에는 학원 이동, 놀이 등 오전보다 야외활동이 많은 탓이다. 초등학교 저학년일수록 도로 횡단에 익숙하지 않고 주변 상황 인식이나 위험 대처에 미숙하다. 학교와 가정에서 보행안전에 대한 철저한 교육과 지도가 필요하다.

　성동구는 안타까운 아이들의 어처구니 없는 교통사고를 접하고 성인 눈높이와 차량 기준으로 설계된 도로환경에서 교통약자인 어린이들을 보호하려면 어린이 눈높이에 맞는 안전대책과 교육이 필요하다는 인식을 하게 된다. 행정력만으로 대응하기에는 대응속도도 늦고 디테일도 떨어진다. 관심이 있어야 보이는 법. 학부모들의 눈과 지혜를 모으기로 했다. 성동구는 2018~2020년까지 리빙랩을 통

해 관내 21개 초등학교 통학로 주변 94개의 위험요소를 해결하고 장기과제 14건을 발굴했다.

2019년 지역문제를 민관이 함께 지역문제를 해결하는 온라인 플랫폼인 '성동구민청'을 구축한 후 학부모들에게 안전통학로에 대한 의견을 받았다. 제안된 내용들은 소통하고 공론화해 정책으로 만들어 시행했다. 2022년에는 더 진보된 방식의 메타버스 플랫폼을 구축했다. 교통환경 등 빅데이터를 기반으로 실제 환경과 유사한 환경과 초등학생들이 좋아하는 게임 테마로 구축했다. 메타버스 플랫폼을 통해 확보한 사고발생 예상지역 등의 데이터 결과를 '어린이 통학로 안전시설물 DB 구축 사업'과 연동해 추진했다.

성동구는 전국 최초로 성동형 로블록스 게임(Sweet Home, Safe School)을 개발했다. 통학로 체험 게임으로 집에서 학교까지 등하굣길을 안전하게 만들기 위한 사회실험 게임이다. 골목길, CCTV 사각지대, 맨홀 등 통학로 위험요소들이 나타나고 스마트쉼터, 스마트횡단보도, 옐로카펫 등 미션을 수행하면 도착 순서대로 순위가 정해진다. 게임 참여 후에는 통학로 안전문제에 대한 의견을 개진할 수 있도록 했다.

초등학교 수업시간에 성동형 로블록스 게임(Sweet Home, Safe School)을 활용한 수업도 진행했다. 메타버스 내 어린이 대상 그루밍 성범죄 예방교육, 메타버스와 실제 등하굣길 위험요소 및 해결방법 등을 다뤘다.

메타버스 플랫폼, 성동형 로블록스 게임 그리고 어린이 대상 리빙랩을 통해 16개 지역 47개 위험요소를 확인하고 반응형 키봇, 스마트 반사경, 지향성 스피커, 바닥경고등, 지능형 CCTV, 로고 라이트, 지능형 전광판 등 스마트 솔루션을 도출하게 된다. 도출된 스마트 솔루션은 게임에 반영해 검증을 거쳐 정책으로 실행했다.

해당 사업은 과학기술정보통신부 '디지털 활용 현안 해결 프로그램' 공모사업 선정(2022. 07), 제11회 대한민국 지식대상 대통령상(2022. 12), 메타버스 ESG 대상 과학기술정보통신부장관상(2022. 10), 서울시 혁신시책부문 서울창의상(2022. 12) 수상 실적으로 입증되었다.

인터뷰 Interview

성동구청장
정원오

Q1. 성동구의 도시비전은 무엇인지요.

성동구는 4차산업혁명시대 최첨단 스마트기술을 활용하여 도시의 편리함과 효율성을 높이는 '스마트시티'와 언어, 나이, 성별, 장애 등에 구애받지 않고 모든 사람이 차별과 소외 없이 존중받을 수 있는 '포용도시'의 개념을 접목했습니다. 누구 하나 소외되지 않고 모두가 참여하며 모두가 누리는 '스마트 포용도시' 구현이 목표입니다.

Q2. 전국 최초로 성동구에서 ICT 기술을 활용한 모바일전자명부를 만들었는데, 가장 큰 효과는 무엇이었다고 보시는지요.

성동구는 코로나 시기 ICT 기술을 활용하여 정확한 출입자 정보를 실시간으로 관리하고 개인정보를 안전하게 저장할 수 있는 모바일 전자명부를 전국 최초로 개발·도입했습니다. 적극적이고 선제적인 조치로 구정 신뢰도가 향상되었으며 코로나 확산 방지에 기여하였습니다. 중앙부처, 전국 지방자치단체뿐만 아니라 기업체·공연장·병원·학교 등 전국적으로 확산되었고 전 세계에 K-방역의 우수성을 알리는 계기가 되었습니다.

Q3. 안전과 편의를 고려한 스마트쉼터와 스마트횡단보도를 소개해 주신다면.

성동구는 폭염, 한파, 미세먼지 등 이상기후에 대응하여 교통약자를 배려하고 누구나 편리하게 대중교통을 이용할 수 있는 최첨단 미래형 버스정류장인 스마트쉼터를 설치·운영 중입니다. 종합교통정보와 실시간 버스도착 영상 제공, 휴대폰 충전, 공공Wi-Fi 제공 등 스마트 편의 서비스를 제공합니다. 특히 지능형 CCTV, 비상벨, IoT 이상음원 감지 시스템 도입으로 비상 대피처 역할뿐만 아니라 범죄예방 기능도 하고 있습니다.

스마트횡단보도는 횡단보도에 IoT 기술, 바닥신호등, 차량번호 자동인식 등 첨단기술 8종을 접목하여 교통약자를 배려하는 시설입니다. 스마트횡단보도 설치 전·후 비교 결과 보행자 교통사고 발생건수가 21.5% 감소하였으며 보행자 교통사고 중상자 수 46.4% 감소, 경상자 수 12.9% 감소하는 등 주민 안전 확보에 기여하였습니다.

Q4. 스마트 흡연부스사업은 어떤 사업인지요?

최근 건강과 환경에 대한 시민의 관심이 높아지면서 간접 흡연피해와 흡연권에 대한 논의가 계속되는 가운데 성동에서는 스마트 흡연부스를 설치하여 비흡연자와 흡연자를 모두 존중하는 정책을 펼치고 있습니다. 스마트 흡연부스는 담배연기가 밖으로 나오지 못하게 하는 음압기술과 내부 공기를 정화하는 제연기능으로 기존 폐쇄형 흡연부스와는 전혀 다릅니다. 성동구는 지속적으로 흡연 민원이 발생되는 곳에 스마트 흡연부스를 확대 설치 예정입니다.

Q5. 공무원들의 디지털 민첩성을 높이기 위한 디지털 역량 강화 교육은 어떤 것들이 있는지요.

직원의 디지털 민첩성을 강화하기 위해 메타버스를 활용하여 확대간부회의를 개최하고 메타버스 플랫폼 활용 교육을 실시하였습니다. 최근 이슈가 되고 있는 초거대 언어모델 GPT 관련 강의 및 자료 공유, 실무에 활용 가능한 사용법 등에 대한 직무교육을 실시하는 등 최신기술을 지속적으로 노출함으로써 직원들의 역량 강화를 위해 노력 중입니다.

2023
전국기초단체장
매니페스토 우수사례

지역문화 활성화

강원 원주시 | 경북 포항시 | 경북 영덕군 | 경북 예천군
서울 영등포구 | 서울 관악구 | 광주 동구

2023 전국기초단체장 매니페스토 우수사례
지역문화 활성화 | **강원 원주시**

원주 하이볼 축제

당신도 하이볼을 즐기나요?

하이볼이 새로운 음주 문화로 자리 잡고 있다. 나이가 있는 세대에게 하이볼은 낯설지만 MZ세대를 중심으로 보편화된 음주문화다.

하이볼은 아직 생소한 개념의 술 문화다. 얼음을 채운 텀블러 글라스에 위스키를 넣고 탄산수나 탄산음료를 일정한 비율로 섞는 칵테일의 일종이다. 하이볼의 유래에는 여러 설이 있다. 18세기 영국 상류층을 중심으로 인공 탄산수 제조법이 개발되면서 브랜디에 탄산수를 타서 마시면서 유래됐다는 설, 과거 영국 상류층이 골프 경기 중 갈증을 풀던 음료의 하나라는 설도 있다. 골프 라운딩 시 후반으로 갈수록 골프공이 엉뚱한 곳으로 가는 경우가 잦아지는데 이때 '하이볼'을 외치며 음료를 마셨다는 것이다. 미국 서부시대에 기차역 바에서 기차를 기다리며 위스키를 마시던 승객들이 기차 출발을 알리는 볼이 올라가면 위스키를 빠르게 마시기 위해 위스키에 탄산수를 섞어 단숨에 들이켰다는데서 유래했다는 설도 있다.

하이볼이 정식 기록에 등장하는 것은 1895년 크리스 라울러이 쓴 〈더 믹시콜로지스트〉에서다. 크리스 라울러는 이 책에서 얼음과 탄산수를 채운 잔에 1.5oz의 브랜디나 위스키를 채우는 하이 볼(High Ball)이란 칵테일을 소개한다. HighBall이란 이름은 1900년 해리 존슨의 바텐더 매뉴얼에 처음 등장한다고 한다. 이 하이볼은 얼음 2~3개를 넣은 피즈 글라스에 위스키를 2oz를 넣고 탄산수를 채우는 칵테일이었다.

현재 한국에서 유행하는 하이볼은 얼음이 들어간 글라스에 탄산수와 위스키를 섞은 후 레몬 조각을 띄우는 식이다. 이런 방식은 2000년 초 일본 위스키 업체들이 소비 위축을 극복하려고 적극적으로 프로모션한 방식이다.

하이볼의 유래가 어찌됐든 개인 취향에 따라 다양한 방식과 스타일로 만들 수 있어 사랑을 받고 있다.

하이볼과 코로나 엔데믹을 연관지어 고민한 곳이 있다. 강원도 원주시다. 코로나 팬데믹은 골목상권을 직격했다. 2022년 기준 전국 평균 자영업자 비중 (20.1%)다. 강원도지역 자영업자는 전체 취업자 81만8천명의 24.1%이다. 코로나 팬대믹 이전에는 전체 취업자 중 25.6%였는데 코로나 팬데믹 3년 사이에 1만1천 명이 사라졌다. 영세자영업자의 피해는 더 컸다. 고용원이 없는 자영업자는 1만3천 명, 무급가족 종사자도 1만3천여 명이 사라졌다.

소상공인연합회가 실시한 "2023년 소상공인 경영전망 실태조사'에 따르면, 소상공인의 73.8%가 올해 전망을 부정적이라고 전망했다. 소비 위축뿐 아니라 원부자재 가격 인상, 조달자금 비용 증가 등도 겹쳐 기대심리가 위축된 것이다. 그나마 다행인 점은 코로나 엔데믹 이후 갇혀있던 탓에 답답했던 마음을 대면 소통을 통해 해소하려고 하려는 서비스 심리는 살아 있다는 점이다.

강원도 원주시는 상인회와 코로나 팬데믹으로 침체된 지역상권을 살리기 위한 방안을 고민하게 된다. 젊은층의 관심과 집결로 에너지를 모아 활력이 생기고, 다른 연령과 세대로 확대된다. MZ 세대에 주목하고 그들이 즐기는 문화 중 하이볼에 주목하고, 야외 펍이라는 컨셉을 결합하는 방식을 기획한다. 코로나 엔데믹에서 폭발하는 심리를 잘 간파한 컨셉이다.

하이볼 축제는 젊은층 트렌드다. 젊은층이 주축이 되어야 한다. 장소는 원주시 우산동 상지대길 구간으로 정했다. 축제 기획부터 운영까지 학생들과 상인회

가 함께 준비했다. 상지대학교 학생들과 함께 상지대학교 후문에서 공연팀 3팀, 스탭 20명과 함께 축제를 열었다. 공연팀들이 버스킹을 하고, 원주시민들이 자유롭게 참여할 수 있는 플리마켓도 운영했다. 축제라면 이벤트가 빠질 수 없다. 하이볼 축제를 여는 공간인 상지대길에서 결제한 영수증을 제시하면 하이볼을 무료 제공하는 이벤트를 통해 상가 매출로 연결시켰다.

원주 하이볼 축제는 202년 8월 25일, 9월 1일, 9월 15일 저녁 6~10시까지 3일간 참가자 총 인원은 7,000명이었고, 원주 하이볼축제 굿즈 개발해 판매했다.

하이볼 축제 이후 상지대길 상인들을 대상으로 만족도 조사를 실시해 축제에 대한 다양한 의견 수렴도 진행했다. 여론조사 결사 결과, 하이볼 축제가 상가 활성화에 도움이 된다는 응답은 50%, 정기적 개최 찬성은 75%가 찬성하는 것으로 나타났다. 2023년에도 6회에 걸쳐 상지대길 상인회 자체 사업으로 원주 하이볼 축제를 운영했다. 상지대 동아리팀 공연은 이후 사업파트너로 발전했다. 축제 장소는 우산동 전역으로 확대하고 세부적인 홍보계획과 다양한 콘텐츠를 마련해 명실공히 원주 지역축제로 자리매김하도록 할 계획이다.

인터뷰 Interview

원주시장

Q1. 원주시는 지난 8월 지역 대학 6곳과 상생발전을 위한 업무협약을 체결했는데요, 상생발전 협의체는 어떤 일을 하게 되나요.

저희 시는 지난 8월 23일 지역 상생발전을 위해 관내 6개 대학과 업무협약을 체결했습니다. 그에 따른 후속 조치로 기획협력단 운영을 조기에 정착하고 협약의 실효성을 높이고자 지난 9월 담당 부서장과 6개 대학 산학협력 단장이 참여하는 실무협의체를 구성하였습니다.

실무협의체는 지역 발전을 위한 다양한 사업을 제안하는 동시에 효율적인 사업추진 방안을 검토 제시하는 역할을 하게 될 것입니다. 앞으로 분기별 1회 이상 회의를 소집해 지역 발전을 위한 아이디어를 모으고 지역의 역량을 결집해 나갈 계획입니다. 우리 시도 기획협력단이 시민 복리 증진 및 지역경제 활성화를 위한 '아이디어 뱅크' 역할을 할 수 있도록 적극지원해 나갈 것이며, 이를 통해 우수한 교수진 연구진, 재학생 등 풍부한 인적 인프라르 가진 원주가 한단계 더 도약할 수 있을 것으로 기대합니다.

Q2. 원주시 최대 현안 사업 중 하나인 캠프 롱 부지 공원조성사업은 어떻게 진행되고 있나요.

캠프롱 문화체육공원 조성사업은 반환된 미군기지를 시민의 품으로 환원하기 위해 추진하는 사업으로, 국립강원 전문과학관, 수영장, 시립미술관 등이 공원 내에 조성됩니다. 공사기간은 2023년 10월부터 2025년 12월까지 계획하고 있습니다. 본 사업이 완료되면 역사와 문화를 품고 우수한 시설을 갖춘 공원이 될 것으로 기대하고 있습니다.

Q3. 원주시가 계획하고 있는 원주천 르네상스 사업을 소개해 주신다면

원주천 르네상스 사업은 원주천을 시민들에게 더 가까이, 더 편하고 더 행복하게 만들어 줄 수 있

는 친수 공간으로 조성하고자하는 사업으로서

주요 사업으로는 수목식재를 통한 푸른 숲길 조성과, 자전거도로와 보도의 분리로 보행자와 자전거이용자가 서로 쾌적하고 안전하게 이용할 수 있도록 하는 도로 환경 개선사업. 그리고, 피크닉장 및 파크골프장 조성 등의 다양한 여가문화 공간 조성사업이 있습니다.

사실, 원주시 도심을 가로질러 흐르는 상당히 크고 소중한 오픈 스페이스임에도 불구하고, 치수 중심의 하천관리와 수변공간은 체계적인 계획없이 조성되다 보니 하천 공간이 효율적으로 활용이 안되고 이용자의 만족도는 낮은 게 현실이라

공약으로 선정하여 취임하자마자 조성이 잘 된 한강이나 양재천 등 다른 하천들을 견학하고 원주천 실정에 맞는 부분들을 적용하고자 검토했습니다.

2024년 상반기에 사업을 착공하면 2025년 까지 마무리 할 예정에 있습니다.

시민 여러분들께서도 새로운 원주천으로 변화해 가는 과정을 끝까지 지켜봐 주시면서 응원해주시면 감사하겠습니다.

Q4. 원주역사 리모델링과 원주역 주변 일대를 '철도 정원' 등으로 개발하는 계획을 밝히셨는데요. 조금 더 자세히 설명해 주세요.

구 원주역을 지나는 철도노선은 현재 철도가 폐선이되면서 유휴공간으로 남아있습니다.

원주시에는 현재 우산동에서 반곡역까지 10.3km의 폐철도구간에 대해 푸른 숲을 걸을 수 있는 치악산바람길숲조성사업이 추진 중에 있으며 치악산바람길숲 조성사업의 중심 거점으로 구 원주역사부지를 개발하는 '원주센트럴파크 조성사업'을 추진하고 있습니다.

'원주센트럴파크조성사업'은 원주시민의 희로애락을 품은 역사적인 구 원주역사 공간을 원주시, 철도공사, 철도공단이 서로 뜻을 합쳐 원주역사만이 가지고 있는 역사적·공간적인 특성을 최대한 살리면서 현대적인 공간으로 탈바꿈하고자하는 사업으로 폐철도의 유휴부지를 철도정원, 광장, 휴게쉼터, 주차장 등으로 조성하여 원주시민들에게 푸르고 쾌적한 휴식공간으로 되돌려 주고자 하며, 내년 상반기 중 사업을 마무리할 계획입니다.

Q5. 원주시에는 맨발걷기를 주제로 하는 축제도 있다는데.

시는 지난 9월 2일 오전 9시 행구동 운곡솔바람숲길 일원에서 시민, 관광객 등 500여명이 참석한 가운데 '맨발의 도시 원주!'를 주제로 「제1회 원주맨발걷기 축제」를 개최하였습니다.

전국 최초 '트레킹도시 선포'와 더불어 '맨발로 걷기 좋은 도시'를 만들기 위해 개최한 이번 행사

는 3.5km의 치악산 소나무 숲길을 산림욕을 즐기며 맨발로 걷는 행사와 공연, 볼거리 제공 등 각종 체험행사로 진행되었으며, 시민의 삶의 질 향상은 물론 지역경제 활성화에도 보탬이 될 수 있는 시작점이 되었습니다.

이번 축제는 원주시가 트레킹 도시의 본고장으로 가는 첫걸음을 내딛는 의미 있는 날이 되었으며, 내년에는 새로운 맨발걷기 명소에서 더욱 풍성한 프로그램으로 축제를 준비할 예정입니다. 아울러 원주시는 앞으로 도시숲, 공원같이 시민들이 쉽게 접근할 수 있는 맨발걷기에 좋은 코스를 선정하여 코스 정비와 세족 시설 설치 등 편의시설을 확충하여 맨발걷기 활성화를 위해 노력할 계획이니 많은 기대 부탁드립니다.

2023 전국기초단체장 매니페스토 우수사례
지역문화 활성화 | **경북 포항시**

시민문화거점 조성 및 활성화
'시민들이 삼삼오오 모여
세상을 바꾸는 문화판, 삼세판!'

포항시는 세대별로 연상되는 것이 다른 지역이다. 그만큼 깊은 역사와 전통 그리고 변화를 품은 도시다. 어르신들에게는 한국경제를 견인한 제철보국의 도시로 기억되고, 또 다른 세대는 동해안 3대 일출 명소인 호미곶을 연상할지 모른다.

포항시는 가히 기업도시로 불릴만하다. 한국 중화학공업 육성을 위해 1970~1981년 영일만에 세워진 포항제철소는 오늘날 전 세계 1위 철강기업으로 성장한다. 포항공대(POSTECH), 포항산업과학연구원(RIST)을 비롯해 그린바이오의 중심인 포항융합기술산업지구가 위치해 있고, 이차전지와 수소 등 신성장 산업의 중심지이기도 하다. 세계적 다국적기업 지멘스(SIEMENS)도 유치했다. 호미곶 해맞이 광장의 '상생의 손'과 국내 최대규모의 체험형 조형물인 환호공원 '스페이스워크'도 포항시의 랜드마크다.

이러한 인구 50만 명의 대도시 포항시도 생활권 내 접근이 쉬운 문화거점이 부족하다는 아쉬움이 있다. 퇴근 후 혹은 주말에 가까운 동네 주민들과 모여서 원하는 문화활동을 할 수 있다면 개인 만족도뿐 아니라 지역 커뮤니티 활성화에도 도움이 될 수 있을 텐데 하는 고민은 문화도시 조성사업의 일환으로 지방자치단체 최초 〈일상 속 15분 문화생활권〉을 확보하기 위한 노력으로 이어진다. 포항시를 단순히 도농복합도시로 표현하기에는 복잡다단하다. 도시, 농촌, 어촌, 산촌과 공단까지 분포하고 있어 지역환경에 걸맞은 문화공간을 찾기 힘들다. 시민들이 도보 15분 생활권 내에서 자신들의 요구에 맞는 문화생활을 즐길 수 있다면 삶의 만족도는 높아질 것이다.

　포항시는 랩핑 된 '찾아가는 삼세판PLAY' 자동차로 구룡포읍, 흥해읍, 송라면, 기계면, 청하면 등 포항시 구석구석을 돌며 홍보활동을 벌였다. 이렇게 6개 권역 및 29개 읍·면·동에서 총 33,070km를 돌며 문화활동을 찾아내고 지역별 커뮤니티그룹과 교류를 확대해 연결망을 만들었다. 구룡포읍의 해녀문화, 흥해읍의 벌샘과 지진, 연일읍의 철의 인문학, 송라면의 동해안별신굿, 중앙동의 아카데미극장 등 지역 내 가치 있는 문화자원도 발굴했다. 발굴한 지역문화는 전문가 컨설팅을 통해 보존·확장했다. 동해안별신굿인 '지화'는 예술성이 인정돼 지역특화문화로 다른 사업과 연계해 새로운 콘텐츠와 프로그램으로 개발했을 뿐만 아니라, 국립극장에서 열리는 〈2023 여우락 페스티벌〉의 〈종이꽃밭 : 두할망본풀이〉 공연으로 이어져 무대 언어로 새롭게 풀어냈다.

　지역 최초 시민 중심의 '삼세판' 문화거점공간 조성사업은 2020년부터 재단법인 포항문화재단이 시민 공모방식으로 진행하고 있다. 동네에서 누구나 함께 활용할 수 있는 유휴공간을 찾아 3명 이상이 모인 시민커뮤니티를 모집·운영하면 3년 간 지원해 준다. 유휴공간에는 소규모 공간 인테리어와 테이블, 의자와 같은

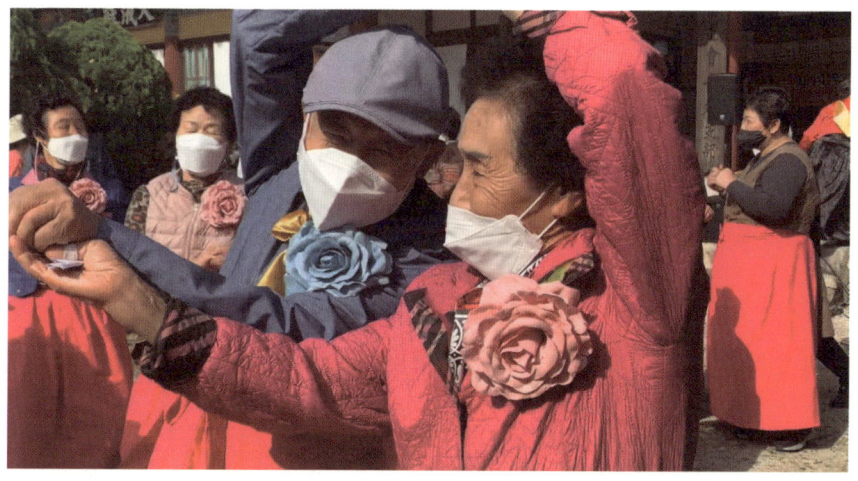

기본적인 집기를 지원한다.

　삼세판 공간이 확보되면 지역주민들의 요구에 맞는 문화거점으로 조성하기 위해 협의하고 전문가들이 자문을 제공한다.

　삼세판 문화공간은 마을회관, 경로당, 동네 카페, 책방, 동창회 사무실, 복지관, 어촌계 사무실, 산골산방, 철강산업단지 내 빈 창고 등 다양하게 운영되고 있고, 생활권에 있는 유휴공간이면 어디든 가능하다.

　하드웨어뿐 아니라 지역주민들의 생활 여건과 요구에 맞는 맞춤형 활성화 프로그램도 제공한다. 삼세판 문화공간마다 지역 문제해결, 문화예술 교육, SDGs와 ESG 지향 활동 등 시민들의 요구를 반영해 프로그램을 운영할 수 있도록 강사료와 활동비를 지원하는 방식이다.

　현재까지 포항시 삼세판 문화공간은 28개 읍면동 46개소에 달한다. 삼세판 문화공간은 동떨어진 섬처럼 운영하지 않는다. 월 1회 대표자 모임인 '오지라퍼' 회의를 통해 정보도 교류하고 공감대를 형성하는 시간을 갖는다. 또한, 논의를 거쳐 서울마을예술창작소와 같은 선진 사례지를 답사하고 기관 협력을 위한 협약을 체결하기도 한다. 이외에도 '공동프로젝트'를 통해 공동의 목표 실현을 위한 공간별 협력과 재능 품앗이 등 문화 확산을 도모한다.

포항시의 삼세판 문화공간 조성사업은 불균형하고 부족했던 지역문화를 생활권 중심으로 좁혀 도시 전반을 아우르는 문화공간으로 확장하는 효과를 발휘했다. 그 결과, 포항시 면적 대비 생활권 문화공간이 확보된 면적은 98.23%에 달하며, 지역사회의 자발적 문화활동을 통해 공동체성을 강화하고 잊힐 뻔한 지역문화에 지속가능성을 부여할 수 있게 되었다.

인터뷰 Interview

포항시장
이 강 덕

Q1. 포항시의 삼세판은 시민문화거점을 조성하고 자발적으로 활성화 하는 것에 역점을 두고 있다는 점에서 주목을 받았는데요. 다른 문화거점과는 다른 특별함을 말씀해 주신다면?

네, 공공에서 주도하는 문화거점공간은 주로 공급자 중심으로 운영되는 공간으로 운영시간과 프로그램의 제한이 있는 형태입니다. 삼세판은 시민들이 자발적으로 공간을 공유하는 것으로 의견 나눔을 통해 시간의 자율성이나 프로그램의 다양성이 보장되며 공동의 문화 욕구를 충분히 실현할 수 있다는 점이 특별합니다.

현재 포항지역의 삼세판으로 이루어진 문화공간은 28개 읍·면·동 총 46개소가 운영되고 있으며, 도심뿐만 아닌 문화소외지역에도 골고루 위치하고 있어 시민들의 문화 경험 역할을 톡톡히 해내고 있습니다. 이렇듯 앞으로도 새로운 시민문화거점공간의 지원을 통해 지역문화의 지속 및 발전 가능성을 꿈꾸고자 합니다.

Q2. 시민의 문화향유 기회와 접근성을 높임으로써 문화민주주의의 기틀을 마련해 나가겠다는 말씀을 하신 바 있는데요. 지방자치에서 문화민주주의 기틀 확립은 어떤 의미를 갖는다고 보시는지요.

삼세판 문화거점공간을 통해 시민들은 능동적인 문화활동을 만들어가고 참여하게 됩니다. 자유롭게 의견을 나누고, 공동의 관심사와 가치를 공유하며, 문화 활동을 결정하는 삼세판 커뮤니티는 자연스레 문화의 접근성을 높이게 합니다. 이러한 공간은 민주주의의 핵심 원칙 중 하나인 시민참여를 촉진하고 발전에 기여할 수 있는 중요한 단계 중 하나라고 생각하며, 공간을 통한 시민 커뮤니티 활성화는 앞으로의 지역문제를 공동의 문제로 삼고 해결나가는 것의 기반이 아닐까 싶습니다.

Q3. 포항시의 '영일만 Art&Tech 문화클러스터 조성' 사업을 소개해 주신다면.

포항시는 '이차전지 양극재 특화단지' 조성, '수소연료전지 발전 클러스터 구축사업' 추진, '바이오산업' 확장 등 산업적 측면에서 지속적인 성장을 이뤄내고 있습니다. 이러한 성장의 지속성이 보장되기 위해서는 문화적 요소의 결합이 필요하다고 생각합니다.

기술적 성장과 더불어 문화적 요소의 결합 속 개인의 창조성이 보장받고, 삶이 풍요로운 글로벌 문화도시의 구축이 필요한 시점이라고 생각하며, 그 전략으로 문화산업 생태계구축을 위한 '영일만 Art&Tech 문화클러스터 조성'을 추진하고 있습니다.

이는 포항의 글로벌 산업, 과학기술 자원과 문화예술이 결합한 클러스터를 조성하고, 이곳에 기반한 거점들이 혁신성장의 생태계를 만들고, 이를 통해, 문화, 예술, 관광, 경제, 교육 등 다양한 직간접적 파급효과를 만들어 내는 도시적 차원의 프로젝트입니다.

구상의 실현을 위한 전략으로 MIT를 중심으로 보스턴의 지역경제, 문화 발전에 처음 사용해 성공을 거둔 트리플 헬릭스 모델(Triple Helix Model)을 설정하였고, 산-학-관이 유기적으로 협력해 혁신성장을 만들어 내는 이 모델을 바탕으로 문화클러스터를 만들어 가고 있습니다.

이러한 구조 속 포스텍, 한동대학교, 포항문화재단, 지역 산업체들과 명장들, 문화예술 전문가들과 같은 다양한 주체들이 모여 구상의 실현을 위해 지속적인 논의와 실험을 진행 중입니다.

또한, 관련 산업의 선진지인 프랑스 '툴루즈시', '낭뜨시'와의 지속적인 관계망 구축을 통해 확장도 모색하고 있습니다. 그러한 시도를 통해 최종적으로 형성하고자 하는 모델은 '낭뜨의 기계섬'과 같은 관련 산업 기관 등이 모여 시너지 효과를 창출하는 '문화클러스터의 조성'이며, 이를 위해 경상북도와의 긴밀한 협의 속 관련 법안의 입안, 예산의 확보 등을 꾀하고 있습니다.

2023 전국기초단체장 매니페스토 우수사례
지역문화 활성화 | **경북 영덕군**

연결의 문화정거장 영덕 BLUE's
- 문화취약지역의 공간, 사람, 자원을 연결하는 문화 플랫폼 구축

영덕군

경북 영덕군은 영덕대게 산지로 잘 알려진 지역이다. 1개읍 8개면으로 이루어진 인구 3만4천명의 소도시이기도 하다. 여느 지역소도시처럼 인구감소와 지역소멸 위험에 노출되어 있다. 2002년에 이미 고령사회에 진입했고, 현재는 전체 인구 중 65세 이상 노인비율이 35%를 넘긴 초고령사회다.

영덕군은 지속가능한 영덕을 만들기 위한 다양한 노력을 기울이고 있다. 2021년에는 경상북도 '문화특화지역 조성사업'에 선정돼 도비 포함 37억 5천 만 원을 확보했다. 이 예산으로 지역 고유문화를 매개로 지속발전을 도모하는 발판을 마련했다. 2022년에는 문화체육관광부 공모사업인 '지역문화 활력촉진 지원사업'에도 선정돼 3년간 국비 12억 원 등 총 24억 원을 확보했다. 이 사업은 지역 간 문화격차를 완화하고 주민의 문화접근성을 높이기 위한 사업이다.

　영덕군은 지역문화 활력촉진 지원사업에 선정됨에 따라 △문화인력 양성 △인근 문화도시와의 인적 네트워크 강화 및 성공사례 공유를 통한 문화기반 구축 △유휴공간 활용을 통한 문화특화공간 조성 △지역민 수요를 반영한 다양한 문화프로그램 개발·운영 △문화인프라에 접근성을 높이기 위한 문화버스 운영 등을 추진할 계획을 세운다.

　영덕군은 청소년·청년을 비롯해 만세시장상인회, 이장협의회, 부녀회 등 지역단체들과 머리를 맞댄다. 지역 내 유휴공간과 지역사회 문화자원을 활용해 보자는 의견이 제시된다. 우선 지역 내 청년 활동가를 발굴하고, 지역 외 청년들에게 영덕문화귀촌살아보기(영덕아트M.T)와 영덕문화창업지원 프로젝트(로컬창업in영덕)를 통해 창업과 정착을 유도하기로 한다. 지역 내 인프라가 부족한 상황을 고려해 대구 인디053, 대구 아울러, 부산 재미난 복수, 부란 라멘 등 주변 지역 문화예술 기획단체들과 대구한의대, 안동대 등 지역대학과 함께 사업도 발굴하기로 했다.

　사람이 있으면 공간과 거점도 필요하다. 지역에 있는 유휴공간을 발굴하고 공간을 개조해 활용하는 방안을 추진했다. 영덕읍의 경우 옛 영덕버스터미널을 지역문화 활력촉진 지원센터로 만들고, 영덕새마을금고 지하 1층, 지상 2~3층을 활용해 생활문화동아리 공유공간으로 개조했다. 덕곡천 '덕스트릿 문화공간을 활용 문화주간'문화프로그램을 운영한다. 영해면에서는 영해 만세시장 A동 아케이트 거리에 문화장터를 운영하고, 예주고을은 이웃사촌마을 확산사업과 청년활동공간 중심지로 하고, 예주문화예술회관에서는 생활문화동아리 연습과 공연 공간으로 제공한다. 강구면은 해파랑공원에서 연중 프리마켓을 운영할 수 있도록 공간을 마련한다. 총 사업비 400억 원을 확보해 영해 만세시장 일대를 청년들이 살기 좋은 마을을 조성하는 이웃사촌마을 확산사업도 추진하고 있다. 향후 미디어콘텐츠나 IT 분야의 청년기업을 유치까지 하겠다는 구상이다. 450억 원의 예산이 투입되는 근대역사문화공간 재생활성화 사업도 영해 근대역사거리 일대의 문화재를 보수·정비해 청년사업을 유치하고 신규문화 콘텐츠를 발굴하는 사업이다. 영해면 중심으로 예주어울림센터, 영주 행복드림센터 등 도시재생뉴딜사업도 활력을 불어넣고 있다.

지역주민들의 문화향유권을 높이기 위한 문화예술 프로그램도 적극 개발해 나가고 있다. 영덕 BLUE's의 끝판왕은 마을문화 예술활력 지원사업이다. 영덕 주민들이 배우로 출연하는 '나는 배우다'는 오디션으로 선발된 주민 5명과 웹드라마를 제작하는 사업이다. 영상콘텐츠를 기획하고 주민간담회를 연후 주민자문단을 선정했다. 다른 한쪽으로는 감독와 배우를 섭외하고 드라마를 제작했다. 웹드라마는 마을을 넘어 해외에서도 인정받았다. 3부작 웹드라마는 스페인 국제영화제 '2023 FIMMER', 이탈리아 나폴리 'CineCi' Cultural Classic 2023'어워드 본선에 진출하기까지 한다.

영덕군 식재료를 이용한 레시피 공모전인 영덕배 쩝쩝박사 선발대회를 열고,

영상콘텐츠를 만들어 제25회 온라인 영덕대게 축제 때 오픈마켓(영덕해품)에서 밀키트로 만들어 판매했다. 빈 상점을 활용해 공연문화를 활성화하는'찾아가는 영덕문화장터'예술로만세', 영덕인문실록 아카데미 교육을 통한 영덕지역 마을기록사, 영화문화파수꾼 생애사 양성 및 영덕인문실록 전시회와 청소년캠프. 마을예술학교, 청소년공연예술축제 등 다양한 문화인력과 프로그램도 펼치고 있다.

영덕 블루스는 전체 군민의 18%(직접 참여 664명, 관람객 등 간접 참여 5,830명)가 참여해 문화향유 기회를 확대하고, 활력을 높이는 계기를 마련했다. 지역문화를 매개로 다양한 지역의 세대와 연령이 소통하고 교류하는 관계망을 구축했다. 청년 예술가 등 8명이 귀촌하는 효과도 있었다. 사업 2차년도인 2023년에는 20여명의 문화예술청년이 귀촌은 물론 협동조합을 만들어 지역예술 활동에 박차를 가하고 있다.

인터뷰 Interview

영덕군수

김 광 열

Q1. 지역 상생 위한 문화 축제 '영덕블루스'의 가장 큰 특징은 무엇인지요.

영덕 블루스는 지역문화활력지수가 낮은 농어촌지역에 대한 공모사업에서 시작되었습니다. 당초 이 사업을 분석할 때 영덕군이 지역문화 활력지수가 낮게 나오는 가장 핵심 이유가 인구 소멸과 맞닿아 있고 소멸의 핵심적인 문제는 젊은인구 유출과 노인인구 증가로 보고, 동전의 양면 같은 이러한 진퇴양난의 문제점 해결을 위해 문화예술 청년동력 마련을 통한 사업 전개와 이 청년들로 하여 각계각층을 연결하여 문화를 통한 인구소멸 문제해결을 위해 이 사업을 설계하게 되었습니다. 사업을 추진하는 과정에서 가장 고민한 부분이 사업을 진행하고, 이에 따라 사람이 모이는 의미 있는 공간들을 발견하는 것이였는데, 영덕군은 통상 지형적 · 사회적 조건이 남부, 중부, 북부로 권역이 나뉘어져 있다고 이야기됩니다.

중부권의 영덕읍내의 경우 읍내중심가에 위치하면서도 활용도가 떨어졌던 구)시내버스터미널 유휴공간을, 남부권의 경우에는 년간 300만명의 관광객이 찾는 강구항 대게거리의 해파랑공원을, 그리고 북부권의 경우에는 일제 강점기 영덕 독립운동의 성지이자 경북 동해안권의 최대 오일장이 열렸던 영해 만세시장내 현재는 유휴공간으로 남겨진 아케이트 A구간을 거점 공간으로 활용하자는 의견을 모을 수 있었습니다.

각각 공간의 특징에 따라 해당 프로그램과 공간을 재배치하고 영덕의 장날이 가진 특징을 분석하여 장날마다 모든 주민들이 만나고 문화활력을 촉진하는 장소성을 부여하는 프로그램을 구성하게 되었고, 특히 중부권의 구)시내버스터미널 건물에는 누구나 본인이 좋아하는 문화생활과 동아리활동을 할 수 있는 문화공간 조성을, 북부권의 영해 만세시장에는 주변 영덕군 정책사업과 연계하여 문화활력 촉진자인 청년들의 지속적인 영덕살이가 일어날 수 있는 사업 구성을, 남부권의 해파랑공원에는 해파랑프리마켓 개최 등으로 지역별 문화거점공간을 통해 사람이 모이고 이를 통해 사람을 발굴하고 다시 사람이 사업을 재창출해나가 선순환의 구조로 이 사업이 추진하고 있습니다.

Q2. 영덕의 해안 둘레길 '블루로드'를 소개해 주신다면

영덕의 남쪽 끝인 남정면 부흥리 대게누리공원에서 시작되어 영덕 북쪽 끝 병곡면 고래불해수욕장까지 이어지는 "영덕 블루로드"는 총연장 64㎞의 해안도보길로 기존의 바닷가 간첩 침투를 경계하던 해안초소길을 2009년부터 여행객이 다닐 수 있게 개방해 조성한 도보길로 조성 당시 에메랄드빛 청정 동해바다를 옆에 두고 트레킹을 할 수 있는 국내 내륙 유일의 도보길라는 입소문과 함께 걷기 열풍이 불면서 전국적인 명성을 얻었습니다.

현재도 영덕 블루로드는 부산 오륙도에서 강원 고성을 잇는 770㎞ 해파랑길의 모태가 되었고, 부산 항만, 울산 중공업·화학, 경주 원자력, 포항 제철, 울진 원자력, 삼척 석탄발전 등 동해안선의 각종 산업단지를 비껴가는 동해안 중부권에 자리한 유일한 청정지역의 도보길로 친환경 웰니스 힐링트레킹의 명소로 많은 사랑을 받고 있는 관광명소 거듭나고 있습니다.

또한, 지금도 황토길, 조약돌길 등 테마가 있는 도보길 조성으로 볼거리, 즐길거리를 꾸준히 확충하고 있으며, 블루로드를 찾는 도보여행객들이 불편함이 없도록 구간내 편의시설 확충과 구간내 낡고 오래된 시설물 보수를 통해 지속적으로 관리하고 있으니 등산이나 걷기를 좋아하시는 분이라면 한 번쯤 영덕을 방문해 블루로드도 걷고 영덕대게를 비롯해, 11년 연속 전국 최대생산량의 영덕송이, 여름철 별미 영덕복숭아와 황금은어 등 맑은공기 영덕의 특산물을 맛보신다면 이보다 더 좋은 치유관광은 없을 것입니다.

Q3. 영덕청년문화협동조합은 어떤 활동을 하는 곳인가요.

22년부터 이번 사업 '영덕블루스' 지역문화활력촉진사업의 일환으로 진행된 청년귀촌여행 '영덕아트M.T'행사를 통해 영덕군에 귀촌한 청년창업가, 예술가, 로컬크리에이터로 이루어진 5개 단체가 의기투합해 만들어진 협동조합입니다.

복합예술기획그룹 (유)대안문화행동 재미난복수, (주)청년문화예술 공동체NIM, 무속음악에 전자사운드를 결합한 전통리듬연구소 루츠리듬, 지역예술가에 기반한 레이블 영덕레코드, 상인을 넘어 장인을 지향하는 모임 디자인기업 상장모 등 문화예술 관련된 청년과 기업단체들로 구성되어 있고 한 때 유행으로 농어촌지역별로 1~2곳은 존재하나 활용도가 낮았던 농촌중심지활력센터인 병곡면 고래불권역센터에 터를 잡고 꾸준히 활동을 하면서 지역에 활력을 불어 넣고 있습니다.

이 들은 우선 영덕문화관광재단의 청소년문화예술사업에 합류, 청소년 캠프를 진행하고 밴드, 바투카다 등 방과 후 수업과 동아리 활동을 통해 지역 청소년들의 속 깊은 형으로 자리 잡으면서 귀촌에 따른 기존 지역주민과의 이질감을 녹여냈을 뿐 아니라 올 2월에는 축산항 개항 100년을 기념하는 사전 행사, '컬처난장'을 벌여 축산항과 경정을 떠들썩하게 휘저은 주역도 이들이였고, 4월엔 물가자미축제에서 퍼레이드를 벌이고 DJ댄스파티를 열어 조용한 시골마을에 신나는 돌풍도 일으키기도 했습니다.

또한, 지역셀러들의 장터인 〈해파랑프리마켓〉에도 진출해 직접 디자인하고 제작한 실크스크린 티셔츠를 판매하고 있는데, 이 사업이 최근에는 경상북도 경제진흥원의 디자인이 가미된 업사이클링제품들을 상품으로 만들어 판매하는 디사이클링사업에 선정돼 영해시장에서 구한 헌 옷을 리폼해서 캠핑의자도 만들고 앞치마도 만들어서 판매하는 지역과 상생하는 협동조합으로 거듭나고 있습니다.

이처럼 다양한 문화예술사업들을 진행하던 각각의 청년들과 기업들이 하나의 세력으로 결집하는 행사를 올해 6월 영해면 '다오소오피스'에서 청년들 답게 딱딱한 출범식이 아닌 런칭파티 개념으로 행사를 개최하면서 공식화 되었습니다.

이후에도 현재 진행하고 있는 사업들은 물론 △지역에 활력을 일으키는 주민 연결사업 △맞춤형 지역축제 제작 및 공연 기획 △지역 아티스트 양성 △문화예술교육 제공 등 다양한 사업을 추진할 계획으로 활발한 활동을 전개 중에 있습니다.

Q4. 만세아트페스타 아티스트 워크숍도 진행하셨다는데.

영덕에서는 접해보기 힘든 해외 아티스트를 초청, 처음으로 펼친 '한판 놀자 만세시장 스트릿아트페스타'의 세부 프로그램으로 '만세아트페스타 아티스트 워크숍 : 브래드 다우니, 얀 보만'행사를 올해 여름 성황리에 개최했었습니다.

이 역시 '영덕블루스' 지역문화활력촉진지원사업의 일환으로 진행된 프로그램으로 영해를 중심으로 한 영덕 북부권을 문화예술의 거점으로 부흥시키기 위한 기획에서 출발했습니다. 워크숍을 위해 영덕을 찾은 아티스트는 미국 켄터키 주 루이빌 출신의 유머 넘치는 현대미술가 브래드 다우니(Brad Downey) 그리고 독일 베를린 출신으로 칠레에 거주하는 공공예술가 얀 보만(Jan Vormann)이였습니다.

지난 7월 25일 영덕 각지에서 모인 어린이와 성인 40여 명이 참여한 브래드 다우니 워크숍에선 블라인드 컨투어 드로잉(종이를 보지 않고 그리는 드로잉)을 진행, 그림은 잘 그려야 한다는 강박을 없애고 대상에 집중하여 자유롭게 표현하는 흥미로운 실험을 했었고, 마주 서서 보지 않고 그리기, 긴 장대에 펜을 달아서 그리기 등 전혀 새로운 방식으로 내면의 장애를 없애고 드로잉의 한계를 파괴하는 새로운 경험을 시도하는 등 영덕에서 접해보기 힘든 문화예술행사였습니다.

이튿날인 26일에 열린 얀 보만 작가의 워크숍에선 아티스트와 주민들이 옛 영해 읍성(서성벽)의 돌 틈 빈 공간에 알록달록한 레고를 조립해서 끼워 넣으며 오래된 성벽에 새 숨을 불어넣는 행사를 진행했었는데, 무더위 속에서도 놀라운 집중력을 발휘한 참가자들은 "친절한 해외작가들과 함께 했던 시간이 정말 재미있었고 기회가 있다면 다시 참여하고 싶다"며 즐거움을 감추지 않았을 만큼 뜨거운 여름, '만세아트페스타 아티스트 워크숍'을 진행한 브래드 다우니, 얀 보만 작가는 아쉬움 속에 떠났지만 영덕에서 행복했던 기억을 작품으로 제작, 만세시장 곳곳에 숨겨놓았던 워크숍이였습니다.

얀 보만 작가는 워크숍에서 영덕의 어린이들이 조립한 레고 작품을 모아 만세시장의 깨진 기둥을 메꾸고 영구 보관이 가능한 작품으로 새롭게 탄생시켰으며, 브래드 다우니 작가는 자신의 코를 청동으로 떠낸 'Nasenzwicker'작품을 시장 벽에 설치하고, 영해 만세시장 무대 벽면에 작가의 대표 캐릭터를 도입,'was here'연작의 사인도 남겼습니다. 특히 그는 1970년대 스텐실 기법을 최초로 시도한 1세대 공공미술 아티스트 존 페크너의 오리지널 스텐실 원판을 해외 전시차 소장하고 있다가 영해 만세시장 한 벽면에 새겼는데, 〈JAN 1971〉. 관객이 1971년 1월 당시를 각기 다른 기억으로 떠올릴 수 있도록 하는 작품이였습니다.

영덕문화관광재단은 아티스트들이 설치해놓고 간 세계적 작품들을 보존하면서 이를 기점으로 향후 영해 만세시장이 글로벌 아티스트들의 플랫폼이자 예술인들의 거점 공간이될 수 있도록 조성할 계획입니다. 얀 보만과 브래드 다우니, 존 페크너의 작품은 해설이 담긴 명패를 부착하고 SNS유저를 대상으로 만세시장 곳곳에 숨은 예술작품을 탐색하는 '만세시장 보물찾기'이벤트도 개최해 또 다른 문화예술행사로 개최하는 기회로 재장출할 계획을 가지고 있습니다.

Q5. '경북 · 영덕 국제 Hi-Wellness 체험 페스타'는 어떤 행사인가요.

'경북 · 영덕 국제 Hi-Wellness 체험 페스타'는 경북 동해안 영덕군의 청청 자연환경과 인문학적 자산을 바탕으로 현대 사회의 트랜드를 등장한 쉼과 힐링을 주제로 영덕의 도시 비전 메가콘텐츠를 발굴 육성하기 위해 추진되는 전략 사업입니다.

경상북도 유교 문화권 사업을 통해 구축된 영덕군에 소재하고 있는 인문힐링센터 '여명'의 명상 프로그램을 확대하여 인도의 아유르베다(인도 민간 의학)와 대한민국의 한의학을 연계하여 작년 처음 이 행사를 개최하였고, 올해는 고래불해수욕장을 비롯한 영덕 바닷가의 대자연을 배경으로 국제 행사로 발돋움하여 행사를 더욱 확대해나가고 있습니다.

주요 프로그램으로는 아유르베다체험전, 한의체험전, 웰니스산업전, 학술대회, 고래불비치 해변 걷기 등 웰니스와 관련된 다양한 행사를 진행하였는데, 초고령화사회 건강에 대한 관심이 어르신들과 행사에 참여한 관광객들에게 많은 호응을 받았고, 웰니스산업에 대한 관심을 이끌어 내었습니다.

특히 영덕군과 영덕문화관광재단에서는 'Hi-Wellness 체험 페스타'를 단순한 단발성 행사에 그치는 사업이 아닌 인도와의 국제교류를 통해 웰니스로 일컬어지는 쉼과 여유가 있는 치유관광 중심지로서의 영덕군을 만들어 나가고자 관련 행사와 웰니스사업을 꾸준히 추진할 예정입니다.

2023 전국기초단체장 매니페스토 우수사례
지역문화 활성화 | **경북 예천군**

「금당실 청년리 지켜줄게」 마을 조성

예천군

경북 예천에는 태조 이성계가 정한 조선 도읍지 후보 중 한 곳이었던 금당실 마을이 있다. 조선시대 예언서 〈정감록〉에는 전쟁, 흉년, 전염병 등 3재가 들어올 수 없는 곳으로 십승지지라고 표현하였다. 그래서인지 임진왜란의 화마 또한 피할 수 있었다고 한다.

금당실전통마을은 함양 박씨 3인의 위패를 모신 금곡서원, 입향조 박종린를 모신 추원재와 사당, 조선 숙종 때 도승지를 지낸 김빈을 모신 반송재 고택, 변응년을 모신 사괴당 고택, 우천재 등 15세기부터 조성된 여러 행태의 고택들이 즐비하다. 마을 서쪽에는 방풍을 목적으로 조성된 금당실 송림(천연기념물 제469호)과 6.5㎞에 달하는 돌담길도 잘 보전되어 있다. 이 마을은 오랫동안 함양 박씨와 원주 변씨의 집성촌이었다. 광산 김씨, 김해 김씨, 파평 윤씨, 예천 권씨, 안동 권씨 등도 들어와 살고 있다. 예천 권씨 집성촌에는 우리나라 최초의 백과사전인

대동운부군옥을 펴낸 권문해 선생의 종택과 별당도 있다. 각각 중요민속자료 제201호와 보물 제457호로 지정돼 있다. 예천군 전체 문화재중 45%가 금당실마을에 있다고 해도 과언이 아닐 정도로 조선시대 양반문화가 응축되어 있는 장소이다.

그동안 마을 주민들도 마을의 문화유산을 활용한 전통한옥 체험민박을 운영하며 소득을 올려왔다. 마을에는 최대 숙박인원 167명이 머물 수 있는 한옥체험관도 있다. 체험관에서는 옛날 교복 체험, 굴렁쇠 굴리기, 한옥집 모형 만들기, 인절미떡체험, 천연염색 등 다양한 프로그램을 운영하고 있고, 계절별로 옥수수 따기, 감자 캐기, 사과 따기, 고추장 만들기, 김치 만들기 등 다양한 체험 또한 가능하다. 2021년도에는 경북 정보화마을 평가에서 우수마을로 선정되었으며, 2022년에는 행정안전부 정보화마을운영평가에서 전국 최우수 마을로 뽑혔다.

그러나, 안타깝게도 고령의 마을주민들은 빠르게 변화하는 트렌드에 발맞추지 못하며 한옥민박과 체험관 운영에 많은 어려움을 겪게 됐다. 이때 예천군 청년들이 등장한다. 청년들은 금당실마을의 자연과 문화유산을 활용해 지속가능한 사업이 가능하다고 판단하였다. 2020년 10월 예천군 희망아카데미 청장년 교육생들이 지역특성화마을 개발을 위해 금당실마을을 방문한다. 이들의 사업 아이템은

고택을 활용한 마을호텔 사업이었다. 주민들과 마을개발에 대한 토론을 진행한 후, 소액지원 사업을 신청한다. 사업 선정 후 희망키움추진단, 청년 크리에이터, 전통마을 보존회 등이 함께 금당실마을을 중심으로 한 크리에이터 사업 및 전통 마을호텔 사업을 제안하고 역할을 분담한다. 또한 전통가옥 소유자를 포함한 마을 주민들과 협의해 지역자원을 활용하는 방안을 구축하여 2021년도 행정안전부 인구감소지역 통합지원 공모사업에 선정된다.

이렇게 〈금당실 청년리 지켜줄게 마을 조성사업〉이 탄생한다.

〈금당실 청년리 지켜줄게 마을〉은 기존에 각각 운영하던 민박을 마을호텔로 통합운영 및 인프라 구축을 통해 통일된 브랜드를 만들어 홍보 효과를 높였다. 마을 청년, 주민뿐 아니라 호텔 이용객들에게 힐링 프로그램을 제공하는 금당실 체험장(소소금당)을 신규 조성하고, 군유재산인 금당주막을 리모델링하여 마을호텔 라운지 역할을 하는 전통카페(금당마루)로 운영하였다.

현재 마을호텔은 광서당, 우천재, 월당화옥 등 3개 고택 주인들과 임대차 계약을 맺고 마을 호텔 운영주체인 사업자로 등록해 운영하고 있으며, 금당실 청년리 지켜줄게 마을체험장 소소 금당은 '소소한 재미가 있는 소소금당'이란 뜻으로 마을에 있는 빈집을 장기임대 및 리모델링하여 코로나 팬데믹으로 붕괴된 금당실 전통마을에 지역주민, 관광객들이 찾아와 교육, 소통, 다양한 체험 등을 할 수 있도록 만든 공간이다. 특히, 소소금당에서는 금요 청년 사랑방이 운영되는데 △문경 달빛탐사대 청년마을 △영덕 뚜벅이마을 청년마을 대표 △상주 이이남각협동조합 청년마을 대표 △경상북도 청년정책관실 등에서 강사로 초빙하여 지역청년 공동체에 대한 사례와 고민을 나누고 있다. 또한, 소소금당에서는 혹서기와 혹한기에 지역 어르신들을 위한 프로그램도 운영한다. 지역주민들을 위해 DIY목공체험, 수제청만들기, DIY원예체험, 힐링 요가, 라탄바구니 만들기 등 다양한 문화체험 프로그램을 운영하고 있으며, 마을호텔 투숙객을 대상으로 토이쿠키 만들기, 보석십자수 만들기, 캘리그라피, 맷돌 그라인딩을 활용한 커피 원두 드립백 만들기 등의 체험 프로그램도 제공되고 있다.

〈금당실 청년리 지켜줄게 마을〉은 청년 로컬 크리에이터들과 금당실 주민들이 함께 만드는 호텔이다. 코로나 시대를 맞아 1인 세대, 재택근무자, 디지털 노마드 등에 특화된 서비스를 제공하고, 이를 통한 청년 교육과 일자리를 창출하여 청년 정착 마을을 조성하려고 하고 있다. 궁극적으로 청년들이 주체가 되어 마을 전통가옥을 임대해 마을호텔로 운영하면서 새로운 전통 문화유산과 자연유산을 보존하면서 지역소멸을 방지하고 있다.

인터뷰 Interview

예천군수

김 학 동

Q1. 금당실 마을을 십승지 중 하나라 하던데, 금당마을을 소개한다면.

조선시대 전통가옥의 모습을 그대로 간직한 금당실 마을은 전쟁이나 천재지변에도 안심할 수 있는 땅으로 조선 태조가 도읍지로 정하려 했던 십승지 중에 하나 입니다. 마을을 돌아 보면 청동기 시대의 고인돌과 금곡서원, 추원재 및 사당(민속자료 제82호), 반송재 고택 (문화재자료 262호), 사괴당 고택(문화재 자료 337호)등 문화재가 산재해 있고, 99칸 저택터가 남아 있으며, 마을 안길은 아름다운 돌담길로 되어 있고, 천연기념물 469호인 송림은 더위를 식혀주는 그늘 숲 역할을 하고 있습니다

Q2. 금당실 마을 사업은 힐링과 즐거움을 테마로 하고 있는데, 금당실 마을사업이 침체된 마을에 활력을 불어넣고 인구감소 대응 등에 어떤 면에서 효과가 있었다고 보시는지요.

코로나19를 통해, 가족간의 만남이 잦아지고, 가족간 여행 및 시간을 보내야 하는 일이 많아져서, 금당실 마을의 작은 크기의 전통가옥이 가족이 함께 조용히 함께 보낼 수 있는 시간을 만들어 주었습니다. 코로나 이전에는 대형 호텔이나, 규모의 경제가 관광을 지배했다면, 금당실 마을은 작고 조용한 관광 명소로 가족단위 관광객들에게 알려졌고, 이는 소멸해 가는 마을의 활력을 불어넣는 계기가 되었습니다.

Q3. 이번 경진대회에서 금당실 마을사업이 주목을 받았던 이유는 중간지원조직과 청년로컬 크리에이터, 군과 마을 주민들의 진솔한 대화를 통한 거버넌스 구축을 실현했다는 것이었습니다. 이와 같이 다양한 주체들로 구성된 거버넌스가 가능했던 요인은 무엇이었는지요.

첫 번째는 주민과 소통으로 문제를 해결하려는 의지를 가진 행정의 존재입니다. 지역문제를 행정이 주도적으로 해결해야 한다는 고정관념을 버리고, 주민과 중간지원이 함께 머리를 모아 문제를 해결 하겠다는 행정기관의 의지가 가장 큰 요인입니다. 두 번째는 이러한 행정의 활동에 긍정적으로 참여하는 주민입니다. 보통 행정에서 문제를 해결하려는 의지를 갖더라도 주민 참여가 부족하면 소기의 목적을 이루기 어려운데, 금당실 마을 주민들은 행정과 함께 문제를 해결하려는 노력을 아끼지 않았습니다. 마지막으로 행정과 마을 주민 사이에서 소통을 담당한 중간지원조직(농촌활력지원센터)의 활동입니다. 행정에서 근무하는 인력의 한계의 확장과 주민과 행정의 다른 언어를 소통하는 중간지원조익의 활동이 거버넌스를 구축하는 요인이었습니다.

Q4. 글당실 마을 사업의 활성화를 위한 청년 네트워크 구축에 대한 향후 계획을 듣고 싶습니다.

현재, 금당실 마을에 정착한 3명의 청년이 리더가 되어, 마을기업을 준비하고 있습니다. 현재 다양한 행정부처의 사업으로 3가지 종류의 마을 단체가 존재하고 있는데, 청년이 중심이된 마을기업이 마을의 모든 단체를 통합하고, 조율하며, 흩어진 주민들을 함께 모으는 일을 진행할 예정입니다.

2023 전국기초단체장 매니페스토 우수사례
지역문화 활성화 | 서울 영등포구

영등포 문화 복덕방
"공간과 문화를 중개해드립니다."

영등포구는 1983년 수도권정비계획법에 따른 산업구조 재편으로 대규모 공장들이 지방으로 이전하기 전에는 수도권 최대 공업지역이었다. 1960~1970년대 문래동에 철공소들이 하나둘 모이기 시작해 제조업의 중심지로 이름을 알리기 시작하여, 현재에도 준공업지역이 영등포구 전체 면적의 약 21%를 차지하고 있다. 금융의 중심지 여의도와 단독주택과 다세대주택이 많은 영등포동을 비롯해, 생활권역인 당산, 문래, 대림 등은 지역마다 주거환경이 다양하고 특색이 있게 발전해 왔지만, 인구에 비해 자율적으로 이용할 수 있는 문화공간 수가 서울시 전체 대비 65% 수준으로 부족한 편이다.

영등포구는 지역에 대한 구민의 정책수요를 정확히 파악하고 정책에 반영하고자 2040 영등포종합발전계획을 수립하는 과정에서 구민 의제발굴단을 구성했다. 영등포구 18개 동을 당산권역(당산2동, 양평2동), 영등포권역(당산1동, 도림동, 문래동, 양평1동, 영등포동, 영등포본동), 대림권역(대림 1~3동), 여의도권역(여의도), 신길권역(신길 1~7동) 등 5개 지역생활권으로 구분하고 총 100여명의 구민 의제발굴단을 구성하여 총 3차(11회)에 걸쳐 운영하였다. 의제발굴단을 통해 권역별 소통의 장을 마련하여 교통, 문화, 경제, 도시재생 등 다양한 분야에서 구민들의 아이디어를 모아 2040 영등포종합발전계획에 반영하였다.

이 과정에서 영등포구민과 공무원들에게 문화예술분야 추진 방향에 대한 설문조사를 실시했다. 영등포 구민은 '주민이 참여할 수 있는 마을기반형 문화예술 프로그램'이 가장 필요하다고 응답했고, 구 공무원들은 '문화예술 시설, 공간 확대'

가 가장 필요하다고 응답했다. 대림권역에서도 '문화관광자원으로 활용할 공간이 부족하다', 신길권역에서는 '주민참여 문화예술 프로그램 개발이 필요하다', 여의도권역에서는 '주민편의시설 확충이 필요하다', 영등포권역에서도 '주민소통 공간이 필요하다'고 의견이 확인됐다. 영등포 주민들은 봄꽃축제, 불꽃축제 등 대형축제가 지역 내 개최되지만, 동호회나 모임 등에 참여한 경험은 저조하다고 했다. 이에 영등포구는 주민들의 의견을 적극 반영하여 주민들이 쉽게 다가갈 수 있게 생활권 내의 민간공간을 발굴하여 사람들을 연결하는 문화활동을 지원하기로 한다.

공간과 문화를 매개로 지역주민들이 다양한 관계를 형성하여 문화의 향유와 교류, 연대와 소통의 커뮤니티가 가능하도록 연결해 주는 곳이 바로 우리동네 문화복덕방이다. 문화복덕방은 영등포구문화도시센터가 민간 공간을 대상으로 참여공간 공개 모집을 통해 선정하였으며, 보조금을 교부하여 문화복덕방에서 공간별로 신청한 다양한 문화프로그램을 운영하고 주민 공론장을 운영하도록 한

다. 사업 추진 시 영등포 지역과 문화공간 운영에 대한 이해도가 높은 문화복덕방 중개사를 파견해 문화 활동에 대한 컨설팅과 주민 네트워킹 등의 활동을 지원한다. 문화복덕방 사업은 공간대표자가 사업활동을 기록하고 참여자의 만족도가 포함된 결과보고서를 제출하는 것으로 마무리 된다.

선정된 문화복덕방에서는 음악, 미술, 놀이, 음식, 춤, 영화, 책 등 다양한 장르의 문화프로그램이 운영되었는데, 2022년 12월부터 2023년 4월까지 선정된 1기 문화복덕방은 민화팩토리(전통회화, 서양화 예술 워크숍), 힐링포레스트(독서토론, 회화, 마임, 스틸아트 등), 공간투(드로잉, 판화콜라주), 콕핏 스튜디오(클래식, 재즈 감상 및 사진 촬영·편집, 미식체험 등) 언위트(생일떡 만들기), 순희네복덕방(미술창작활동, 복고 스냅샷 촬영, 동네 커뮤니티 모임 등), 영등포소상공인 커뮤니티센터(소상공인 문화동아리), 모두의 공간 지혜의 밭(내비춤), 이을린(드로잉 수업, 청년 방법활동단 등), 윙윙키즈 스튜디오(오른 어린이 창작공

간), 허니브라운(악기 연습 및 발표회) 등 관내 11개 민간 공간이다.

전문 전시 공간이 문화공간으로 변신해 주민들에게 벽이 높게 느껴지던 전시 공간의 문턱을 낮추고 문래동의 작가들과 주민들이 합심해 다양한 그림 그리기와 전시를 진행하는가 하면 다양한 연령대의 여성들이 문화복덕방에서 교류하고 문화를 향유하기도 하였다.

2022년 11월부터 추진하고 있는 문화복덕방 지원사업은 영등포 지역 내 공간을 문화적으로 활용할 수 있는 영등포형 문화에어비엔비와 견줄 수 있다. 5개월이라는 기간 동안 102회의 문화프로그램이 운영되었으며 새로운 문화를 생산해내는 15회의 공론장이 열렸고 이 과정에서 시민 3,000명이 참여했다.

11개 문화복덕방을 거점으로 코로나 팬데믹으로 단절됐던 주민 교류의 물꼬가 트였으며 지역 관계성을 회복하는 전기를 마련했다. 개인 작업실, 카페, 갤러리였던 민간 공간이 지역 주민을 연결하여 소통할 수 있도록 도와주는 공간으로 재탄생한 것이다. 영등포구는 앞으로도 공간과 지역의 개성을 살리는 방향으로 권역별 문화교류를 확대해갈 계획이라고 한다.

인터뷰 Interview

영등포구청장
최호권

Q1. 영등포구는 서울 유일 '법정문화도시' 인데요. 지정 배경과 과정, 향후 계획이 궁금합니다

문화도시는 「지역문화진흥법」에 따라 문화체육관광부장관이 지역별 특색 있는 문화자원을 효과적으로 활용하여 문화 창조력을 강화할 수 있도록 지정한 도시로 영등포구는 2021년 12월 제3차 법정문화도시로 지정되었습니다.

이는 서울 25개 자치구 최초이자 유일한 사례로, 2020년부터 민·관이 서로 협력하여 아이디어를 모으고 2년간의 예비문화도시 사업을 추진하여 이루어낸 성과입니다.

영등포구는 2022년부터 우정과 환대의 이웃, 다채로운 문화생산도시라는 사업명으로 영등포문화도시 조성 5개년 기본계획에 따라 매년 단계적으로 사업을 수행하고 있습니다.

먼저 주민과 지역의 이야기를 공유하고 협력하는 문화토양을 조성하고 있습니다. 문화복덕방 사례처럼 지역 문화자원(사람, 장소, 콘텐츠)의 재발견과 융합을 통해 주민들은 다양한 형태의 문화 프로그램을 손쉽게 접할 수 있습니다.

누구나 쉽게 문화를 향유할 수 있도록 구민들의 문화접근성을 확대하여 슬리퍼를 신고 마실 가듯 즐길 수 있는 동네문화공간을 지향합니다.

문화도시로서 영등포는 '수변 문화'와 '예술·기술 융복합'이라는 두 가지 중심축으로 문화로 생동감 넘치는 문화도시를 구현할 예정입니다. 주민의 상상력과 행정이 만나 수변 축제를 만들어가고 다양한 수변에서의 실험을 해 나갈 것입니다. 수변은 주민들의 새로운 문화도시 놀이터로 재탄생할 예정입니다.

예술가들을 대상으로 기술과 결합한 영감과 기발한 아이디어를 실현할 수 있는 공모사업을 진행하고 영등포 뿐 아니라 전국의 예술기술 융복합 사례를 만날 수 있는 예술기술도시 어워드를 진행할 예정입니다. 예술기술 융복합문화는 영등포의 신성장동력을 생산해 낼 거라 기대하고 있습니다.
진정한 지방시대는 문화로 펼쳐집니다. 지역의 사람과 장소, 콘텐츠가 지역문화의 연결 플랫폼이 되는 문화도시 사업을 통해 영등포구는 문화로 활력 넘치는 문화도시 영등포 사례로 기억될 것입니다.

Q2. 수변을 활용한 다양한 문화사업, 생활체육 프로그램이 진행되고 있는데 수변 문화자원 활성화 방안에 대해 설명해 주세요.

영등포구는 한강, 샛강, 안양천, 도림천 등 수변과 인접해 있는 곳으로 수변·문화·생태자원이 어우러진 수변관광 힐링 공간을 조성하고 활성화하여 문화예술과 자연경관이 어우러지는 수변 특화도시로 만들 계획입니다.

최근 수변 공간은 주민 활동 중심 공간으로 개편되고 있으며 영등포구는 풍부한 수변 환경을 갖춘 생태도시로 새로운 시각의 구민 여가 공간이 필요한 상황입니다.

먼저 수변 공간을 활용하여 더 다양한 즐길거리를 제공하기 위해 봄꽃축제, 걷기대회 등 계절별로 지역축제를 개최하고 수변문화 프로그램을 기획·운영하고 있으며, 더불어 영등포 올레길 및 수변 물길을 도보관광 코스로 조성하여 모바일 앱과 연계한 스탬프 투어나 도보관광 완주챌린지 등을 운영할 계획입니다.

또한 건강도시 구현을 위해 게이트볼 교실, 파크골프교실, 딩기 요트교실 등을 운영하여 수변생활 체육시설 이용과 참여를 확대해 나가고 있습니다.

우리 구 수변 공간의 문화·관광적 활용을 위해서 주민들이 다양한 문화 활동을 즐길 수 있고 쉴 수 있는 수변 전망존을 갖춘 수변활력거점을 조성하여 서울의 대표 수변도시로 영등포구를 브랜딩할 계획입니다.

Q3. 문래 스테이지 페스티벌 진행 상황에 대해서도 설명해 주세요.

전국 최대 예술인 밀집 지역이자 지역 내 대표적 문화의 거리인 문래동 전체를 무대로, 일상 속 어디서든 만날 수 있는 거리공연이 펼쳐졌던 문래스테이지 페스티벌은 지난 6월30일부터 7월 2일까지 3일간 개최되었습니다.

코로나 이후 구민들이 일상에서 문화를 향유할 수 있는 기회를 확대하고자 「문래 스테이지 페스티벌」을 준비했는데, 주민들은 문래근린공원과 문래동 곳곳에 숨겨진 문화공간, 골목 구석구석에서 11대 1의 경쟁률을 뚫고 선정된 29개팀의 개성 넘치는 음악을 만날 수 있었습니다.

문래근린공원에서는 클래식, 재즈 등의 규모가 큰 공연이 진행되는 '파크 스테이지'가, 문래창작촌 골목 곳곳에서 진행되는 소소하지만 잔잔하게 스며드는 작은 공연의 '골목 스테이지'가 문래창작촌 곳곳의 숨겨진 문화공간에서는 '문래 스테이지'가 운영되었습니다.

특히 거리 공연을 통한 지역 내 신진 예술가들을 소개할 수 있는 장을 마련하여 청년 예술인들의 무대를 확장하는 기회가 되기도 하였습니다.

향후에도 일상에서 주민들이 다양한 문화공연을 만날 수 있는 거리음악회, 찾아가는 작은 음악회 등을 기획할 예정입니다.

Q4. 예술기술 융복합 문화공간 술술센터도 주목을 받고 있던데, 술술센터는 구체적으로 무엇을 하는 곳인지요.

2021년 6월 문을 연 술술센터(문래예술종합지원센터)는 서울 서남권 예술과 기술의 중심부인 문래동에 위치하고 있습니다.

지하 1층~지상 5층으로 이루어진 이 공간은 예술과 기술이 협력하는 사례를 발굴하고, 나아가 새로운 상상과 생산을 만들어내는 예술기술 융복합 특성화 문화공간입니다.

2022년 지하1층 술술갤러리에서는 예술기술협력 사업에 대한 결과물 전시가 14회 개최되어 6,176명의 관람객이 전시를 관람하였습니다.

1층부터 4층은 영등포구 관내 예술인과 소공인 주민들이 소통하는 곳으로 예술 기술을 논하는 공론장이자 포럼, 워크숍 등의 장소로 활용되고 있습니다.

특히 지역주민 누구나 자유로운 아이디어로 예술 기술 협력과 융합 사례에 참여해 볼 수 있는 「누구나 술술 프로젝트」가 문래예술종합지원센터에서 진행되고 있습니다. 또한 문래동의 기계·금속 제조산업의 생생한 현장을 예술 전시로 표현하여 지역적 의미와 가치를 알리는 「소공인특별전」이 열리는 곳이기도 합니다.

문화도시 영등포의 '예술기술 융복합 문화' 특성화 사업의 거점공간이기도 한 문래예술종합지원센터는 예술기술융복합 작품 창작 및 전시활동 지원을 강화하여 문화예술과 기술이 공존하는 문래동의 긍정적 이미지를 높일 것입니다.

아울러 문화도시 사업을 통해 과학-예술 융합 교육 및 뮤직-테크 스테이지 등 예술 기술 융합 선도사업을 적극적으로 추진할 예정으로 지역 네트워킹과 예술기술 융복합 문화확산의 거점 공간으로의 위상을 더할 것으로 기대하고 있습니다.

Q5. 여의도세종문화회관과 영등포예술의전당 건립 사업은 어떤 의미가 있는지요.

영등포구는 봄꽃축제, 세계불꽃축제, 한강페스티벌 등 세계적인 축제의 거점이며 문래창작촌은 많은 예술가들의 활동 무대로 자리매김하고 있습니다.

그럼에도 영등포구는 문화예술인들이 마음껏 창작활동에 전념하고, 지역주민이 문화생활을 향유할 수 있는 문화인프라가 부족하다는 평가를 받아왔습니다.

2023년 3월 서울시 발표로 여의도세종문화회관 건립이 확정되며, 기존 부지였던 문래동 공공공지에는 우리 구민을 위한 영등포 예술의전당 건립을 계획하고 있습니다.

이로써 영등포구는 세계적인 문화 랜드마크가 될 여의도세종문화회관과 함께 1+1 문화인프라 확충 효과를 거두며 지속 가능한 문화도시로 거듭날 토대를 마련하게 되었습니다.

앞으로 펼쳐질 글로벌 관광객 3천만 시대, 영등포구는 고품격 문화 인프라인 여의도세종문화회관과 영등포예술의전당을 품고 한류문화의 메카이자 K-콘텐츠의 중심지로 거듭날 것으로 기대됩니다.

2023 전국기초단체장 매니페스토 우수사례
지역문화 활성화 | **서울 관악구**

청년이 꿈을 키워가는
청년문화특별구, 관악만들기

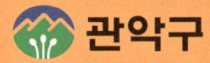

관악산과 관악산 아래 서울대가 자리한 관악구는 별빛내린천(도림천)을 끼고 있는 젊음의 도시다. 관악구는 사통팔달의 편리한 교통과 저렴한 주거비용으로 지속적으로 청년층이 유입된다. 관악구 전체인구 중 41.6%가 청년이다. 대한민국 평균인 26.1%나 서울시 평균인 30.7%보다 월등히 높다. 당연히 1인 청년가구도 전체가구(28만1천 가구) 중 61.3%로 절반 이상이다. 한국예술인복지재단에 따르면, 서울시 25개 자치구 중 청년예술인도 마포구에 이어 두 번째로 많다.

관악구로서는 당연히 청년에게 많은 관심을 기울일 수 밖에 없다. 청년이 지역사회를 주도하는 구성원으로 성장하고, 문화로 행복한 청년문화특별구를 조성하기 위해 전력을 다하고 있다.

관악구는 2018년 11월 미래성장추진단 청년정책과를 신설한다. 청년정책과는 청년정책팀, 청년지원팀, 청년일자리팀 등 3개팀 12명으로 구성한다. 서울시 25개 자치구 중 청년정책 전담부서를 신설한 첫 사례다. 2022년 11월에는 청년정책과를 청년문화국으로 확대 개편하고 기존 청년정책과 체계에 청년교류팀을 더한다. 청년문화국은 민선 8기 관악구의 구정 핵심사업인 청년과 문화를 아우르는 정책을 추진하기 위한 것이다. 행정조직 개편과 함께 청년층과 관련한 조례도 지속적으로 제정한다. 2021년 9월 23일에 관악구 청년지원 기본조례, 11월 11일 관악구 문화도시 조성 및 지원 조례를 제정한다. 2022년 10월 27일에는 관악구 청년문화예술 육성 및 지원 조례를, 2023년 2월 23일에는 관악구 청년시설 설치 및 운영에 관한 조례를 제정한다.

행정체계와 법적 근거를 마련한 관악구는 본격적인 청년정책을 펼친다. 2019년 8월 청년문화공간인 '신림동쓰리룸'을 열고, 회의와 작업을 할 수 있는 공유공

간, 휴게공간 등을 넣어 청년들이 소통하고, 교류할 수 있게 했다. 청년들의 사회적 관계망을 형성하는 한편, 1인 가구로 인한 고립감 등을 보살피는 마음건강관리도 진행했다. 신림동쓰리룸은 2022년 고용노동부로부터 청년도전지원사업 최우수기관으로 선정돼 장관상을 받았다.

2023년 4월에는 청년종합활동 플랫폼 '관악청년청'을 개청한다. 관악청년청은 연면적 1,528.86㎡, 지하 1층~지상 7층 규모로 복지, 상담, 일자리, 커뮤니티, 문화예술, 창업 등 다양한 활동을 지원한다. 관악청년청은 청년들로 구성된 운영위원회에서 선출된 운영위원장이 관악청년청장을 겸임한다. 서울대 총학생회, 관악유스크루, 복지관 등 지역자원, 청년단체들과도 활발하게 교류한다.

동네 공간을 활용해 미술, 댄스, 공예, 연극 등 다양한 문화활동을 하게 하고,

주민들과 문화활동을 통해 경험을 공유하게 했다. 2020~2022년까지 총 25개소 민간 공간에서 참여한 '청년문화존(Zone)'사업은 334회 프로그램에 2,785명이 참여한다. 청년문화존 사업은 청년들에게 일상에서 취미와 숨겨진 소질을 찾는 기회를 제공한다.

2021년 11월에는 서울시 관악구 관천로 53번지에 관천로 문화플랫폼 S1472를 개관했다. 연면적 324㎡, 지상 1~2층 규모다. 창작공간과 전시·공연 공간 등을 마련해 창작활동을 지원하고 전시나 아트페어도 열린다.

매년 7월 이틀간 '그루브 인 관악(Groove In GwanAk)'이란 이름으로 길거리 댄스 페스티벌을 연다. 팝핑, 락킹, 왁킹, 브레이킹, 크럼프 등 다양한 장르의 스트릿 댄스 배틀 경기, 전문 스트릿댄스팀 공연과 체험 등 프로그램도 다양하다. 축제 참여 인원은 5만명으로 청년층뿐 아니라 청소년, 중장년층까지 모두가 즐기는 축제다.

9월에는 '난다 청년! 별이 뜬다' 청년축제도 열린다. 2019년부터 열리고 있는 청년축제는 청년들이 축제위원회를 구성해 행사를 기획하고 진행한다. 2019~2022년 4년간 누적 관객수는 1만3천명에 이른다. 2022년에는 '강감찬축제'와 연계해 더 많은 구민이 함께 참여할 수 있도록 하였다.

청년예술동아리들에게 구청광장, 별빛내린천 수변무대, 남현예술정원 등에서 거리 공연을 할 수 있게 지원하고 있다.

청년들이 자유롭고 활발한 문화활동을 펼치려면 안정적인 주거환경이 뒷받침되어야 한다. 관악구는 청년주거안정을 위해 SH 맞춤형 임대주택 125호 공급을 지원하고, 일자리·금융 등 다양한 정보를 제공하고, △지역주도형 청년일자리 사업 △특성화고 취업지원관 사업 △관악구-삼성전자 청년 취업 멘토링 사업 △으뜸관악 청년통장 사업 △미취업청년 취업장려금 지원사업 등을 통해 고용문제를 극복해 가고 있다.

청년문화도시 관악구의 성과는 서울 및 전국 지자체에서 러브콜을 받고 있다. 서울 위성도시에서 자족도시로 변화를 꾀하는 경기도 지자체부터 인구감소를 극복하기 위해 인구 유입을 고민하는 지자체까지 청년층이 핵심 타겟이다. 다양한 욕구와 변화에 민감한 청년층을 사로잡는 비법을 배우기 위해서다.

인터뷰 Interview

관악구청장

박준희

Q1. 민선8기 주력사업으로 꼽는 '청년특별시' 조성사업을 소개한다면.

관악구는 청년인구 비율이 41.6%입니다. 이는, 대한민국 평균인 26.1%, 서울시 평균 30.7%보다 월등히 높은 수치입니다. 이같은 인구 특성상 관악구는 청년정책의 우선순위가 매우 높습니다. 관악구는 「민선8기 청년정책 기본계획(2023~2026년)」을 수립하여 청년이 지역사회를 주도하는 구성원으로 성장하고, 일상에서 행복을 누릴 수 있도록 청년특별시 조성에 힘쓰고 있습니다.

관악구는 참여권리, 일자리·주거, 교육, 문화복지 총 4개 분야 45개 청년 정책사업을 체계적으로 추진하고 있으며, 주요사업으로는 청년 종합활동 공간인 관악청년청 운영, 청년문화 예술체험 기회 확대를 위한 청년문화존 사업, 관악 S밸리 창업공간 운영, 으뜸관악 청년통장 지원, 강감찬 면접 스튜디어 운영 등이 있습니다.

Q2. 청년들의 삶의 질 개선을 위한 기본적인 관악구의 정책들은 어떤 것들이 있는지요.

청년들의 제안을 정책에 반영하는 거버넌스 강화로, 일자리와 주거 분야에 쏠려있던 청년정책을 문화·예술 분야까지 아우르는 청년 니즈 맞춤형 정책으로 전환하였습니다. 또한 차별화된 청년 활동 공간들을 조성하는 데 힘써왔습니다. 특히 '청년문화존'은 민간 문화공간을 활용하여 청년에게는 문화예술 활동공간을 제공하고, 운영자에게는 지원금을 주는 민관협력 사업입니다. 건설·유지비용 등을 절감하는 동시에 청년의 관계망을 형성하는 문화 플랫폼이라는 점에서 매우 혁신적입니다. 또한, 청년들이 열린 공간에서 자유롭게 만나고 얘기할 수 있는 네트워크 프로그램을 강화하여 서로 소통하고 교류하는 기회를 확대하고 있습니다.

Q3. 한국형 실리콘밸리 구현을 위한 '관악S밸리 2.0'사업은 어떻게 진행되고 있나요.

관악구가 창업의 불모지였던 만큼 초기 관악S밸리 사업은 벤처밸리 기반 구축을 위해 제도적 지원 방안 마련 및 관 주도의 창업인프라 확충에 힘을 쏟았습니다. 그 결과 창업인프라 16개소를 조성하여 126개 기업을 유치하였으며, 2022년 벤처기업육성촉진지구로 지정되는 쾌거를 이루었습니다.

민선 8기 관악구는 그간의 성과를 바탕으로 관악S밸리 2.0을 통해 지속가능한 창업생태계를 구축하겠습니다.

IR 역량 강화 및 투자자와의 만남의 장인 데모데이를 정기적으로 개최하고 창업지원펀드 조성 및 운용을 통해 기업의 투자유치를 적극 지원하고 있습니다. 특히 최근 고금리, 고물가, 고환율로 스타트업이 투자유치 등 자금 조달에 어려움을 겪고 있는 만큼 관악구는 기업의 투자유치 지원을 위해 최근 59억 원 규모의 창업지원펀드를 추가로 조성하였습니다.

또한 사업화자금 및 기술컨설팅 지원사업을 지속적으로 추진하여 기업의 성장을 도모하고, 부족한 창업인프라 확충을 위해 공유오피스 및 벤처기업집적시설 등을 유치하여 기업하기 좋은 환경을 조성함으로써 벤처·창업기업의 유입을 촉진하고 있습니다.

관악S밸리 조성사업 이후 관악구의 벤처기업 수는 약 46%가 증가하였으며, 이는 전국 및 서울시 평균 증가율의 2배에 달하고 있습니다. 이에 증가하는 벤처·창업기업에 대한 지속적이고 체계적인 지원을 위해 전문기관인 재단법인 관악 중소벤처진흥원 설립을 추진하고 있습니다.

Q4. '관악청년축제'는 어떤 행사인가요.

청년의 날이 있는 9월 셋째 주 청년주간에 취업, 주거 문제, 고립감 등 다양한 어려움을 겪는 청년들이 소통하고 교류하는 화합의 장을 제공하며, 다양한 분야의 청년들로 구성된 축제 추진위원회와 더불어 지역 청년의 적극적이고 주도적인 참여로 청년들 간 유대감 및 네트워크를 형성하도록 기획되었습니다.

민선8기 공약사항인 청년상상주간 추진을 위해 청년관련 행사(취업콘서트, 청년톡톡, 버스킹 등)를 연계하여 내실있는 축제 운영 및 프로그램 다양화를 통한 시너지 효과를 극대화하였습니다.

올해 개최된 제5회 관악청년축제는 지역 상권 활성화에 도움을 주기 위해 별빛내린천에서 진행되었습니다. 제1회부터 지금까지 5회째 진행 중인 방구석콘서트는 지역 청년예술가들에게 무대 공연 기회의 장을 마련해주는 프로그램입니다.

체험부스는 레트로 콘셉트로 구성하여 청년들뿐만 아니라, 누구나 어린시절 즐겼던 딱지치기, 비행기 던지기 등 추억 놀이를 진행하였습니다. 또한, 건강이란 콘텐츠로, 턱걸이 챌린지를 진행하였습니다. 10만 유튜버가 진행하는 턱걸이 챌린지는 관객이 직접 참여해서 청년들의 건강을 챙기기 위한 프로그램입니다.

연계프로그램으로 2023 청년톡톡은 셀럽과의 토크쇼로 진행했으며, 청년으로서 겪을 수 있는 고민거리와 관심사 등을 관객들과 직접 소통하는 토크쇼로 진행하여, 청년들에게 위로와 희망의 메시지를 전달해주는 자리가 되었습니다. 특히, 관악청년축제는 청년이 직접 기획하고 실행·운영하는 청년이 주인공인 축제라는 점에서 더욱 의미가 있으며, 대표 청년축제로 자리매김하기 위해 브랜딩 구축(지역청년예술인 발굴·육성)을 추진 중입니다.

Q5. 청년 1인가구의 사회적 고립감 예방을 위한 사업도 다양하게 진행하시던데.

'혼밥청년'들의 가구특성상 불규칙한 식습관 및 부족한 신체활동, 고립·은둔 위험에 노출되어 있습니다. 이를 해소하고자 우리 구는 '청년 1인가구 무료 건강검진 사업'을 운영하여 청년들의 자가 건강관리 증진에 힘쓰고 있으며, '청년 1인가구 소셜다이닝'을 운영하여 청년 맞춤형 요리교실과 함께 소규모 운동회, 저녁 모임 등 사회적 관계망을 구축하는 프로그램을 운영하고 있습니다. 또한 '마음건강 치유상담소 토닥토닥 교실'을 운영하여 전문가 심리 코칭을 통해 마음 건강 회복을 돕고, 재무교실, 호신술 프로그램 등 다양한 주제로 구성된 '청년 홀로서기! 홀로배움 교실'을 운영하여 1인가구 청년들의 자립역량 강화에 힘쓰고 있습니다. 뿐만아니라, 1인가구를 위한 공간을 확대하고 있습니다. 현재 YWCA봉천복지관 내부의 유휴공간에 조성한 '봉다방'은 1인가구의 편안한 소통과 안락한 휴식공간으로 올해 8월 11일에 개소하였습니다. '봉다방'은 사용하지 않는 물건의 물물교환 플랫폼 운영, 다양한 교류프로그램의 진행, 누구나 이용 가능한 무인음료기기의 설치로 관악구 1인가구의 사랑방 역할을 톡톡히 해내고 있습니다. 1인가구의 심리적 안정을 위한 프로그램 '그린라이프'도 운영하였습니다. '그린라이프'는 도심 속 1인가구의 자연 경험 프로그램으로 5월부터 6개월간 진행했으며, 정서적 치유 효과가 입증된 반려식물 기르기를 통해 1인 가구의 우울증과 외로움 해소를 도모하였습니다. '그린라이프'는 반려식물 기르기와 심리코칭을 지원하는 '마음에 그린', 채소기르기와 건강한 식습관을 배워보는 '건강에 그린', 참여자들이 관악구 명소를 함께 걷고 미션을 수행하는 '동네에 그린' 3개의 프로그램으로 운영하였습니다. 우리 구는 지원 프로그램의 다양성 확보를 위해 올해 초 '1인가구 소셜다이닝', '1인가구 소통공간' 등 총 4가지 주제의 서울시 1인가구 공모사업에 지원하였고, 모두 선정되는 성과를 이뤄냈습니다. 점차 세분화 되어가는 1인가구의 수요에 맞춰 앞으로도 다양한 지원 프로그램을 추진하여 관악구 1인가구의 신체적·정서적 만족도를 향상시키고, 지역사회와 함께 동행할 수 있도록 노력하겠습니다.

2023 전국기초단체장 매니페스토 우수사례
지역문화 활성화 | 광주 동구

기억을 잇는 기록의 힘
'동구의 시간을 걷다'

광주광역시에는 5개의 자치구가 있다. 다른 지역에 사는 시민들은 부산하면 서면을 떠올리 듯 광주 하면 충장로를 먼저 떠올린다. 하지만 광주광역시 동구에 고려시대 축조된 광주읍성이 있었다는 것은 알지 못한다. 지역주민들도 잘 알지 못할 것이다. 고려 우왕(1378~1379)때 동구 충장로와 금남로 일대에 왜구의 침입에서 주민들을 보호하기 위해 석성을 축조했다고 한다. 조선시대까지도 광주읍성이 유지된다. 조선시대 문헌인 세종실록지리지, 동국여지지 등에 둘레 약 2.5km, 높이 약 2.8km의 광주읍성에 대한 기록이 남아있다. 광주읍성에는 동쪽 서원문, 서쪽 광리문, 남쪽 진남문, 북쪽 공북문이 있었다고 한다. 2006~2007년 국립아시아문화의 전당을 지으면서 광주읍성 성돌 일부가 발견되기도 했다. 공북문과 진남문을 잇던 길은 충장로가 됐다.

동구는 광주시청, 전남도청이 있던 행정의 중심지로 동구=광주광역시라고 했을 정도다. 광주학생독립운동, 5·18민주화운동 등이 벌어진 역사의 현장도 많다. 쇠퇴하는 원도심과 확장하는 신도심 사이에 역사문화자원은 밀려날 수 밖에 없다. 광역지방자치단체 자치구임에도 65세 이상 노인인구 비율이 23%를 차지하는 초고령사회다. 광주광역시 재개발지역 33곳 중 14곳이 동구일 정도로 원도심이 많다. 시대를 구성하는 건 사람, 사건 그리고 기록이다. 사라져가는 지역의 인문자원, 역사자원을 후대에 남기는 것이 현세대의 책무다.

광주광역시 동구는 지역의 인문·역사 문화자원을 수집하고, 발굴해 기록으로 남기는 한편, 문화관광 콘텐츠로 개발하기도 한다. 관 주도에서 탈피해 독

〈광주광역시 동구에서 발간한 기록물들〉

립출판사, 서점, 지역문화단체 등 민간조직, 주민활동가, 주민자치회 등 주민조직, 지역사나 민속사 관련 전문가 등이 협력한다. 이들은 독립운동가 등 근현대사 역사인물과 역사적 장소를 기록하고, 동별로 30년 이상된 오래된 가게와 동네 역사를 주민들의 구술로 채록한다. 어르신들의 자서전, 개인 사진 등 기록물 등을 모아 민속사로 기록한다. 지역의 역사, 문화자원을 발굴해 터만 남은 역사적 장소에 기억의 기념물을 설치한다. 이런 역사적 공간들을 연결해 탐방코스를 만들고, 전시·공연·교육콘텐츠 등으로 제작한다. 민족시인 문병란의 자택을 리모델링해 시인의 기념공간으로, 옛 전남도 교육감 관사를 관광 플랫폼 공간으로, 한식+양식+일식 건축양식이 혼재된 가옥은 '동구 인문학당'으로 조성했다.

독립운동가, 민주화인사, 문화예술가 등을 발굴해 기록한 『동구의 인물 1, 2』를 발간했고, 일제강점기 시민사회운동을 기록한 『흥학관, 광주사람들』을 발간했다. 전시회와 북토크 등을 통해 주민들과 공유하는 시간도 가졌다. 미래세대인 청소년을 대상으로 지역인물에 대한 교육의 필요성을 인식하고, 『동구의 인물-빛이네 가족의 역사인물여행 1~3』을 펴냈다.

주민들의 구술인터뷰를 바탕으로, 사라져가는 마을의 역사와 자원, 스토리를 발굴·기록하고 있다. 2020년 『학동의 시간을 걷다』를 시작으로 계림동, 충장동, 지원동, 산수동의 이야기를 펴냈고, 순차적으로 학운동, 지산동, 서남동, 동명동의 이야기도 발굴해나갈 예정이다. 호남 최대의 상권인 충장로에서 30년 이상 이어오고 있는 노포와 명인, 명장들의 이야기를 발굴해 담은 『충장로 오래된 가게』도 발간했다. 현재 지역 대중문화를 이끌었던 극장과 극장 종사자들의 이야기들을 구술로 채록하고 있는데 이것도 책으로 발간할 예정이라고 한다.

개인사를 지역역사로 기록해 민속자료로 남겨두기 위한 작업도 진행하고 있다. 주민들이 소장하고 있는 사진기록물을 수집해 『분수대 원풍경』을 발간했고, 지역에서 오랫동안 살아온 60세 이상 어르신들에게 자서전 쓰기 교육을 진행하고, 자서전을 발간하고 있다.

2019년 23명이 참여해 『싸목싸목 걸었제』 등 5권을 발간했고, 2020년 21명 어르신들이 『쓰다보니 옛날 일들이』 등 3권, 2021년 23명 어르신들이 『내 삶이 꽃이 되고』를 비롯해 3권, 2022년에는 『그리움이 사무치면 병이 되는 것처럼』 등 3권의 자서전과 『나는 육남매의 엄마다』와 같은 그림책 13권을 발간했다.

인문자원 발굴·기록사업을 통해 새롭게 발굴한 자원들을 주민들과 공유하

〈시인 문병란의 집〉

〈이성부 시인 포엠콘서트〉

기 위한 노력도 계속되고 있다. 근·현대의 역사적 공간을 연결하여 스토리텔링을 통해 '동구 인문산책길'을 조성하고, 주민문화해설사 17명을 양성해 현재 활발히 활동하고 있다. '무등가는 길'(백범기념관→의재미술관→춘설헌→중심사→오방수련원), '뜻세움길'(지산동오층석탑→시인 문병란의 집→이한열 열사의 집→자운사→오지호 가옥), '광주정신원형길'(전일빌딩→5.18 광주분수대→흥학관 터→적십자병원→부동교→정율성 생가터→장재성 빵집터→광주극장→전남도청), '밝은희망길'(전남공립사범학교 터→경열사 터→동명호텔 터→금호문화회관→나무전거리→광주형무소 터→농장다리→광주폴리 푸른길)로 이름붙인 총 4개의 권역으로 이루어져 있으며, 각 코스에 대한 해설프로그램을 운영 중이다. '흥학관', '춘목암', '장재성·장매성 남매의 집' 등 사라지고 터만 남은 역사적 장소에는 안내판 또는 기념물을 설치함으로써 각 장소의 의미와 의의를 기려나가고 있다.

동구 출신의 문화·예술인들의 작품을 주민들과 함께 공유하고, 이를 새로운 콘텐츠로 제작하여 지역문화콘텐츠에 대한 모델도 제시하고 있다. 동구 출신 대표시인인 이성부와 문병란 시를 노래로 제작해 '포엠콘서트'를 열고, 동요작가 겸 시인인 정근 선생을 기념하기 위해 100명의 시민합창단을 구성해 '정근동요제'를 개최하기도 하였다. 희곡작가 박효선의 작품세계를 기리기 위해, 그의 희곡작품을 오디션을 통해 선발된 주민배우들과 함께 낭독극을 무대에 올리기도 하였다. 또한 한때 한국문단을 이끌었던 광주고등학교 문예부 출신의 대표시인인 박봉우 등의 작품을 소개하는 전시회도 열릴 예정이다.

그리고 지난 6월, 그동안 발굴된 지역의 자원을 펼쳐보이기 위한 '무등산 인문축제 〈인문For:rest〉'를 개최하기도 하였다. 이 축제에서는 동구의 대표적인 인물자원인 최흥종, 최원순, 허백련이 머물렀던 무등산을 중심으로 동구의 인문자원을 전시, 탐방, 체험 등을 통해 경험해 볼 수 있는 다양한 프로그램이 운영되었다.

또한 '동구 인문자원 기록화사업'을 통해 그동안 추진해 온 작업들을 '인문도시 동구 온라인기록관'을 통해 누구나 함께 할 수 있도록 개방했다.

이와 같이 광주광역시 동구는 잊혀져가는 지역의 자원을 발굴하여 기록하고, 이를 주민과 공유하며, 또한 보존을 통해 기억하기 위한 다양한 노력들을 끊임없이 이어가고 있다.

인터뷰 Interview

동구청장
임 택

Q1. '동구 인문자원 기록화사업'은 어떻게 추진하게 되었나요?

동구는 2018년 민선7기가 시작되면서 '인문도시 동구' 조성을 목표로 다양한 사업들을 펼쳐왔습니다. 이에 따라 대부분의 도시가 겪고 있는 관계의 단절과 공동체의 해체, 도시의 정체성 및 다양성 상실과 같은 다양한 문제점들을 '인문' 즉 사람의 관점에서 바라보고 해결하고자 많은 노력들을 이어왔습니다.

'동구 인문자원 기록화사업'도 '인문도시 동구' 조성의 일환으로 진행된 사업으로서, 광주의 원도심인 동구가 보유한 풍부한 자원들-그러나 도시개발에 따라 잊혀져가는 소중한 자원들을 더 늦기 전에 기록하여 기억해나가자는 공감대 속에서 출발하였습니다.

Q2. 기록화 사업을 통해 이루고자 하는 바는 무엇인가요?

기록화사업을 통해 우리는 우리가 살고 있는 터의 무늬를 이루기 위해 부단히 노력을 기울였던 수많은 사람들의 흔적을 발견해갑니다. 살기 위해 척박한 땅을 일군 사람들, 그러면서도 이웃을 위해 기꺼이 나눔을 실천했던 장삼이사들, 때로는 목숨을 걸며 싸워온 도시의 정신문화까지, 오늘날 우리가 매일 접하고 있는 도시는 과거를 살았던 사람들의 삶과 숨결이 녹아들어 만들어낸 결과입니다.

그렇기에 우리 도시가 가진 고유한 역사와 문화를 기록하는 작업은 우리 지역만의 고유한 정체성을 만들어내는 작업이라고 생각합니다. 이를 통해 주민들은 지역에 대한 자부심과 소속감을 가지게 될 것이고, 공동체는 더 단단해질 것이라 믿습니다. 도시의 정체성 확립과 공동체성의 회복, 이것이 기록화사업을 통해 최종적으로 이루고자 하는 목표입니다.

Q3. 기록화사업의 결과를 기반으로 추진되고 있는 사업이 있나요.

동구는 그동안 동구에서 활동한 근·현대 인물, 역사적 장소, 마을의 이야기, 사람들의 이야기 등 다양한 기록사업을 추진해왔습니다. 그리고, 이러한 결과들이 단지 기록에만 그치지 않도록 주민과 공유하고 활용하려는 노력을 지속해오고 있습니다.

그동안 발굴된 역사적 장소들을 이어 스토리텔링을 통해 '동구 인문산책길'을 개발하여 해설프로그램을 운영하고 있으며, 사라지고 터만 남은 장소에는 기념비나 해설판 등을 설치하여 의미를 새겼습니다.

또한 미래세대를 대상으로 한 지역역사의 교육에 대한 필요성을 인식하고, 청소년 버전의 『동구의 인물』을 발간하는 한편 청소년 인문골든벨을 개최하기도 하였습니다.

우리지역을 빛낸 예술가들의 작품을 널리 알리기 위해 이성부, 문병란 시인의 작품을 노래로 제작하여 '포엠콘서트'를 열고, 연극인 박효선의 작품을 주민참여낭독극 형태로 펼쳐보이기도 하였습니다.

특히, 문병란시인의 자택을 리모델링하여 '시인 문병란의 집'으로, 철거위기의 근대가옥을 '인문학당'으로, 전남도 교육감관사를 '여행자의 ZIP'으로 조성하는 등, '보존'을 통해 기억하고 공유하는 다양한 사업들을 추진하여 주민들의 큰 호응을 얻었습니다.

Q4. 원형 보존과 개발을 원하는 주민들과의 입장차 대립하는 경우 광주 동구는 어떻게 풀어가고 있나요.

기록사업을 하면서 보존을 원치 않고 개발을 원하는 주민들과의 입장차이로 대립하는 경우들은 어쩔 수 없이 마주하게 되지만, 주민참여로 풀어나가면 대부분의 경우 해답을 찾게 됩니다.

예를 들어 '시인 문병란의 집'의 경우, 지역재개발을 원하는 주민들의 목소리가 높았고, 자연스레 시인의 집을 조성하는 반대의견도 많았습니다. 그렇지만 '시인 문병란의 집'을 '시인의 삶과 작품세계를 보여주기' 위한 공간으로 보지 않고, '시인이 살던 집을 주민에게 돌려주기' 위한 공간으로 보고 운영방향을 세웠습니다. 이에 따라 평생 시인이 시를 썼던 이 공간에서, 지금은 평생 시라곤 써본적이 없는 주민들이 매주 모여 시를 쓰고 있습니다. 자연스레 시인의집에 반대하는 목소리도 없어지고, 지금은 주민들의 사랑방으로 자리를 잡아가고 있습니다.

Q5. 기록에서 인문축제까지 진행하고 있던데, 인문축제는 생소합니다. 무등산 인문축제 '인문 For:rest'에 대해 소개해 주신다면

무등산은 높낮이가 없다는 '無等'의 이름처럼 차별없는 삶을 위해 싸웠던, 지금의 '광주정신'을 있게 한 세 인물들의 이야기가 살아있는 곳이고, '춘설헌' 등 그 인물들이 활동했던 공간이 남아있는 곳입니다. 광주사람들의 젖줄인 광주천의 발원지도 무등산이고, 이성부와 조태일을 비롯한 수많은 시인들이 무등산을 노래하는 등 예술가들에게는 영감의 대상이 된 곳입니다.

그렇지만 대부분의 광주시민들은 '산행'을 통해서만 무등산을 경험하고 있어 무등산에 조금 더 특별한 의미를 더해 주민들에게 돌려주고 싶었습니다. 이에 따라 무등산의 다양한 인문자원을 즐길 수 있는 다양한 축제프로그램을 마련하여 지난 6월 "무등산 인문축제 〈인문For:rest〉를 개최하였습니다.

본 축제에는 무등산의 역사 · 문화 · 예술자원을 소개하기 위한 전시와 투어, 공연, 체험, 학술행사 등 다양한 프로그램이 마련되었고, 이를 통해 무등산의 의미와 가치를 재발견하고 산을 즐기는 새로운 방식을 제안하여 '무등산'이 갖는 브랜드의 가치를 더 확장하였습니다. 약 2만여명이 찾아주며 무등산 인문축제에 시민들이 큰 성원을 보내줌에 따라 내년에 두번째 행사를 개최할 예정입니다.

2023
전국기초단체장
매니페스토 우수사례

공동체 강화

충남 당진시 | 전북 완주군 | 전남 영암군 | 서울 강북구

2023 전국기초단체장 매니페스토 우수사례
공동체 강화 | **충남 당진시**

돌봄 공백 해결!
마을공동체 의식 회복!
마을공동체 중심
돌봄의 선도도시, 당진

저출생과 고령화 사회 현상이 가속화되면서 돌봄은 이전 사회보다 더 요구되는 필수적인 노동이 되었다. 특히, 아동돌봄과 노인돌봄이 그렇다.

당진시는 도농복합도시로 특히 아동·노인돌봄의 문제점을 양면에서 직면하고 있다. 농촌지역의 아이들은 초등 방과후 돌봄, 국공립어린이집 확충 등 정책적인 지원에도 불구하고, 어느 지역이나 일관된 사업 형태, 그리고 인프라가 부족하다는 이유로 소외받기도 하며, 도시지역에 홀로 거주하는 어르신들은 건강관리 프로그램 등 다양한 공공서비스를 제공받지만 도시화가 진행되면서 이전과는 다른 삭막한 분위기 속에서 삶을 정착하는데에 어려움을 겪기도 한다.

그렇기에 당진시는 지역의 특성과 주민의 요구를 모두 고려해야 했고, 그 해결책을 바로 한동한 잊혀졌던 공동체 의식을 회복하는 것에서 찾아낸다. 그리고, 마을을 중심으로 지역사회의 단체와 주민들이 연대하여 돌봄 체계를 마련하고, 마을의 돌봄 문제를 직접 해결하기 시작한다.

'마을과 함께 자라는 아이들' – 「충남형 온종일(마을방과후) 돌봄」

고대면은 지난 2021년부터 민·관·학 협력을 통하여 현재 초등학생(고대초·고산초), 유치원생 195명을 대상으로 「충남형 온종일(마을방과후) 돌봄」 사업을 추진하고 있다.

농촌지역인 고대면은 교육·복지시설 등 아동을 위한 돌봄시설이 없어 맞벌이 가정에 있거나 농번기가 되면 아이들은 마을에 남겨져야 했다. 주민자치회는 마을의 방과후 아동 실태를 조사하고, 본격적인 아동돌봄에 대한 논의를 시작했다. 그리고, 공교육에서 할 수 없는 현장체험 중심의 마을교육, 지역의 인적·물적 인프라를 활용한 마을교육 공동체 실천사업으로 발전시키기 시작했다.

먼저, 마을활동가들이 모여 아동돌봄 공백 문제를 해결하기 위한 방안을 의논하고, 인근 지역 초등학교 두 곳(고대초·고산초)을 방문해 아동돌봄사업 추진 계획을 협의했다. 이후 충청남도 공모사업에 선정되어 초등학교 두 곳, 36개 지역단체와의 돌봄업무협약을 통해 본격적으로 돌봄사업을 진행했다.

아이들이 안전하게 마음껏 뛰어놀 수 있는 공간이 필요했는데, 청소년들이 유휴공간인 복지회관을 활용한 문화활동공간 조성을 제안하여 주민총회를 거쳐 '청소년 그린카페 조성사업' 道 공모에 선정되어 청소년 커뮤니티 공간인 '청소년 라온 돌봄센터'를 조성했다. 평일에는 아동돌봄, 주말에는 청소년 공간으로 이용하고 평일 낮시간에는 마더센터로도 활용했다.

고대면 아동돌봄의 가장 큰 특징은 지역 인프라를 활용한 마을교육인데 그 중 **첫째로**, 지역단체 및 시설을 활용한 **[마을을 통한 돌봄학습]**이다. 주민자치회는 부족한 인프라와 운영 인력 문제를 해결하기 위해 적십자회, 노인회, 의용소방대 등과 협의체를 구성하고 역할 분담을 통해 아이들의 교사가 된다. 이를테면 적십자회는 주1회 간식을 제공하는 등 돌봄 활동을, 노인회는 월 2회 게이트볼 체험과 마을역사 특강을, 의용소방대는 월 1회 화재 예방, 심폐소생술 등을 교육한다.

둘째로, 우리마을 바로알기 지역 자원을 활용한 [마을에 관한 돌봄학습]이다. 아이들은 마을 어르신들에게 우리마을의 지리와 역사를 배우고, 유명 관광지인 '삼선산수목원'에서 숲체험도 하고, 지역 특산물인 '황토고구마'를 직접 캐기도 한다.

셋째로, 어린이들의 미래 진로를 생각할 수 있도록 진로체험 학습활동을 진행하는 [마을을 위한 돌봄학습]이다. '온 마을 학교다'라는 주제로 아이들이 지역사회발전의 훌륭한 자원이 될 수 있도록 미래 진로 역량을 강화하기 위해 '공룡박물관', '우주천문대' 등을 견학하고 어린이 직업 체험장인 '키자니아 직업체험 테마파크'에 방문하여 견문을 넓힌다. 또한, '고대면'과 '고려대'의 약칭인 '고대(高大)'를 차용해 고대면 청소년들에게 꿈을 심어주는 '고려대학교 비전 캠프'도 운영한다.

고대면은 아동돌봄사업이 본격적으로 시작된 이후 '마을돌봄운영협의회'를 구성하고, 마을돌봄과 교육의 지속적이고 꾸준한 사업 정착화를 위해 2022년 7월 '마을교육자치회'를 창립한다. 앞으로도 '마을교육자치회'에서는 평생학습센터, 이장단협의회 등과 지속적인 회의와 협의로 지역공동체를 더욱 활성화하여 아이들을 위한 돌봄과 교육을 책임질 것이다.

'대한민국 돌봄 패러다임의 변화' – 당신을 위한 진심하우스 「스스로 돌봄, 서로 돌봄」

당진3동은 기존의 정형화된 돌봄이나 일부 상품화된 돌봄 정책의 한계를 벗어나 지역사회에서 주민간 신뢰, 친밀감, 서로 도와 편익을 주고 받을 수 있는 관

계를 통해 어르신을 돌보는 「스스로 돌봄, 서로 돌봄」 사업을 추진하고 있다.

당진3동에서 어느 병원에 입원해 있던 독거 어르신이 퇴원 후 자택에서 복지 사례관리서비스를 받았으나, 3일 만에 사망하는 사고가 발생하였다. 이를 계기로 공공기관에서 제공하는 서비스의 한계를 느꼈고, 그래서 시작한 이 사업은 어르신들의 신체적, 정신적 건강 상태 개선을 통해 적극적인 자기돌봄 실천을 할 수 있도록 돕는다. 어르신들이 의견을 직접 제안하고 참여하여 자기돌봄 증진에 필요한 역량을 스스로 찾을 수 있도록 하며, 다양한 프로그램을 문화예술과 연계하여 마을안에서 참여자들간 사회적 관계망을 만들고, 안정망을 구축하여, 살고 있는 곳에서 건강하게 최대한 오래 살아갈 수 있도록 지원한다.

우선, 돌봄 활동가를 모집하고, 역량강화 교육을 실시하여 질 높은 돌봄 프로그램을 개발했다. 현재는 평생학습 특성화 마을로 6개 마을이 지정되어 지속가능한 평생학습을 통한 마을공동체를 활성화하고 있다.

그 과정에서 2022년에는 '스스로 돌봄, 서로 돌봄' 토크 콘서트, '돌봄안정 돌봄안심' 페스티벌, 2023년에는 '서로돌봄' 힐링콘서트 등 돌봄문화 교류의 장을 마련하여 주민간 노인돌봄의 필요성과 공감대를 불러일으켰다.

특히, 2022년에는 주민들이 마을총회에서 제안한 노인돌봄(당신을 위한 진심 하우스) 마을복지계획이 주민총회의 공론화 과정을 거쳐 다시 주민발의 시책으로 제안되었고, '당진시 제5기 지역사업보장계획'에 반영되어 올해부터 4년간 사업계획에 따라 추진될 예정이다.

그리고 2022년 7월 지역사회 노인돌봄 문제를 민·관협력을 통해 함께 해결해 나갈 수 있도록 운영의 지속성과 확장성을 확보하기 위하여 마을공동체 중심의 '노인돌봄 추진단'을 구성하여 돌봄전문가 6명, 행정전문가 6명, 돌봄활동가 13명 등 총 25명을 위촉하였다. 올해에는 민관협력의 이웃돌봄 지원방안 마련을 통한 사회안전망을 구축하기 위하여 주민자치회, 우리동넷 사회적협동조합, 병원, 복지관, 자율방범대 등 16개 기관 및 단체가 참여한 가운데 '민관협력 지원 협약'을 체결하였으며, 복지사각지대 발굴과 함께 생활안전, 생활복지 개선을 위해 독거 어르신 주거환경개선, 치매 독거 어르신 지원, 우울증으로 인한 상담 연계 등 지역사회가 함께 돌봄·안전·복지 융복합 플랫폼을 구축하여 대한민국 노인돌봄 패러다임의 변화를 위한 노력으로 지속·확대 운영하고자 한다.

당진시의 성공적인 돌봄 사례의 전국적인 확산 기대!

당진시는 전국에서도 손에 꼽히는 돌봄사업의 성공적인 사례를 바탕으로 성과를 인정받아 2022년에 「제21회 전국주민자치박람회」에서 고대면은 '최우수 국무총리상', 당진3동은 '특별공모상', 당진시는 '제도정착 분야 우수상' 3관왕을 수상하는 저력을 보였다. 이후 지자체에서는 새로운 돌봄 모델을 제시한 당진시의 선진 사례를 배우기 위한 방문이 줄을 잇고 있어 앞으로 성공적인 사례로 남아 전국적으로 확산되기를 기대한다.

인터뷰 Interview

당진시장

오 성 환

Q1. 민선8기가 출범한지 1년이 지났습니다. 당진시정 운영의 최우선 가치와 목표는 무엇인가요?

당진시정의 핵심 목표는 투자유치를 통한 경제성장과 정주여건 개선은 물론 복지·돌봄을 통해 시민이 행복한 도시를 만드는 것입니다. 그래서 취임 이후 후보시절부터 내세웠던 '발로 뛰는 행정'을 실현시키기 위하여 중앙정부, 기업 등을 직접 찾아다녔고, 1년이 지난 시점에서 그에 대한 성과도 하나 둘씩 나타나기 시작했습니다. 앞으로도 민생 현장에서 시민이 변화를 체감할 수 있도록 시정을 잘 이끌어나가야할 책임에 소임을 다할것을 약속드립니다.

Q2. 그렇다면, 정주여건 개선을 위해 여러 정책사업을 펼치고 있는데, 그 중 대표적인 성과로 삼을만한 사업은 무엇인가요?

기업의 투자유치는 당진시의 정주여건을 개선하기 위한 첫 번째 숙제였습니다. 좋은 인프라를 갖추기 위해서는 그만큼 인구가 많아야 했고, 출생으로 인한 인구의 자연적 증가에는 한계가 있기에 타 도시의 인구를 유입시켜야 했는데, 이에 대한 유일한 방법이 기업의 투자유치였습니다. 그래서 정부와 기업을 방문하면서 투자유치에 힘써온 결과, 민선8기동안 SK렌터카, 현대엔지니어링, 삼성물산, 포스코인터내셔널, LX인터내셔널 등 33개 기업, 6조 5천억 규모의 투자금액을 유치하였습니다. 아울러, 합덕·순성 지역에도 100만평 규모의 신규산업단지 조성 투자협약을 체결하였습니다.

이러한 성과로 50년 만에 당진시 인구가 17만 명을 달성하였고, 20만 자족도시를 향해 나아가고 있습니다. 그러나, 당진에 머무를 수 있는 여건이 갖춰지지 않으면 시민들은 다시 발길을 돌릴수 있을 것입니다.

그래서 교육분야에서는 학생들에게 양질의 교육환경을 제공하기 위하여 자사고 설립을 추진하는 한편, 직업교육 혁신지구와 고등직업교육 거점지구 선정에 이어 교육국제화 특구로 선정되는 등 기반 마련에 최선을 다하고 있습니다.

의료 분야에서는 의료 공백을 해소하기 위하여 당진종합병원에 심혈관센터와 소아 야간 응급진료 센터를 개소하였는데, 지금 시민들의 반응과 만족도가 아주 높은 것으로 알고 있습니다.

그리고, 산림휴양분야에서는 시민들이 쉴 수 있고, 관광객이 머무를 수 있는 공간을 제공하기 위한 명품 호수공원 조성사업은 현재 대상지를 최종 확정하였고, 지방정원, 합덕제와 오봉제 생태공원의 사계절 정원 조성사업 또한 사업을 조속히 추진하도록 하겠습니다.

관광분야에서는 도비도·난지도 민자유치개발을 위하여 농림부와 농어촌공사와 지속적으로 협의중으로, 결정이 되는대로 시에서 적극적으로 개발을 추진할 계획입니다. 또한, 행담도의 경우 당진항만 친수공간, 삽교호 관광지를 연계한 해양관광벨트 조성도 추진하고 있습니다.

교통인프라분야는 10년 이상 동안이나 추진하지 못했던 시도1호선의 지방도 승격이 올해 이루어졌고, 국도32호 우회도로는 현재 국토부 후보사업에 올라가 있는 상황으로 반드시 좋은 성과로 이어질 수 있도록 하겠습니다.

이 외에도 많은 성과가 있고, 앞으로 풀어나가야할 숙제도 많이 있는 만큼 시민과의 약속을 반드시 지켜 시민 모두가 행복한, 전국에서 제일 발전하는 도시, 당진시로 발전시키도록 하겠습니다.

Q3. 올해 매니페스토 우수사례에서 소개한 아동·노인돌봄 사업의 사례가 타 지자체에 많은 관심을 받고 있는데, 당진시가 성공할 수 있었던 요인과 타 지자체와 차별화된 점은 무엇이라고 생각하는지요?

우리 당진시의 아동·노인돌봄 사업은 행정영역의 한계와 행정주도의 정형화된 정책의 단편적 성과를 벗어나 주민이 주도하고 지역사회 단체와의 협력을 통해 마을공동체를 중심으로 돌봄 공동체를 활성화하여 돌봄의 지속성과 확장성을 확보한 것이 사업성과에 가장 큰 요인이라고 생각합니다.

예를들어, 고대면 아동돌봄은 아이들이 돌봄을 받는 공간을 학교라는 공간에서 학교 밖의 마을이라는 공간으로 옮겨 돌봄의 접근성을 높였고, 학교에서 배우는 교육과는 다른 체험·활동 위주의 교육프로그램을 운영하며 아이들의 건강하고 창의적인 성장에 기여하고 있습니다. 특히, '온마을이 학교다'라는 주제로 시작한 '마을교육공동체 활성화 사업'은 '마을에 관한, 마을을 통한, 마을을 위한 마을교육' 운영을 목표로 지역사회의 인프라와 지역단체(民·官·學)의 네트워크를 활용하여 지난해 7월 '마을교육자치회'를 창립하여 마을에서의 돌봄과 교육의 역할을 책임지고 있습니다.

그리고, 당진3동 노인돌봄은 기존의 지원받는 돌봄에서 자기주도적 돌봄으로, 기다리는 돌봄에서 예방적 돌봄으로, 수혜자와 시혜자가 구분된 선별적 돌봄에서 누구나 참여할수 있는 보편적 돌봄으로, 수직적 돌봄에서 주민간 연결고리를 갖게 하는 연결망 돌봄으로의 변화를 시도하여 새로운 시각의 돌봄 문화 모델을 제시하고 있습니다. 게다가, 어르신들에 대한 관심과 지원이 돌봄에서 그치지 않도록, 유관기관·단체와의 연계·협력을 통해 평생교육과 복지안전·문화예술 분야로까지 사업을 확장하여 어르신과 주민들의 삶의질을 향상시키고, 주민간 상호돌봄 문화를 활성화하고 있습니다.

Q4. 당진시가 특성있게 운영하고 있는 당진형 돌봄사업이 있다면 구체적으로 어떤 사업인지 소개 부탁드립니다.

당진은 마을교육공동체 마을학교를 통해 방과후 돌봄과 교육을 지역 안에서 해결하고 있습니다. 지역의 마을교사, 주민자치회, 마을회 등 지역주민들로 구성된 마을학교(△면천 꿈나무 문화예술 마을학교 △석문 우당탕 마을학교 △당진송산마을학교 △당찬 고대 영상학교 등)를 통해 마을의 다양한 인적·물적 자원을 연계하여 하교 후 아이들에게 안전한 돌봄과 다양한 경험을 제공하고 있습니다. 지역주민들로 이루어진 마을교사들이 마을과 관련된 문화예술, 역사, 생태 등 다방면의 체험프로그램을 계획·운영하고 마을 교육자원을 이용한 진로프로그램을 진행함으로써, 아이들은 이를 통해 애향심을 함양하고 다양한 삶의 경험을 통해 건강하게 성장할 수 있게 하고 부모들에게는 퇴근 전 아동돌봄을 통해 양육부담을 경감해주고 있습니다.

당진시는 마을학교의 역량강화를 위해 마을교사 양성·성장 과정을 운영하여 자질과 소양을 갖출 수 있도록 하고 분과별 학습연구회를 조직함으로써 마을교사 스스로 전문성을 강화하고 지역 연계 수업을 연구할 수 있도록 돕고 있습니다.

향후 당진시는 돌봄 공백을 해결하고, 아이들의 건강한 성장을 위해 돌봄형 마을교육공동체 마을학교를 조성하는 한편, 온 마을이 협력하여 아이들의 배움·돌봄·성장을 지원하는 마을교육 생태계를 확산시킬 예정입니다.

Q5. 지자체들이 AI를 기반으로 한 건강관리, 치매환자 관리 등 다양한 노인돌봄 관련 사업들을 앞다투어 추진하고 있는데, 당진시는 어떤 방향성을 가지고 사업들을 추진하고 있는지도 소개 부탁드립니다.

당진시는 기존의 맞춤돌봄서비스 및 응급안전안심서비스 사업은 물론, 초고령사회에 증가하는 노인 돌봄서비스 수요 충족과 핵가족화로 인한 가족 부양체계 변화에 보다 적극적으로 대응하기 위하여 다양한 사업들을 추진하고 있습니다.

그 중 '인공지능(AI) 돌봄서비스'는 올해 시범적으로 독거 어르신 220명을 대상으로 TV 시청패턴을 통한 이상징후 파악 및 리모컨을 통해 건강정보를 수집하는 '똑똑TV', AI 스피커를 활용한 'NUGU'를 보급하였고, 11월까지 보급 예정인 AI 돌봄로봇 인형인 '효돌이'는 챗GPT 기술을 활용하여 어르신들과 맞춤 대화로 정서적 교감을 할 수 있는게 특징입니다. 이 장비들을 통하여 어르신들을 상시 모니터링함으로써 안전과 안부를 확인하고 날씨, 복약알림 등 일상생활 지원, 음악, 체조 등 여가생활도 지원합니다.

그리고, 'AI-IoT 기반 어르신 건강 관리 사업'도 올해부터 시작한 사업으로 65세 이상 어르신 400명을 대상으로 어르신들의 자가 건강 관리 능력 향상과 건강한 노후생활을 지원하고, 어르신들에게 맞춤형 건강 미션을 부여해 모바일 기기를 통한 건강상태 모니터링 및 비대면 건강 관리 서비스를 제공하고 있습니다.

마지막으로, 'AI 스피커'는 치매안심센터에서 2021년도부터 치매환자 돌봄 관리를 위해 도입하였는데, 코로나19 확산으로 인해 외부활동이 어려워진 치매 환자들을 대상으로 효과적인 투약 관리뿐만 아니라 우울감 감소 및 인지 능력 향상에 도움을 주고 있습니다.

앞으로도 어르신들의 사건·사고 등을 미연에 방지하기 위해 이용자 만족도 및 서비스 제공 효과를 토대로 지속적으로 사업을 추진할 계획입니다.

2023 전국기초단체장 매니페스토 우수사례
공동체 강화 | **전북 완주군**

'주민이 주도하고
주민이 직접 참여하는'
농촌형 주민자치 및 지역공동체 활성화

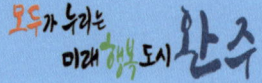

농촌지역은 인구 감소, 고령화로 지역경제의 활력이 급속하게 줄고 있다. 100세 시대 노령인에 대한 사회보장이 확대되어야 하는 필요성은 높아진다. 완주군은 마을 특성에 맞춘 마을별 자치연금을 지급하고 있다.

완주군 마을자치연금은 전국에서 두 번째 시행이다. 2021년 5월 도입계획을 수립한다. 마을공동체 사업에 참여하는 70세 이상 주민에게 월 10만 원 내외를 지급하는 것으로 설계했다. 국민연금공단과 연금 도입 마을을 선정하는 기준과 지원 사항 등을 논의한다.

완주형 마을자치연금 설계 프로세스는 다음과 같다. 2021년 11월 대·중소기업·농어업협력재단과 국민연금공단, 완주군과 마을법인이 협약을 체결한다. 국민연금공단에서는 사업 기획과 연금지급 기본모델을 설계하고, 완주군은 대·중·소기업농어업협력재단에 참여의향서를 제출한 뒤 공모를 통하여 대상 마을을 선정한다. 대·중소기업·농어업 협력재단에서는 마을자치연금 사업을 위해 조성된 농어촌상생기금을 완주군과 1:1의 비율로 사업에 선정된 마을에 지원한다. 마을에서는 지원금으로 태양광 시설을 설치하고 마을 맞춤형 마을자치연금 지급안 및 준칙을 컨설팅을 통해 확정한다. 마을 자치연금 지급안이 확정되면, 마을은 태양광으로 얻는 발전수익과 자체사업 수익금을 합하여 마을주민에게 마을자치연금을 지급하는 시스템이다.

완주군의 역할은 마을소득법인 대상으로 수요조사를 하고, 완주군-해당 마을-공단의 협력체계를 구축하며, 태양광 시설과 같은 소득시설을 설치할 수 있는 재원을 지원하고 수급 연령, 재원 비율 등이 포함된 마을맞춤형 세부 가이드라인을 마을과 함께 마련하는 등 사업의 전반을 관리한다.

완주군은 도계마을, 평치마을, 원용복마을, 부평마을을 대상으로 주민설명회를 개최한다. 마을소득법인 중 최근 3년간 당기순이익이 1천5백만 원 이상인 곳을 대상으로 수요조사도 하고 현장점검도 나간다.

마을사업은 마을주민총회와 마을법인 총회를 거쳐 마을법인 이사회에서 의결한다. 이런 절차를 거친 도계마을을 2021년 11월 마을자치연금 대상마을을 선정하고, 도계마을과 마을자치연금 상생협력 협약을 체결한다. 협약에는 도계마을 영농조합법인, 완주군, 국민연금공단, 대ㆍ중소기업ㆍ농어업협력재단이 함께 한다.

마을자치연금 사업은 자체 수입이 있는 마을을 대상으로 한다. 연금 재원이 있어야 하기 때문이다. 도계마을은 두부공장, 김치공장 등 마을공동체 사업을 하고 있었다. 추가로 두부공장, 김치공장, 경로당 옥상에 70kw 규모의 태양광발전

시설을 설치하기로 한다. 건설비용 및 부대비용을 위한 1억 6000만원은 완주군과 대·중소기업·농어업협력재단이 부담하는 것으로 했다. 태양광발전 차액지원제도를 활용해 향후 20년간 고정가격으로 수익을 내는 구조로 계약을 체결했다. 도계마을의 경우 마을법인 참여 조합원 중 23명이 수혜 대상이 아니었다. 마을 리더와 마을 주민들이 수급 연령, 수급액, 기금 기여비율 등에 대한 세부사항을 놓고 소통하며 갈등 요인을 제거했다. 도계마을 마을자치연금 시행에 앞서 마을정관을 개정하고 자치연금 시행 지침과 지급 준칙을 마련한다.

 도계마을은 2022년 5월 25일부터 75세 이상 어르신들 32명에게 매월 7만 원을 지급한다. 도계마을은 75세 이상 주민이 전체 인구 대비 24%를 차지한다. 연금 재원은 태양광발전 수익(약 월 150만원)과 마을공동체 수익(약 월 100만 원)으로 6:4의 비율로 부담한다. 도계마을은 자치연금 실시 후 1년동안 5가구 16명이 순증하는 효과도 거뒀다.

 두 번째 마을은 평치마을공동체 마을연금이다. 도계마을과 같이 국민연금공단이 설계한 마을자치연금사업과는 별개로 마을 특성에 맞춰 시행하는 것이라서 태양광 발전소는 설치하지 않고 기존 마을공동체사업에서 나오는 수익금을 재원으로 한다. 비봉우리콩두부 영농조합에서 두부, 콩물 등을 판매해서 얻은 수익금 100%를 재원으로 한다. 2022년 10월 31일부터 시행되었다. 매월 5만 원을 75세 이상 어르신 15명에게 지급한다.

완주군은 2023년에도 마을기업, 농촌체험휴양마을 등이 있는 22개 마을을 대상으로 자치연금 시행 가능성을 검토하고, 7개 신청 법인을 방문했으며, 농부사랑 영농조합법인을 다음 완주군3호 자치연금 대상마을로 검토하고 있다

완주군은 2003년 정보화 마을 운영을 시작으로 참살기 좋은 마을, 파워빌리지사업, 마을회사 육성사업, 농촌체험휴양마을 지정 등 마을공동체 사업 추진을 해왔다. 이 과정에서 주민들과의 갈등도 발생했지만 서로 이해하고 마을문제를 함께 하는 노하우를 추적해왔다. 18년이란 세월의 힘이 전국 두 번째, 군 단위에서는 전국 처음으로 마을 특성에 맞는 완주형 마을자치연금이 성공적으로 추진될 수 있는 저력이다.

인터뷰 Interview

완주군수
유 희 태

Q1. 완주군의 자치연금 사업만의 특징이 있다면.

도계마을의 경우 국민연금공단에서 설계한 연금모델을 기본으로 마을주민총회를 거쳐 세부가이드라인을 만들었습니다. 특히 비조합원의 경우도 연금지급에서 소외되지 않도록 소정의 절차를 거쳐 조합원으로 전환하여 지급하고 있습니다.

평치마을의 경우, 태양광 시설과 같은 소득시설 없이 100% 마을법인 소득으로만 마을자치 연금을 지급하고 있습니다. 특히, 조합원·비조합원 가리지 않고 만75세 이상이면 모두 연금을 지급해 드리고 있습니다.

Q2. 도계마을과 평치마을은 어떤 곳인지요.

도계마을은 2003년 정보화마을로 공동체 사업을 시작하여 2012년 도계마을영농조합법인을 설립하고 행정안전부 지정 마을기업으로 선정되었습니다. 평치마을은 2011년 비봉우리콩두부영농조합을 설립하였으며, 2013년 행정안전부 마을기업 지정을 시작으로 2023년에는 모두애 마을기업으로 선정되었습니다. 두 마을 모두 매년 성장하는 마을기업 매출로 마을어르신 생일상 차려주기, 우수학생 장학금 지급 그리고 작년에는 마을자치연금 지급개시까지 구성원들의 성숙한 공동체 의식을 바탕으로 활발하게 공동체활동과 지역환원을 이어가고 있습니다.

Q3. 마을연금 지급 주체인 비봉우리콩두부영농조합법인은 그간 어떤 일을 해오던 곳인가요.

비봉우리콩두부영농조합법인은 마을주민이 출자하여 만든 마을소득법인으로 마을공동체사업의 주축이 되어 왔습니다. 주요상품은 지역내에서 생산되는 콩을 매입하여 만든 두부류이며 2013년 매출액 1.3억을 시작으로 작년 4.8억까지 꾸준히 성장해 왔습니다. 소득사업을 통해 이룬 매출수익은 마을행사 지원, 어르신 생일축하금, 마을연금지급 등 지역사업에 활용되었으며, 이 외에도 2019년부터 2021년까지 지역내 장애아 및 독거노인을 위한 케어프로그램(연 16회)을 진행하며 약자소외, 노인빈곤 등 지역문제 해결에 앞장서고 있습니다.

Q4. 마을연금 사업을 통해 기대하는 바는 무엇인지.

공동체 정신의 회복과 노인빈곤 완화를 목표로 마을연금을 추진했으며, 사업의 지속성을 위해 마을공동체와 지자체가 계속 모니터링하면서 지원할 예정입니다.

Q5. 향후 사업방향은 무엇이며, 과제로는 어떤 것들이 있는지요.

도계마을과 평치마을의 경우 공동체 사업의 다음단계로 마을의 고령화에 대비하고자 어르신 천원밥상, 어르신들이 평생 살던 마을에서 노년을 보낼 수 있는 돌봄센터(공동생활홈) 운영 등 지역주도 복지공동체로의 변화를 다각도로 고민하고 있습니다.

2023 전국기초단체장 매니페스토 우수사례
공동체 강화 | **전남 영암군**

영암군 풀뿌리 민주주의 씨앗을 뿌리다

영암군은 주민정부시대를 지향한다. 주민 참여를 넘어 주민이 군정을 주도하는 영암 민주주의 마당을 구축하고 있다. 여기에 말하는 한국인 주민뿐 아니라 외국인 주민까지 포괄한다. 주민정부는 소통에서 시작한다. 민선 8기 영암군은 군민 소통을 위한 '언제나 소통폰(010-9881-8572)'을 개설하고, 영암공공앱(영암e랑)을 개발하는 한편, 여러 계층과의 목요대화도 진행하고 있다.

실제 집행 사례인 영암공공도서관 이전 대상지 선정을 살펴보자. 민선 7기에서 이전을 결정한 사항이지만 주민들의 의견을 제대로 반영하지 않은 채 결정되었다. 민선 8기 영암군은 영암읍 행정복지센터에서 주민설명회를 개최하고 군민 의견조사도 실시했다.

각종 위원회 위원도 특별한 제약사항이 없는 한 공개모집을 통해 위촉하기로 했고, 각계각층 전문가를 자문위원으로 위촉해 다양한 의견을 군정에 반영하려 노력하고 있다. 읍면행정복지센터 2층에 있던 읍면장실을 1층으로 이전해 일반 직원과 함께 근무하며 주민들과 더 소통하도록 했고, 2층 읍면장실 공간은 주민 소통 및 직원 휴게 공간으로 바꿨다.

민선 8기 영암군은 군의 새로운 계획 수립 과정부터 군민 의견 수렴과 참여 확대를 위해 주민자치회를 설치해야 할 필요성을 절감했다. 2022년 12월 15일 영암군 주민자치회 설치 및 운영에 관한 조례를 제정한 이유다. 주민자치회의 주인은 주민들이다. 주민들이 알아야 새로운 정책을 논의하고 만들 수 있다. 그래서 주민자치 홍보 리플렛도 제작해 배포하고, 읍면별 주민자치 설명회와 권역별 주민자치 설명회를 개최했다. 읍면 주민자치 설명회는 11개 읍면에서 실시됐는데 1천여명이 참여했고, 동부권과 서부권으로 나눠 진행한 권역별 주민자치 설명회에는 142명이 참여했다. 읍면 주민자치 담당 공무원을 대상으로 자치교육도 실시했다.

제도가 완비됐다고 해서 자동으로 주민자치역량이 만들어지는 것은 아니다. 마을활동가가 필요하다. 영암군은 마을공동체 활성화를 위해 마을활동가 양성 기본교육을 실시했고 마을행복디자이너도 선발했다. 마을활동가 양성 기본 교육 과정은 △우리마을과 아카이빙 △우리마을 스토리텔링과 기록방법 △사진 촬영과 영상 편집 기술 배우기 △마을공동체의 이해와 주민자치 △컨설팅 방법 등의 커리큘럼으로 진행했다. 교육을 이수한 마을활동가들은 우리 마을 아카이브를 구축하면서 지역에 걸맞는 브랜드 개발, 마을공동체 공모사업 관련 회계정산 및 컨설팅도 담당한다. 영암군은 주민자치 확대를 위해 2023년 2월에는 전남 지자체 최초로 영암군 지역사회혁신 활성화 지원조례까지 제정하기에 이른다. 5월에는 영암지역 사회혁신 플랫폼 구축을 위한 업무협의도 시작했다.

영암군도 농촌도시다. 농촌 인력을 외국인 계절근로자를 비롯한 외국인노동자들에 의지하고 있다. 현대삼호중공업도 있어 비전문취업비자(E-9)를 통해 입국한 해외노동자들이 많다. 경기사이클업종이자 수주산업인 조선소 근로자 10명 중 9명이 해외노동자다. 조선소 경기에 따라 차이는 발생하지만 영암군 전체 인구 5만2천여명 중 외국인 주민 비율은 약 13%에 이른다. 전남 기초지자체 22곳 중 1위다. 외국인노동자들의 유입이 증가하면 불법 이탈 외국인 근로자 문제도 증가한다. 외국인 주민의 안정적 정착과 지역민들과의 화합이 중요한 이유다. 영암군은 외국인주민 인권증진 및 지원조례를 제정하고, 외국인주민 지원 유관기관들이 참여하는 외국인주민 지원협의회를 운영하고 있다. 외국인 주민 지원협의회는 외국인 중장기정책, 기본계획 등을 논의하는 기구다.

2023년 1월에는 제1기 외국인주민 군정 모니터링단도 발족했다. 외국인 주민들의 목소리를 직접 듣고 시책에 반영해야 실효성이 있다. 외국인주민 군정 모니터링단은 외국인주민 정책 개발에 참여하거나 마을활동을 한다. 모니터링단은 공무원들과 합동으로 외국인 밀집지역인 삼호읍 대불주거단지의 불법 쓰레기 투기 단속활동, 삼호주말장터에서 먹거리 부스에 참여하거나 이용객 대상 번역 서비스도 담당한다. 현재 진행 중인 외국인 특화거리 조성사업 연구용역 중간보고회에 지원협의회와 함께 참여해 의견을 개진했다. 외국인 특화거리는 지역주민과 이주민의 소통과 교류를 확대하고 내·외국인 관광객을 유입하려는 정책적 노력이다. 이들의 활동을 통해 한국인 주민들과 상호 이해를 높여 갈등을 줄이고, 화합하며 살아가는 문화를 만드는데 일조하고 있다.

인터뷰 Interview

영암군수
우승희

Q1. 영암군 풀뿌리 민주주의는 한마디로 무엇이라 할 수 있을까요.

한마디로 군민주권행정의 실현이라고 할 수 있습니다.
우리 군은 더 나은 미래를 위해 행정의 혁신이자 지역의 혁신을 이루어가는 대한민국 혁신수도 영암을 만들어가고 있습니다.
그러기 위해선 군민이 참여하고 주도하는 주민참여행정이 강화되어야 합니다.
그에 대한 정책 중 하나로 주민 스스로 문제를 찾아 해결하는 민주주의 마당을 구축하고, 외국인 주민의 안정적 사회정착과 내외국인의 화합을 도모하는 참여와 화합의 네트워크를 이끌고 있으며, 앞으로도 숙의민주주의 선도도시로 발돋움하기 위해 더 노력하겠습니다.

Q2. 혁신정책페스티벌을 개최하셨는데, 행사를 조금 더 자세히 설명해 주신다면.

'청년이 행복한 지역사회'를 주제로 열린 이번 혁신 정책페스티벌은 군민이 발굴한 제안이 숙의과정을 거쳐 구체화되는 축제의 장입니다.
단순 발표와 정책 나열에서 벗어나 라이브 커머스(Live Commerce)' 방식을 도입해 온·오프라인 실시간 소통 방식으로 진행하였습니다.
특히 발표된 혁신정책 중 '머물고픈 머물 수 있는 청년의 지역 영암', '영암청년 Value up Volume up', '촌스테이 영암으로 오세요' 등이 관객들의 반응이 뜨거웠습니다.
이렇게 혁신정책페스티벌에서 공유하고 군민의 선택을 받은 혁신정책이 단순제안에서 끝나는 것이 아닌, 접수된 아이디어들은 정책전문가로 구성된 퍼실리테이터(facilitator)의 검토 등을 거쳐 실현가능성과 구체성을 높여 영암발전을 위해 쓰일 수 있도록 후속 조치에 최선을 다하고 있습니다.

Q3. 주목을 받고 있는 '목요대화'와 '혁신위원회'도 소개해 주시지요.

먼저 목요대화는 작년 청년과의 대화를 시작으로 귀농인, 독립유공자 등 매주 또는 격주로 다양한 직업·단체·계층의 군민을 만나 이야기를 나누는 직속 소통 채널로, 군민과의 소통을 강화하고 군민의 현실적인 고충을 정책으로 반영하기 위한 혁신시책입니다.
민선8기 이후 30여 차례 목요대화를 이어 나가며 서로의 경험을 공유하고 격의 없이 토론하고 의견을 교환하며 공감대를 형성하고 있습니다.
혁신위원회란 영암 발전전략 및 정책방향 등에 대한 군수 자문기구로, 군민의 정책참여를 통한 열린 군정 구현을 모토로 2023년 4월에 공식 출범했습니다.
지속가능한 발전을 위해서는 관 주도가 아닌 주민 중심의 계속적 추진주체가 있어야 합니다.
전문가와 분야별 관계자로 구성된 혁신위원회는 군 정책 수립과정에서 주도적인 역할을 하며, 이는 군민체감형정책의 마중물이 될 것으로 기대하고 있습니다.

Q4. 영암군의 언제나 소통폰과 공공앱 영암e랑을 어떤 기능을 하는 것인가요.

군민과 소통을 강화하기 위해 언제나 소통폰과 공공앱 영암e랑을 구축했습니다.
언제나 소통폰(010-9881-8572)은 15개월만에 800여건의 민원을 해결했으며 만족도 조사 결과 86.3점의 종합만족도를 기록했습니다. 전화번호 8572(바로처리)에 걸맞게 '신속성' 항목이 94.3점으로 가장 높은 점수를 받으며 다양한 민원을 빠르고 속 시원하게 해결해주는 창구로써의 역할을 톡톡히 해내고 있습니다.
영암군 공공앱 영암e랑은 군정정보, 정책제안, 설문참여, 지역소통, 함께해요 메뉴를 한눈에 볼 수 있도록 하여 휴대폰을 통해 쉽고 편하게 참여할 수 있는 행정서비스를 위해 기획되었습니다. 소외받는 군민이 없도록 정보격차를 없애고 군민께 힘이 되는 생활서비스를 강화해 나가고 있습니다.
소통폰과 영암e랑 모두 군수가 직접 군민의 고충과 건의사항을 청취하는 것도 있으나 진짜 이유는 영암군의 주인인 군민이 직접 참여해서 군민이 주인인 영암군을 함께 만들어 가는 데 있습니다.

Q5. 외국인 주민 군정 참여 프로그램은 무엇이 있나요.

외국인 주민 군정 모니터링단은 올해 1월 외국인 주민 밀집 지역인 삼호읍 쓰레기 불법투기 단속활동 시작으로, 현재까지 이주민 밀집지역 환경정비, 방범 및 기초질서 캠페인, 통·번역, 교육·기술·문화예술 재능기부 등 매월 운영되고 있습니다.
또한, 등록외국인 비율이 약 13%에 달하는 우리 군은 외국인 주민 집중거주지역인 삼호읍에 주말장터를 개장하였습니다. 여러 나라의 외국인 주민들이 출신국의 다양한 음식과 상품을 부스에서 판매하며 외국인 주민의 공동체 활동을 촉진하고, 선주민과 이주민이 소통하는 공간을 마련했습니다.

이러한 네트워크 구성뿐만 아니라 출입국관리법 교육, 금융교육, 환경교육 등 외국인 주민에게 필요한 교육을 지원하며 영암 발전의 소중한 자산으로 커나갈 수 있도록 노력하고 있습니다.

2023 전국기초단체장 매니페스토 우수사례
공동체 강화 | **서울 강북구**

"강북구 빌라, 아파트처럼 관리하니
동네가 달라졌어요."
전국 최초 구 직영 빌라관리사무소 운영

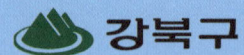

서울 동북부에 위치한 강북구는 저층 주거지의 비율이 높은 지역이다. 서울시 평균 57.2%와 비교해도 강북구는 78%로 저층주거지 비율이 높다.

강북구 전체 세대 중 약55%가 공동주택에 거주하고 있고, 공동주택에 거주하는 세대 중 아파트 같은 의무관리대상 공동주택에 39.7%, 빌라, 연립 같은 소규모 공동주택에 60.3%가 거주하고 있다. 이중 준공된 지 20년 이상 된 노후 공동주택 거주 비율이 48%나 된다.

아파트와 달리 관리주체가 없는 빌라 등 소규모 공동주택 거주민들은 생활환경에 대한 많은 불편을 겪고 있다. 저층주거지가 밀집되어 있는 지역 주민 대상 설문조사 결과에서도 관리주체가 있어야 한다는 답변이 92%로 나타났고 구청에서 직접 관리사무소를 운영하는 시범사업을 한다면 찬성한다는 응답도 86%나 되었다.

강북구는 빌라와 같은 소규모 공동주택을 지원하기 위한 근거를 마련했다. 서울특별시 강북구 공동주택 관리 조례를 개정(2022.12.30.)하여 빌라와 같은 소규모 공동주택을 '임의관리대상 공동주택'으로 정의하고 지원 기준을 정했다. 임의관리대상 공동주택이란 공동주택관리법에서 규정한 의무관리대상 공동주택을 제외한 공동주택이다. 또한 임의관리대상 공동 주택의 청소, 안전, 주차, 시설유지관리 등 사업유지를 위해 별도의 관리소 설치, 관리인 및 예산 지원에 대한 근거도 마련했다.

이를 토대로 강북구는 2022년 11월 빌라관리사무소 사업 4개년 기본계획을 수립하였다. 2023년 1월에는 시범사업 추진계획을 수립하고, 주민참여 이해를 높이기 위하여 시범사업 주민설명회도 개최하는 등 사업을 구체화하는 노력을 기울였다.

전국 최초 구 직영 빌라관리사무소 사업은 2023년 3월 6일 첫업무를 시작했다. 강북구 번1동 458~263, 472번지 일대, 68동 694세대 규모를 시범지역으로 정하고, 공동주택 및 이면도로 청소, 무단투기 집중관리, 공용시설 유지관리, 안전순찰, 불법주정차 관리 등 생활형 민원을 선제적으로 관리하는 것을 주요업무로 하고 있다. 2023년 5월 19일 번1동 샛강어린이공원에서 사업지역 입주민 대표 등 주민 70여명 등과 함께 빌라관리사무소 개소식을 열고 시범 지역을 돌며 추진현황을 보고하는 시간을 가졌다. 관리사무소 개소 이후 쓰레기배출 공용장소와 재활용분리수거함 잔여쓰레기 및 무단투기지역 관리 등 청소관리(4,975건), 안전위해요인 사전 발굴(71건), 공용시설물 유지관리 지원(18건), 입주민 민원 처리(90건) 등의 실적을 보였다.

빌라관리사무소는 공동주택지원사업을 안내하고 컨설팅도 진행한다. 공동주택지원사업을 입주자 대표들에게 안내하고, 업체 선정방법, 계약서 작성 등에 대한 컨설팅을 하고 있다. 사업완료 후에도 정산서 작성 등 입주민들이 어려워하는 행정·회계사무를 지원한다. 시범사업지역 내 공동주택지원사업은 총 6개 빌라에 1,600만 원을 지원하였다. 외벽 방수공사, 주차장 맨홀 수리공사, 옥탑 벽체 방수공사 등 노후된 부분을 개선하여 쾌적한 주거환경이 조성될 수 있도록 하였다.

전국 최초의 구 직영 빌라관리사무소 사업은 주민들이 피부로 느끼는 적극행정의 모범적 사례다. 강북구는 지역주민들의 목소리를 경청하고, 임의관리대상 공동주택의 주거실태, 관리현황, 지원 근거 등에 대한 다각적 검토를 통해 다양한 분야에서 관리 사각지대가 발생하고 있음을 확인한 후, 소규모 공동주택의 관리 소홀로 문제가 되고 있는 주거환경을 개선하기 위하여 구청이 직영으로 관리사무소 운영하는 방안을 도출하는 등 적극적으로 대응하였다.

그 결과 조선일보(2023. 2. 22.), 한겨레(2023. 5. 25.) 등 언론을 통해 빌라관리사무소 사업이 조명되었고, 서울시 도봉구, 노원구, 성북구, 동대문구, 강서구와 경기도 부천시 등 타 지자체에서 벤치마킹을 위한 사업현장 방문 및 문의로 많은 관심을 보이고 있다. 특히 서울시에서는 빌라관리사무소를 벤치 마킹한 '모아센터' 사업을 2024년부터 추진할 예정이다.

강북구가 최근 빌라관리사무소 시범대상 구역에 실시한 설문조사(2023. 8. 9.~ 27, 105세대) 결과에서도 주민 94%가 빌라관리사무소 사업에 만족하고 있는 것으로 나타났으며, 2024년에는 미아·수유 권역으로 확대하고 추후 강북구 전역으로 확대해 나갈 계획이다. 앞으로도 강북구는 주거환경개선을 위하여 더욱 속도를 낼 것이다.

인터뷰 Interview

강북구구청장
이 순 희

Q1. 강북구청 슬로건이 '내게 힘이 되는 강북'이던데, 어떤 의미인가요.

'내 삶에 힘이 되는 강북!'은 민선 8기 강북구 비전입니다. 민선 8기를 대표하고, 강북구정의 지향점을 함축적으로 표현한 문구입니다.

자치구의 존재 이유, 자치구의 역할에 대해 끊임없이 고민하다 보면, 결국 그 중심에는 '주민'이 있다는 결론에 이릅니다. '내 삶에 힘이 되는 강북!' 역시 바로 여기에서 출발했습니다. 단순한 공간적·행정적 범주로의 강북구를 벗어나 늘 주민 가까이에서, 주민이 바라는 방향으로, 주민에게 실질적으로 도움이 되는 사업을 발굴하고 추진하면서 구 발전을 이뤄가겠다는 뜻을 담고 있습니다.

강북구는 북한산, 우이천으로 대표되는 천혜의 자연자원, 국립4·19민주묘지, 청자가마터 등 풍부한 역사자원과 더불어 무궁무진한 잠재력을 품고 있지만, 동시에 부족한 교통 및 산업시설, 낙후한 주거환경 등 풀어야 할 숙제도 안고 있는 것이 사실입니다.

이에, 민선 8기 강북구는 우리 구만의 잠재력을 최대한 활용하며, 산재한 과제를 해결해 나가고 있습니다. 도시철도 신강북선 유치 추진, 문화와 지역경제 활성화의 산실이 될 우이천 사업, 이번 매니페스토 경진대회에서 소개해드린 빌라관리사무소 사업 등 '내 삶에 힘이 되는 강북!'을 주민이 실생활에서 체감할 수 있도록 전력을 다하고 있습니다.

영유아부터 어르신까지, 1인 가구와 소외계층 등 약 29만개의 다양한 형태의 삶이 이곳, 강북구에 녹아있습니다. 앞으로도 민선 8기 강북구는 성장과 변화가 있고 주민을 존중하는 안심 도시를 만들며, 29만개 각기 다른 삶에 힘이 되는 강북!이 되도록 최선을 다하겠습니다.

Q2. 빌라관리사무소 운영 이후에 가장 크게 달라진 점은 어떤 것인가요.

빌라관리사무소는 2023년 3월부터 강북구 번1동을 시범지역으로 정하여 운영중으로 참여주택을 대상으로 청소, 안전순찰, 주차 및 시설유지 등의 관리업무를 지원하는 서비스를 제공하고 있습니다.

약 7개월간의 사업을 통해 관리구역 청소(4,975건)와 안전 순찰(71건) 등 집중 관리로 무단투기 감소 및 이면도로 침수예방 등을 통해 공동주택의 주변환경이 개선되었고, 공동주택지원사업 연계(18건)를 통한 옥상 방수, 기타 공용시설 보수 등의 공동주택 노후화 개선으로 쾌적한 주거환경 조성에도 기여하고 있습니다.

주민 밀착형 서비스 제공은 주민들의 생활에 대한 만족도로 이어지고 있어 최근 실시한 설문조사(2023. 8. 9.~ 27, 시범구역 105세대) 결과에서도 빌라관리사무소 사업에 대해 주민들의 94%가 만족하고 있고, 빌라에 대한 이미지와 더불어 강북구에 대한 이미지 제고에도 큰 영향을 준 것으로 나타났습니다. 또한 사업 참여를 위해 적극적인 반상회 활동 등 주민 단합도 이루어졌다는 설문응답도 확인할 수 있어 공동체 활성화 측면에서도 새로운 변화가 있을 거라 생각합니다.

Q3. 주거 환경 개선이 강북구의 주요 이슈 중에 하나이던데, 주거 환경 개선을 위한 역점 사업은 무엇이 있나요.

저층주거지가 밀집한 강북구는 주거환경 개선이 무엇보다 필요한 지역으로 쾌적한 주거환경 조성을 위해 빌라관리사무소 운영, 공동주택 지원 사업, 재개발·재건축 정비사업 지원 등을 역점 사업으로 추진 중에 있습니다.

앞서 말씀드린 빌라관리사무소 사업은 강북구 전체 세대 중 60.35%의 높은 비율을 차지하는 연립주택 및 빌라 등의 임의관리대상 공동주택을 의무관리대상인 아파트 수준의 주거 환경 개선을 위해 추진하게 되었으며, 참여주택 주변 청소, 관리구역 골목길 청소 및 안전순찰, 주차민원 발생에 따른 신고 등의 집중관리로 주거환경개선은 물론 빌라·연립 등 공동주택 이미지 제고를 통해 주민 만족도를 높이고 있습니다.

또한, 공동주택 지원 사업은 관내 공동주택 공용시설물의 유지·관리에 필요한 비용의 일부를 지원하여, 쾌적한 주거환경을 조성하고 입주민의 삶의 질 향상에 기여하고자 하는 사업으로 우리구는 2022년 12월「서울특별시 강북구 공동주택 관리 조례」개정을 통해 지원대상을 모든 공동주택으로 확대하고 최대 지원비율을 사업비의 60%에서 80%까지 구 분담률을 상향하여 2023년

사업 추진시에 더욱 많은 구민에게 혜택이 돌아갈 수 있도록 하였습니다.

아울러 구청장 직속 재개발·재건축지원단을 신설하여 추진 중인 정비사업 지원사업은 주민들의 급증하는 재개발·재건축 수요에 대한 대응 체계를 강화하고, 재정비 사업 유형별 맞춤형 행정서비스 제공을 통한 관내 재정비 사업의 효율적 추진을 목표로 하고 있습니다. 이를 위해 분야별 전문가로 구성된 정비사업 코디네이터 제도를 운영하고 있으며, 정비사업 관련 민원상담 및 갈등 조정을 위해 노력하고 있습니다. 아울러 주민설명회, 아카데미 등의 개최를 통해 재정비 사업에 대한 주민 홍보 및 기초지식 교육을 실시하고 있습니다.

Q4. 강북구의 정비사업 코디네이터는 어떤 역할을 하는 조직인가요.

강북구의 경우 20년 이상 건축물이 81%를 차지할 정도로 노후 주택이 많고 기반시설이 부족하여 재개발재건축에 대한 주민 관심과 열망이 높은 지역입니다. 하지만 재개발재건축은 복잡한 절차와 기준이 있고 오랜 시일이 소요되는데다 진행과정에서 발생하는 주민 갈등 등으로 사업추진에 많은 어려움을 겪고 있습니다.

이를 해소하기 위해 강북구는 민선8기 출범 이후 구청장 직속의 재개발재건축지원단을 신설하고 주민 상담부터 교육, 공모사업 추진, 자문단 및 코디네이터 운영 등 다양한 사업을 추진하고 있습니다.

이 중 정비사업 코디네이터는 주민들이 정비사업을 준비하거나 추진하는 과정에서 발생하는 갈등과 분쟁 등을 조정하고 분야별 전문 컨설팅을 제공합니다.

코디네이터는 갈등관리, 감정평가, 도시계획·건축, 정비사업, 법률, 세무·회계, 시공 등 7개 분야 총 24명의 전문가로 구성하였습니다. 주민이나 조합, 추진주체 등 코디네이터 지원이 필요한 분들은 누구나 신청할 수 있으며, 정비사업 규정 및 절차, 종전·종후 자산, 분담금, 시공방법 및 비용, 법령 해석, 세무·회계 등 정비사업과 관련한 사항에 대해 상세한 전문 컨설팅을 받아 볼 수 있습니다.

또한 이해관계자 간 갈등 및 분쟁으로 사업 추진에 어려움을 겪고 있을 경우 코디네이터가 갈등관리 및 중재 역할을 담당하며, 지속적인 주민 소통과 모니터링 등을 통해 원활한 사업 추진을 지원합니다.

강북구는 전문 지식과 경험이 풍부한 코디네이터를 적극적으로 활용하여 정비사업이 원활히 진행될 수 있도록 지속적으로 노력해 나갈 계획입니다.

Q5. 취임 이후 실시하고 있는 동·팀장 화상회의를 소개해 주신다면

민선 8기부터 실시한 동·팀장 화상회의는 구청장이 지역 민원을 직접 빠르게 확인하고 동장 및 동 팀장들과 활발히 소통하기 위해 시작되었습니다. 매주 금요일 오전에 열리는 이 회의에는 구청장과 동·팀장뿐만 아니라 부구청장 및 행정관리국장 등과 같은 간부들 그리고 정책보좌관이 참석하고 있습니다. 매월 첫째와 셋째 주는 동 팀장이, 둘째와 넷째 주는 동장이 정례 화상회의에 참석하여, 일주일 동안 있었던 각 동의 현안사항을 편안한 분위기에서 공유합니다.

주로 각 동별로 주요사업과 현안을 논의하여 각각의 해결 방안을 제시하고, 민원 내용에 맞춰 부서 간 유기적 협조와 빠른 대응을 지시하기도 합니다.

지난 2023.3월 회의에서 논의한 수유동 재개발사업 추진 현안에 대하여, 조합이 결성되면 조합 내부 주민 갈등이 심화되고, 사업 진행 정보가 미흡해 어려움을 겪기 마련이므로 구청장 직속 재건축재개발지원단이 전문컨설팅과 충분한 정보를 제공해 주민들이 원활하게 화합하여 사업을 추진할 수 있도록 조치하였습니다.

또한 최근 2023.10월 첫째 주 회의에서는 가을철 많은 동 행사 및 축제의 개최가 예정되어 있으므로, 안전사고 예방을 위한 안전대책 점검에 철저를 기하도록 당부하였습니다.

아울러 동·팀장 화상회의는 구와 동이 매주 현안사항에 대해 공유하고 소통하는 것을 넘어서 13개 동 서로 간에도 현안과 추진 중인 정책에 대해 지속적으로 공유하는 자리를 마련해준다는 점에서도 큰 의의가 있습니다. 타 주민센터의 사례를 통해 부족한 점을 보완할 수 있고 서로에게 자극을 주면서 상호발전할 수 있기 때문입니다.

주민센터 동·팀장이 주민들과 더 밀접하게 소통하여 주민들의 어려움과 요청사항을 본인의 문제처럼 신경 쓰도록 하고, 각 부서와 동 주민센터 간의 빠른 정보공유를 통한 현장 행정력 극대화를 위해 앞으로도 동·팀장 화상회의의 역할을 기대하고 있습니다.